► 天津市教委科研计划项目（人文社科）
"天津市租客住房需求特征及其对策设计研究（2018SK084）"资助成果

住房制度改革与"代际累积"机制

谌鸿燕 / 著

知识产权出版社
全国百佳图书出版单位

图书在版编目（CIP）数据

住房制度改革与"代际累积"机制/谌鸿燕著. —北京：知识产权出版社，2019.9
ISBN 978 – 7 – 5130 – 6461 – 3

Ⅰ.①住… Ⅱ.①谌… Ⅲ.①住房制度改革—研究—中国 Ⅳ.①F299.233.1

中国版本图书馆 CIP 数据核字（2019）第 202786 号

内容提要

本书以广州为例，探讨了住房不平等的代际再生产问题。运用个体生命历程理论中的"优势/劣势累积机制"，对父代住房支持差异的原因、过程和结果进行分析，在住房分层与流动领域拓展了累积机制解释社会不平等的理论。

责任编辑：江宜玲　　　　　　　　　责任校对：谷　洋

装帧设计：张　冀　　　　　　　　　责任印制：刘译文

住房制度改革与"代际累积"机制

谌鸿燕　著

出版发行：知识产权出版社有限责任公司	网　址：http://www.ipph.cn
社　　址：北京市海淀区气象路 50 号院	邮　编：100081
责编电话：010 – 82000860 转 8339	责编邮箱：jiangyiling@cnipr.com
发行电话：010 – 82000860 转 8101/8102	发行传真：010 – 82000893/82005070/82000270
印　　刷：北京嘉恒彩色印刷有限责任公司	经　销：各大网上书店、新华书店及相关专业书店
开　　本：720mm×1000mm　1/16	印　张：13.5
版　　次：2019 年 9 月第 1 版	印　次：2019 年 9 月第 1 次印刷
字　　数：218 千字	定　价：58.00 元

ISBN 978-7-5130-6461-3

前　言

与住房分层研究相比，本书基于父代住房支持差异的研究从历时性视角探讨了住房不平等的代际再生产问题。本书在特定的历史背景和宏观社会制度下，探讨代际因素引发住房不平等的原因、结果和过程，澄清城市居民获得住房资源和住房阶级地位的具体过程和历史发展脉络，有助于我们对共时性住房不平等产生的历史缘由有更深入的理解。

本书通过滚雪球抽样的方法，兼顾个案之间的最大差异，获得了广州城市居民的住房个案材料。以此为研究对象，笔者将在住房不平等理论的基础上，结合中国住房制度改革历史，探讨这些城市居民在住房资源的获得过程中如何受到父代住房支持差异的影响，揭示出父代住房支持的具体类型及其代表的不同父代住房支持优势和累积劣势，进而探讨先赋性住房不平等形成的因果机制、历史发展过程和改善空间。先赋性住房不平等存在一个累积机制的问题，即早期处于父代住房支持优势者比劣势者有更多的可能性或者更早进入优势机会结构中累积住房资源，住房价格上涨带来的"住房财富效应"加大了这一累积优势效应；反之，父代住房支持劣势的个体容易受过去劣势累积路径的拖拽，有更小的可能性或者更迟进入优势机会结构中，住房价格上涨同样增加了个体克服累积劣势的难度，由此导致了住房不平等的代际延续和扩大。本书将从以下三个方面对这一问题进行探讨：

一是原因分析，即父代住房支持为何会出现差异并能够影响子代住房资源的获得。这首先与中国住房制度改革的历史息息相关。在房改前的住房实物分配制时期（新中国成立后—1989 年），国家对个体生活采取生老病死"全包式"的福利制度，住房供给和分配都由国家和单位负责，父代家庭无法直接影响子代住房资源的获得。到了房改时的住房双轨制时期（1989—2000 年）

和房改后的住房市场制时期（2000 年至今），随着住房制度改革突破了以往高住房福利、低工资水平的匹配模式，住房资源分配的市场渠道出现并不断拓宽后，父代家庭被广泛动员参与到子代住房资源获得的过程中来，成为子代购房时进行非制度性融资的重要渠道。中国住房制度改革的历史，即是先赋性家庭因素影响子代住房资源获得的制度空间从间接到直接、由小变大的过程。同时，随着住房制度改革的深入，房价上涨也带来了"住房财富效应"，这使住房双轨制时期住房资源获得的价格差异在住房市场制时期被扩大，由此形成了父代住房支持能力和方式的时期性差异。除了这些宏观结构因素的影响以外，中国社会中家庭财富"父子继替"的传统也是父代住房支持现象十分普遍的文化基础。此外，当前中国大城市普遍居高不下的房价收入比使父代为子代获得住房资源提供帮助变得更为迫切，这既有家庭财富保值、增值的投资考虑，也有父代缓解子女购房成家压力的现实考虑。

二是住房累积机制中间环节的实现过程和特征分析，即父代住房支持的差异如何体现为不同的住房支持类型，这些家庭又分别具有什么特征。比较不同住房制度背景中的个案材料发现，在父代家庭影响子代住房资源获得的方式日益呈现经济化特征的基础上，又有具体支持方式的差异：一是父代家庭馈赠住房资源给子女，产权为子代所有；二是父代出资支持子代获得住房资源；三是子代婚后居住在父母所有的住房中；四是父代对子代住房资源的获得无任何支持。笔者将他们依次概括为实物支持、经济支持、居住支持和无支持四种反映不同父代住房支持优势/劣势的父代住房支持类型。从住房双轨制到住房市场制时期，父代住房支持的类型由单一走向多元。个案研究发现：①父代家庭的经济实力强弱决定了父代家庭是否能为子代提供住房支持，以及父代住房支持的类型；②家庭财富代际传承中的男性偏好在任一住房制度背景下都存在，只是受独生子女家庭结构的影响强弱表现不同，这决定了父代家庭优先选择向谁提供住房支持，提供什么类型的住房支持；③随着社会流动的频繁，父代家庭影响子代住房资源的地理空间从户籍地扩大到非户籍地，然而，考虑到各地住房价格的巨大差异，父—子居住地不同的家庭中，其需要在承受地区收入与消费水平差异的基础上为子代提供住房支持。

三是累积机制的结果分析，即父代住房支持差异对子代住房资源获得的不平等具体产生了怎样的影响。个体住房资源累积在住房产权、住房价格和住房质量上存在由低到高、阶梯性上升的基本特征。当个体获得的父代住房支持优势/劣势不同时，即决定了个体住房资源获得起点的不平等，随着时间的推移这一初始位置的差异将逐渐放大并影响子代住房资源获得的最终结果。结合材料来看，住房双轨制时期，先赋性家庭因素可以直接对个体住房资源获得产生直接影响。但就实际情况而言，普遍流行的居住支持类型只能暂时在帮助子代等待单位分房上提供时间优势，而无法决定子代是否获得住房，父代住房支持的优势/劣势对子代住房不平等的分化作用不大。进入住房市场制时期，父代住房支持的程度差异巨大，这使得父代住房支持的优势/劣势对子代住房不平等的分化作用日益凸显。

那么，如何降低父代住房支持的优/劣差异引发的住房不平等呢？笔者对累积过程的研究发现，累积过程中累积趋势上、下波动的存在为先赋性住房不平等的改善提供了理论指导和实践操作的空间。具体来说，自致的教育因素和国家再分配政策都可以发挥一定的积极作用，干预累积趋势朝着改善住房不平等的方向发展。最后，笔者总结父代住房支持差异对子代住房资源获得的影响，并澄清累积概念解释住房不平等的过程和因果机制，探讨先赋性住房不平等研究可以对"中国社会趋于开放还是封闭"的争论做出怎样的回应和反思。

图表目录

目 录

第一章　文献综述与研究设计

第一节　选题缘起和研究意义

一、三代人不同的住房命运

关于住房，一直是中国社会经久不衰的民生话题，古有"安得广厦千万间，大庇天下寒士俱欢颜"。历史更迭至今，在闹市中求得一房以安身立命、结婚成家依然是每个家庭和个体的重要生活期待。随着住房制度改革的深入，住房所承载的家文化、国家分配的福利品与经济意义的商品交织在一起，演绎出一代又一代人的住房命运。以笔者调查的 C 奶奶一家为例，三代人跨越半个多世纪的住房故事，可以呈现不同社会历史时期个体住房资源获得的制度背景、住房状况和代际差异。

C 奶奶，1932 年出生，初中肄业生，1954 年到广州工作，1972 年前在广州某市直属机关工作，之后调入国企工作至 1989 年退休，有一套单位房改房。"我们家有 8 个兄弟姐妹。1954 年，我从农村老家来到广州谋生，借住在越秀区的大伯家。都是亲戚，不好意思要房租，我自己单独住在二楼的一个单间。1957 年我和先生结婚成家后，不方便再借住在伯伯家，两人单独在东山区租了一间 8 平方米的单间，只能放上两张床、一个柜子，共用卫生间和厨房。房子虽然小，但是总算在广州有了自己的家，还是很高兴的。房租一个月几元钱，交给房东。1958 年开始，国家对私房进行'社会主义改造'❶，私人房屋

---

❶　腾讯历史："从 1958 年起，政府先把私房统一征收上来后，然后以低廉的租金租给干部职工，而私房业主只获得租金的20%～40%的补偿和部分自住房屋。这种方式被称为'国家经租'，即国家充当房产中介，把私房统一征收起来后，分租给干部职工。"（http://view.news.qq.com/zt2012/sfgz/bak2.htm）

被政府统一征收，房租就转交给了房管局。1981年，先生单位给分了42平方米、一居室的楼房，水电费和房租一起在工资中划扣，当时的月工资也就六七十元的样子；1989年快退休的时候我单位也分房了，约63平方米的两居室，由于广州的政策是夫妻只能分一套房，我们就退了先生单位的房子。这个房子月租金二三十元吧，我记不清了，我当时月工资102元，住房补贴一个月9元。1992年，单位房改售房，我花了8000元把自己租的单位房子买了下来。这笔支出主要是我们自己的工资积蓄，双方父母都过世了，那时候的农村老人没什么钱，就算有财产也是男孩的。我父母早年做生意，后来移居香港买了一套房子，但那是两个弟弟的，和我没关系，我甚至都没去过。"

C奶奶的独生女儿，1958年出生，高中学历，市属某厂工人，1976年参加工作，1988年结婚，育有一独生女，2002年提前退休，无房，一家三口和父母合住至今。"女婿家有5个兄弟姐妹，父母都是在广州租房居住，我女儿和他结婚后，只能先和我们合住。本来是等着单位分房的，但是两个人都是高中生，能进的工厂一般。效益不行，住房福利也就跟不上，分房一直没什么指望。2007年女婿下岗，做临时工月收入2000元左右。女儿的厂虽然没倒闭，但收入不高，2002年提前退休时工资不到1000元。两人虽然赶上了广州低房价的时候，但由于养育女儿和老人的生活压力并不敢买房。后来房价越来越高，想买也买不了啦。"

C奶奶的外孙女，1989年出生，硕士研究生学历，私企员工，独生子女，未婚无房，目前和父母、奶奶居住。"我算是幸福的啦，现在月工资6000多元，每个月交2000元的伙食费，吃饭、住宿都解决了，还能存个一两千元。这还是我和父母住有个依靠，不然外地的同学租房就花掉三分之一工资了。按中国的传统观念，'有房才有家'，自己有能力买房当然很好，可以自己住，也算是投资置业，还能保值增值。可是，广州现在都是商品房，老城区三四万元一个平方米，没有父母帮忙付首付（的话），刚工作的年轻人谁敢买。之前家里有商量过去申请广州的经济适用房，但是我不太同意，买房后还贷压力会很大，影响生活质量，可以先租房再攒钱买房。其实不太担心这个问题，女孩子嘛，以后结婚了，说不定男方家有房就解决了，要是没房，男女双方父母多凑一点首付买一套也行，还款压力会小一点。要是首付也出不了，和老人一起住也是可以的。反正就我一个，妈妈说外婆的这套房子以后也是留给我的。最

不济，我们就租房结婚了。"❶

一个家庭三代人的住房故事，三种不同的住房轨迹，都是个体在不同住房制度的结构性制约之下，依照家庭支持水平和个体能力，做出住房选择的结果。C 奶奶的住房经历最为丰富，从新中国成立后的住房私有制、住房公有化改造、单位福利分房、房改售房到改革开放后的住房市场化改革。"30后"一代，租房是其满足居住需求的普遍方式，从租私房、租政府公房，到租单位分的福利房，价格越变越低，住房成为国家福利分配的手段之一。单位分房是居民住房资源获得的主要途径，家庭是无法支持子代直接获得住房的，就算 C 奶奶的父代家庭在香港比较特殊，但受限于传统文化中男性财产继承的传统，她还是无法获得父代家庭的支持；到了 C 奶奶女儿，"50后"一代，住房资源获得的途径变得多样化，既可以享受单位的福利分房，又可以从市场上购买价格不是很高的商品房，住房资源的获得与分化在这一代人身上体现明显。可惜由于自身学历水平的限制，C 奶奶女儿既无力进入好单位获得福利分房，也无力购买商品房，幸而女方为独生子女，父代家庭可以提供住房合住以满足其住房需求；最后是 C 奶奶的外孙女，"80后"一代，从市场渠道购买是城市居民住房资源获得的主要途径，目前同父母合住。在一线城市高房价的背景下，刚入职的年轻人要买房必须依赖父母的支持。C 奶奶的外孙女，由于其父代经历过快速的住房分化时期并处于劣势局面，因此其对女儿可提供的住房支持有限，未来也许可以同男方家庭共同分担购房的经济压力。然而，C 奶奶的外孙女认为，如果买房会大幅降低三个家庭的生活质量，先租房结婚成家也未尝不可。

其住房轨迹演变的过程表明：父代家庭对子代住房资源获得影响的有无和大小与中国住房制度的历史变迁息息相关。同时，基于以下四个原因，中国社会中先赋性住房不平等的现象值得更为深入细致的材料验证和理论讨论。①高房价背景下，住房价格的日益上涨使住房资源获得不平等中的代际效应凸显，尤以北上广等房价居高不下的一线城市最为典型。就广州而言，住房制度改革后，2000 年广州商品房的平均销售价格为 2112 元/平方米，至已公布数据的

---

❶ 以上有关 C 奶奶一家三代的住房个案（C17 - X30 - 1）材料，是笔者于 2016 年 7 月 2 日在某茶餐厅与 C 奶奶本人及其外孙女的访谈。

2016 年，上涨至 7476 元/平方米。❶ 房价的上涨提高了年轻一代购房的难度，而房产的升值使子代在住房财富的继承或获得住房支持的程度上出现明显差异。②父代住房的优势或者劣势延续到子代家庭中，形成了住房资源获得的初始不平等。②传统中国社会的父系社会结构和"代继相替"的家族文化特征使子女购房成为父代家庭的责任和义务，而子代对父代的家庭财富也普遍享有继承权。许琅光以云南喜洲为例，分析认为父子同一关系在中国亲属关系中具有中心作用❷。虽然当下的宗族（或家族）主义已经不再盛行，核心家庭成为主流，但父子轴心的亲子关系，父代的抚养责任和子女合法的财产继承权利依然存在，这客观上为住房产权和财富的代际流动提供了社会文化基础。③当下庞大的独生子女群体的存在。与传统中国社会普通的多子女家庭相比，该群体可"独自"继承父代家庭所有的住房财富，其住房资源的获得受代际因素影响突出。④与职业、地位、声望等相比，住房资源更容易以直接出让所有权、使用权的方式进行代际传递。而且，通过父代家庭的经济支持帮助子代获得产权房，还可以间接地将父代家庭社会经济优势转换为子代住房阶级的地位优势。在此背景下，讨论先赋性的家庭因素对个体住房资源获得的影响十分必要。通过一个个鲜活生动的住房故事以及微观个体住房轨迹的勾勒，不仅可以窥见住房制度这一结构性因素变迁的历史影响，还可以呈现个体在社会历史背景中的能动性选择，最终对先赋性住房不平等问题的形成原因、过程、结果及未来趋势进行全面深入的探讨。

二、理论缘起与研究意义

住房分层与流动研究一直是社会学探讨社会不平等和城市问题的重要突破口之一。芝加哥城市社会学派的代表人物刘易斯·沃斯，是西方社会学家中较早关注住房领域的研究者。他以"住房作为社会学研究的一个领域"为标题发文，指明了社会学研究住房的三个重要原因。一是住房价值在不同社会、团体及个人之间存在的差异；二是住房与社区的紧密关系；三是住房问题涉及的

---

❶ 国家统计局．年度数据（2000；2016）·固定资产投资和房地产·按用途分商品房平均销售价格（元/平方米）[EB/OL]．http：//data. stats. gov. cn/easyquery. htm？cn＝C01．

❷ 许琅光．祖荫下：中国乡村的亲属、人格与社会流动 [M]．王芃，徐隆德，译．台北：南天书局，2001：261．

公共政策❶。以上观点表明，住房问题是一个涉及人与人、人与社会关系，并引发社会公共问题的领域，值得社会学予以专门研究。

　　梳理住房不平等的相关研究文献，从早到晚可以提炼出三大不同的研究视角。当然，在实际研究中，各分析视角之间更多的是前后相继，后者包含并深化前者的情形。

　　历史最为悠久的是宏观层次的阶级分析视角，该研究视角侧重探讨结构性因素引发的住房不平等，认为只有社会阶层结构、社会转型、住房制度等基于社会关系的结构性不平等才是住房分层的根本原因。这是目前住房分层研究的主流方向，并由此产生了两种代表性的理论观点。一是雷克斯和墨尔的"住房阶级理论"，该理论是芝加哥城市社会学派社区研究、韦伯财产阶级的分析传统与住房不平等问题结合的成果。他们根据住房资源获得的方式和占有的住房类型不同，划分了五种等级不同的住房阶级，用以描述某社区的住房分层状况和结构❷。二是市场转型视角的住房不平等研究。这一系列研究兴起于20世纪80年代倪志伟对社会主义国家的市场转型和社会分层的讨论❸。他们多从住房制度的历史变迁入手，研究国家、市场如何先在地确立了住房资源分配的机制，导致住房分化与不平等。

　　以上研究传统倾向于划分静态的住房阶级状况，或者集中探讨个体住房选择背后的结构性因素和因果机制，但并未注意到住房分层的动态过程、个体在其中的能动性和既定住房分层体系下代际流动的空间，较新的个体生命历程理论与住房不平等研究的结合正好弥补了这一点。埃尔德认为，生命历程（life course）是由社会界定并按照年龄进行分级的时间和角色模式，该模式受到文化和社会结构的历史性变迁影响❹。个体住房需求的产生和选择偏好，购房行为的决策和实施过程等无不处于个体从出生、首次就业、结婚成家、生育子女、职业改变、退休直至死亡的生命历程中。每一个微观个体的住房资源，都

❶　Louis Wirth. Housing as a field of sociological research［J］. American Sociological Review，1947，12（2）：137 - 143.

❷　Rex J，Moore R. Race Community and Conflict［M］. London：Oxford University Press，1967.

❸　Victor Nee. A Theory of Market Transition：From Redistribution to Markets in State Socialism［J］. American Sociological Review，1989，54（5）：663 - 681.

❹　［美］G·H. 埃尔德. 大萧条的孩子们［M］. 田禾，译. 南京：译林出版社，2002：421.

是个体在宏观结构的背景约束下积极发挥主观能动性,最大化满足自身在不同生命历程阶段住房需求的结果。其中,父代家庭就是个体(子代)发挥主观能动性,最容易动员并获得最大程度住房支持的核心对象。对于中国社会中父代为子代提供住房支持的现状,研究者多将其归结为家庭层次的影响因素,与国家、单位、个体层次的影响因素共同解释了住房不平等形成的原因。比较典型的是蔡禾、黄建宏提出的"家庭结构说"❶和吴开泽的"家庭禀赋说"❷,分别从独生子女的家庭人口结构特征和是否获得家庭资助购买首套房,探讨了某一家庭因素与子代住房资源获得的相关性。然而,关于先赋性的家庭因素影响子代住房资源获得的原因、过程、结果和作用机制尚不明确,也很少关注不同住房制度下先赋性的家庭因素所引发的住房不平等及其历史变迁轨迹。

本研究将通过滚雪球抽样的方法,兼顾个案之间的最大差异化,获取广州城市居民的住房个案材料。以此为研究对象,笔者将在住房不平等理论的基础上,结合中国住房制度改革的历史背景,探讨这些城市居民住房资源在获得过程中如何受到父代住房支持的差异化影响,揭示出父代影响子代住房资源获得和住房不平等的具体方式、过程机制和历史发展轨迹。基于父代住房支持差异导致的住房不平等绝不仅仅是住房不平等的代际复制,还是先赋性住房不平等在父代差异的基础上于子代不断扩大的过程。究其原因,这就涉及一个累积机制的问题,即有父代住房支持优势者比劣势者有更多的可能性或者更早进入优势机会结构中累积更多、更好的住房资源;反之,早期处于父代住房支持劣势的个体则容易受过去劣势累积路径的拖拽,有更少的可能性或者更迟进入优势机会结构中,由此导致住房不平等的代际延续和扩大。

李煜曾从社会流动与不平等的视角指出,先赋因素是个人与生俱来的优势或劣势条件,这些因素影响着人们一生的生活机会。区分和讨论家庭背景等先赋因素在子女地位获得过程中的作用大小及变迁,其重大意义在于,这是辨别一个社会是否开放以及具体衡量社会开放性程度的指标❸。本研究将从先赋性家庭因素入手,探讨不同社会历史时期基于父代住房支持差异所引发的子代住

---

❶ 蔡禾,黄建宏. 谁拥有第二套房? ——市场转型与城市住房分化 [J]. 吉林大学社会科学学报,2013 (4):102 - 114.

❷ 吴开泽. 生命历程视角的城市居民二套房获得 [J]. 社会,2016 (1):213 - 240.

❸ 李煜. 代际流动的模式:理论理想型与中国现实 [J]. 社会,2009,29 (6):60 - 84.

房不平等。这是一个关于住房阶级代际再生产的问题，由此可以判断出中国住房阶级的分层结构是趋于流动还是固化，进而可以从住房不平等视角，回应社会分层与流动研究领域关于"中国社会趋于开放还是封闭"的论争。

第二节　文献综述和研究思路

一、住房不平等研究的理论视角变迁

（一）阶级分析视角

"阶级分析"是社会学研究住房不平等最早的理论视角。住房阶级的划分之所以能反映社会不平等，是因为研究者们认为住房这一生产资料或者物质财富，可以作为衡量社会阶级的指标之一。雷蒙德·W. 马克在研究不同营养层次的人口群体时，把住房作为一种社会阶级的指标，通过对住房建造、折旧和区位的内外特性进行测量，分析其与住房者教育和职业背景的关系，从而得出住房是一个简洁、可靠、有效的社会阶级指标，可区分职业和教育背景不同的社会阶级[1]。该论文虽然目标不是研究住房，但是通过测量住房建立了住房与社会阶级的关联。在此基础上，住房、阶级与不平等三者的关系日渐紧密。在社会学中，很少有哪一个主题像阶级这样源远流长，却又富于争议，住房阶级的研究也形成了不同的理论传统。

一个是马克思主义的传统，强调从生产领域入手，根据生产资料占有情况的差异来划分社会阶级，社会不平等与阶级剥削相关。在这一研究传统下，恩格斯是最早把住房不平等与阶级分层联系起来的学者。他在《英国工人阶级状况》中首先分析了城乡人口流动引发的伦敦、都柏林和爱丁堡等城市，工人阶级住宅普遍缺乏和住房分化的社会问题[2]。而在另一篇著作《论住宅问题》中，恩格斯区分了两种不同的工人住房制度：一种制度是小房制度，即

---

[1] Raymond W Mack. Housing as an Index of Social Class [J]. Social Forces, 1951, 29 (4): 391 – 400.

[2] [德] 恩格斯. 英国工人阶级状况 [M]. 北京：人民出版社，1956：63 – 118.

每个工人家庭都有自己的小房，而且在可能时还有小花园，这是理想领域的状况；另外一种制度是营房制度，即在一所大厦中包含许多工人住宅，这对于健康、道德和家庭平安都有极大的不利。只有当社会发生充分的变革而能够着手消减由资本主义社会发展到极点的城市和农村的对立时，住宅问题才能解决❶。由于住房不平等是社会发展带来的必然后果，住房问题的解决被寄希望于社会层面的充分变革。到了 20 世纪六七十年代，在批判性继承上述经典马克思主义阶级分析视角的基础上，产生了研究住房不平等的新马克思主义者流派。其中，比较典型的是卡斯泰尔（Castells M.）运用"集体消费理论"开展的住房不平等研究。他认为，资本主义社会发展的矛盾会产生集体消费品供给的问题，住房福利作为城市集体消费的主要产品，因为无法克服劳动力的再生产与再生产劳动力必要消费品供给之间的矛盾，只能由国家支付来承担用于再生产的社会必要消费品——住房，以弥补个人进入市场能力不足而引起的住房困难。然而，政府在集体消费领域的供给越多，其越容易陷入财政危机❷。也就是说，在资本主义社会的住房生产领域，集体消费品的供给存在市场供给动力不足和政府供给困难这一不可调和的矛盾，由此导致政府行为只能缓解住房不平等的状况，而无法彻底解决住房问题。综上所述，马克思主义传统的住房不平等研究，虽然洞悉了结构性因素对住房不平等的影响，却在住房问题的彻底解决上陷入无计可施的悖论中。

　　另一个是韦伯主义的传统，强调从市场领域入手，根据财富、声望、权力来划分多元的阶级或者阶层，社会不平等与各财产阶级（阶层）所处的市场处境导致的生活机会差异相关。韦伯（Weber Max）认为拥有不同住房和土地所形成的财产阶级，在市场机会的获得和市场处境上的差异将会导致住房不平等的产生❸。在此基础上，新韦伯主义者的代表人物雷克斯（Rex J.）和墨尔（Moore R.）通过对英国一内城区住房与种族关系的研究，提出了著名的"住房阶级理论"。他们视住房为一种可能引发社会冲突的稀缺社会资源，并根据个体住房资源获得方式和占有情况的不同划分出五种住房阶级，而且，这一住

---

❶ ［德］恩格斯. 论住宅问题［M］. 曹葆华，关其侗，译. 北京：人民出版社，1951：68 - 75.

❷ Castells M. City，Class and Power［M］. London：Macmillan Education UK，1978：24.

❸ Weber M. Economy and Society：An Outline of Interpretive Sociology［M］. Berkeley：Univ. of California Press，1978：104 - 106；333 - 340.

房阶级的分化是个体基于各自"价值判断系统"选择和决策的结果❶。该理论的主要贡献在于其通过实证研究尝试建立了描述个体住房分化状况的阶级分类标准。然而，桑德斯认为："住房阶级的划分必须以是否拥有住房所有权为标准，而不是像雷克斯和墨尔那样以居住在哪类住房为标准。"所以，他在"消费部门差距"理论中，从住房所有权角度来衡量现代社会不同阶层的人们由于市场机会和处境不同形成的消费部门的分化❷。住房来源被划分为私人所有和集体供给，居民的住房所有权则被分为有房者和租房者❸。蔡禾在《城市社会学：理论与视野》一书中概括了后续研究者对"住房阶级理论"的三点质疑："第一点批评是住房阶级的划分问题，如果以个体市场情境中所处的位置来划分，将陷入无穷尽的划分中，而且住房阶级的概念在界定和使用上也存在混乱；第二点批评是针对其理论的前提假设，认为城市居民对住房的看法存在相对统一的价值观；第三点批评认为他们误用了韦伯的阶级概念，主要是在财产阶级和地位群体的意义上划分住房群体。"❹ 正是这些质疑和修正，后续研究中完全运用"住房阶级理论"分析住房不平等问题的方法日渐式微。

关于以上两种研究传统的不同，埃里克·赖特（Erik Olin Wright）认为，马克思和韦伯首要的不同在于两人对阶级的定义嵌入他们对和阶级相关联的因果机制的解释中❺。然而，这一不同之处并非根本性的。正如李璐璐所言，马克思和韦伯都属于"关系论的阶级分析"，他们认为的社会不平等是基于社会关系的结构性不平等，因此独立于个人禀赋的差异；而财产、教育、技能和劳动力等这些个人禀赋因素反映阶级差异的原因是某些结构性因素（比如生产资料所有制、财产制度、权力结构）和结构性机制（比如社会封闭机制、再生产机制、剥削机制）等在背后起作用❻。由此可以认为，阶级分析视角的

❶ Rex J, Moore R. Race Community and Conflict [M]. London: Oxford University Press, 1967.

❷ Peter Saunder, Peter Siminski. Home ownership and inequality: imputed rent and income distribution in Australia [J]. Economic Papers, 2005, 24（4）: 346 – 367.

❸ Peter Saunder. Beyond housing classes: the sociological significance of private property rights in means of consumption [J]. International Journal of Urban & Regional Research, 1984, 8（2）: 202 – 227.

❹ 蔡禾. 城市社会学：理论与视野 [M]. 广州：中山大学出版社，2003：192 – 205.

❺ Erik Olin Wright. The Shadow of Exploitation in Weber's Class Analysis [J]. American Sociological Review, 2002, 67（6）: 832 – 853.

❻ 李路路. 再生产与统治——社会流动机制的再思考 [J]. 社会学研究，2006（2）: 37 – 60.

住房问题研究探讨的是结构性的住房不平等。

（二）市场转型视角

随着社会主义国家的市场转型，研究者开始关注中国社会转型与社会不平等的关联。自20世纪80年代开始诞生了一场以"市场转型理论"为核心的持久论争，其源头肇始于1989年倪志伟（Victor Nee）《市场转型理论——国家社会主义从再分配向市场的转变》一文的发表，他假定国家再分配经济和市场经济是两种不同的经济形态，并形成了两种不同的社会分层，并认为市场转型会带来人力资本回报升值，而政治权力回报降低❶。对于这场持续至今的学术论争，陈那波以1996年《美国社会学杂志》（下称AJS）举办的"市场转型"研讨会为界，对1989年以来的研究进行汇总后划分为以下两个阶段：第一阶段争论的焦点在于探讨市场转型的后果和原因，并达成市场转型后果多样性的共识；第二阶段则继续探讨市场转型后果与中国多样性的制度背景的关联，强调结构性约束对个体选择的影响❷。我国住房制度改革正是作为社会转型背景下经济体制改革的重要内容之一予以推进的，以上关于中国社会转型、分层与不平等的讨论在住房分层的研究中也有类似的影子。

1. 对住房制度从"国家再分配制度"向"市场化制度"转变的探讨

该部分主要涉及住房制度改革的历史时期划分、住房属性的争论和住房政策的比较研究。

（1）住房制度改革的历史时期划分

20世纪70年代末，随着社会转型及市场化改革的深入推进，住房领域作为政府、事业单位福利发放的重要领域，也面临着市场化改革的压力。国家住房供应的福利分配制度造成了房屋匮乏、居住空间小、住房质量下降、房屋缺乏维护、住房数量供不应求等问题❸。而且，住房分配在单位之间和单位内部

---

❶ Victor Nee. A Theory of Market Transition: From Redistribution to Markets in State Socialism [J]. American Sociological Review, 1989, 54 (5): 663 – 681.

❷ 陈那波. 海外关于中国市场转型论争十五年文献述评 [J]. 社会学研究, 2006 (5): 188 – 212.

❸ Shaw V N. Urban housing reform in China [J]. Habitat International, 1997, 21 (2): 199 – 212; Tong Z Y, Hays R A. The Transformation of the Urban Housing System in China [J]. Urban Affairs Review, 1996, 31 (5): 625 – 658; Wang Y P, Murie A. Commercial housing development in urban China [J]. Urban Studies, 1999, 36 (9): 1475.

的分布不均也是城市住房紧张的重要原因❶。在此背景下，住房制度开始了从
福利再分配制度向市场化制度转变的改革进程，并被划分为不同住房制度时
期。比较普遍的观点是以1988年和1998年的两个国务院文件为界❷，划分住
房制度改革的历史过程，并强调住房市场化改革与住房不平等的某种关联。比
如，李斌研究认为，中国住房制度改革具有渐进式特征，其使得城市居民的市
场能力具有更大的社会分化功能，住房阶层化趋势日益加速❸。方长春则从体
制分割的角度出发，研究了中国城镇居民的住房差异❹。

　　具体到本研究的广州住房改革历史，不同的学者有不同的观点。比如，吴
开泽按照广州房改售房的时间为标志，将该市的住房市场化改革划分为以下三
个阶段：一是房改前阶段（1989年前）；二是房改中阶段（1990—2000年）、
三是房改后阶段（2001年以后）❺。该划分方式很好地考虑到了全国政策颁布
时间和地方实际实施之间存在的正常滞后性，因此，在广州地方住房制度历史
时期的划分上与全国住房制度改革起止时间存在细微差异。魏万青则根据住房
提供和分配的主体不同将广州住房改革划分为以下三个时期，即单位住房生产
体制时期：增量改革逻辑与住房不平等（1979—1989年）；住房双轨制时期：
存量改革逻辑与住房分化（1990—2000年）；新住房体制时期：房地产黄金时
代与住房不平等（2001年至今）❻。这一标准更好地呈现了不同住房制度时期
住房改革的逻辑及其与住房不平等的关联。在住房双轨制时期，双重的住房市
场与价格，住房合法地从国有资产转变为个人财产，而这种合法性将单位之间

---

❶　林成策，毕建国. 分配不均——城市住房紧张的重要原因［J］. 社会，1988（12）：24 – 24.

❷　1988年2月15日国务院下发《关于印发在全国城镇分期分批推行住房制度改革实施方案的通
知》，标志着住房制度市场化改革在全国的正式开始，进入房改售房阶段。1998年7月3日国务院下发
的《关于进一步深化城镇住房制度改革加快住房建设的通知》（国发〔1998〕23号）为界，明文宣告
住房实物分配制度的正式结束。

❸　李斌. 分化的住房政策：一项对住房改革的评估性研究［M］. 北京：社会科学文献出版社，
2009：1 – 4.

❹　方长春. 体制分割与中国城镇居民的住房差异［J］. 社会，2014，34（3）：92 – 116.

❺　吴开泽. 生命历程与住房资源获得研究：基于2010年广州千户问卷调查［D］. 广州：中山大
学，2014：51.

❻　魏万青. 社会转型背景下的城市居民住房问题研究：住房阶层理论的视角［M］. 武汉：华中
科技大学出版社，2015：32 – 42.

和单位内部的差别固定到家庭之间❶。

（2）关于住房属性的激烈讨论

目前，关于住房属性，共有三种不同的观点：第一，强调住房的福利属性，应该由国家和企业等单位统一供给、分配；第二，主张住房的商品属性，应该像普通商品一样进入流通领域，进行买卖销售；第三，认为住房的福利属性和商品属性皆有，是双重属性的特殊商品❷。不同的住房制度发展方向代表着住房属性认知的根本性差异。极端来看，当住房被视为完全的福利品时，对应的发展方向即是国家福利住房的再分配制度；当住房被视为完全的商品时，对应的发展方向即是住房市场化制度。笔者认为，在中国既定的市场经济体制下，第三种观点对于住房双重属性的认知更为合理，其指引着我们区分对待不同的人群，以满足享受性、竞争性的商品性住房需求和满足人类生存和发展基本需要的保障性住房需求。而且，文化属性也应成为住房属性的一个重要维度。在中国语境中，住房不仅仅是物质外壳的商品，还是精神家园的家，子代成家立业，养育后代，住房都是不可或缺的，而父母则自然地承担了这一家庭责任。这也是高房价时期父代家庭支持年轻夫妻参与住房市场竞争的重要文化动因。在此，住房的文化属性和阶级属性紧密地关联在一起。

（3）住房制度和政策的跨国、跨区域比较研究

随着住房市场竞争的激烈，为弱势群体提供住房保障的措施必须纳入政府议程中，以缓解住房危机和不平等❸。比如，刘祖云在《穗港住房保障研究》一书中，通过对香港和广州住房保障历史、现状、经验和问题的探讨，为内地住房保障制度建设寻找最佳途径和最佳方法❹。张琪则通过与美国、德国的比较研究指出，中国的住房保障制度应该根据国情制定，同时，建立和健全我国住房保障的法律体系，充分发挥住房金融作用，建立多层次的住房保障体

---

❶ 武中哲. 制度变迁的交互作用及其分层效应——基于单位制度和住房制度改革的分析 [J]. 社会科学, 2010 (1): 71-77.

❷ 周运清, 向静林. 住房改革理论与实践: 一个文献综述 [J]. 重庆社会科学, 2009 (4): 47-53.

❸ Wang Y P. Urban poverty, housing and social change in China [M]. Routledge, 2004: 100-119.

❹ 刘祖云. 穗港住房保障研究 [M]. 北京: 中国社会科学出版社, 2013: 337-338.

系❶。从相邻地理位置或相似文化背景的同类比较，扩展到地理位置较远、文化差异明显的西方国家的异类比较，学者们的研究使我们可以全方位地借鉴和比较国内外有关住房不平等问题解决的经验教训，更早更有效地实现住房公平。

2. 对住房分层原因的探讨

（1）宏观层次的国家再分配机制和市场机制，其涉及市场转型过程中国家与市场的关系问题，包含了政治资本和人力资本回报上升或下降的问题，是对倪志伟观点的修正和回应，并形成了以下不同观点：一是罗纳·塔斯的权力转换论❷；二是边燕杰和罗根❸的"权力维续论"；三是魏昂德的"地方—国家合作主义模式"❹；四是林南的"地方社会主义市场"理论❺；五是白威廉和麦谊生的"政治市场观点"❻；六是泽林尼和科斯泰罗的"分阶段论"❼。在笔者看来，市场转型的重要性在于其对国家与个人关系的重新调整。市场转型以前，个体是高度依赖于国家的，平均主义的追求促使个体趋同，缺乏个体能动性与差异性。国家的权力至上，指导着包括住房资源在内的资源再分配；市场转型以后，个体与国家的关系得以适度的分离，并形成互动。一方面，个体（人力资本）从宏观体制的束缚中解放出来，能够积极发挥主观能动性去参与住房市场的竞争；另一方面，中国住房制度改革自上而下的特征，使再分配权力通过与市场的某种合谋依然在个体住房资源的获得中发挥着作用。

（2）中观层次的单位因素，这是中国独有的社会现象。单位是中国国家

❶ 张琪. 美国、德国、新加坡住房保障制度建设经验与启示［J］. 社会科学战线，2009（12）：233－234.

❷ Akds Ronatas. The First Shall Be Last？Entrepreneurship and Communist Cadres in the Transition from Socialism［J］. American Journal of Sociology，1994，100（1）：40－69.

❸ Bian Y，Logan J R. Market Transition and the Persistence of Power：The Changing Stratification System in Urban China［J］. American Sociological Review，1996，61（5）：739－758.

❹ Andrew G Walder. Local Goverments as Industrial Firms：An Organization Analysis of China's Transitional Economy［J］. American Journal of Sociology，1995，101（2）：263－301.

❺ Nan Lin. Local Market Socialism：Local Corporation in Action in Rural China［J］. Theory & Society，1995，24（3）：301－354.

❻ William L，Parish，Michelson E. Poltics and Market：Dual Transformation［J］. American Journal of Sociology，1996（4）：1042－1059.

❼ Szelenyi I，Kostello E. The Market Transition Debate：Toward a Synthesis？［J］. American Journal of Sociology，1996，101（4）：1082－1096.

住房福利分配政策执行和实施的行政主体，并在市场化改革中与经济效益建立了关联，因此在宏观机制的研究中，单位所起的作用也得以体现。笔者的调查资料也说明了这一点，案主单位行政级别的差异，以及单位在市场改制后的效益高低，都是影响单位中的个体能否获得住房福利多少，甚至有无的关键因素。

（3）微观层次的家庭、个体因素。研究者在探讨宏观市场转型对住房获得的制度性约束时，也开始注意到个体选择的能动性。比如，李斌在研究住房制度和政策的变迁时，认为其渐进式改革的特点在避免了整体性动荡的同时，也增加了个体不断选择和试错的空间与机会❶。住房制度改革作为一种"革命性"事件，无数个体在其间承受了各不相同或不尽相同的生命际遇❷。毛小平则强调不同住房制度时期个体的自我选择造成的住房获得差异❸。那么，有哪些具体的家庭因素和个体因素影响着个体住房资源的获得呢？王海涛等分析北京、上海、广州和重庆这四大城市的住房市场化水平认为，户主的出生背景和职业是影响城市居民住房市场化的主要因素❹。刘精明也指出，职业、教育和收入好的优势社会阶层在居住模式上很有可能居住在较好的社区和地段❺。在家庭和个体层次，影响个体住房资源的获得因素是多样化的，由此导致了个体住房命运的差异。

（4）其他的人口因素、城市化因素。比如王艳认为，住房问题的出现是因为年龄结构、婚姻家庭、人口流动迁移、社会阶层等人口转变未能与经济、社会实现协调发展❻。那些没有城市户籍的流动人口，在住房资源的获得上较

---

❶ 李斌. 分化的住房政策：一项对住房改革的评估性研究［M］. 北京：社会科学文献出版社，2009：1.

❷ 林双凤. 城市居民的住房资源获得研究——以广州市 S 大学为研究案例［D］. 广州：中山大学，2012：173 - 174.

❸ 毛小平. 购房：制度变迁下的住房分层与自我选择性流动［J］. 社会，2014，34（2）：118 - 139.

❹ 王海涛，任强，蒋耒文. 中国四大城市住房市场化程度及其社会人口学因素分析——以北京、上海、广州和重庆为例［J］. 人口与发展，2004，10（2）：56 - 62.

❺ 刘精明，李路路. 阶层化：居住空间、生活方式、社会交往与阶层认同——我国城镇社会阶层化问题的实证研究［J］. 社会学研究，2005（3）：52 - 81.

❻ 王艳. 基于人口转变视角的中国城镇住房需求变化研究［M］. 成都：西南财经大学出版社，2014：166.

城市居民处于劣势并受到排斥❶。这些关于住房资源获得的影响因素的分析，涵盖了宏观的权力机制、市场机制、中观的单位分配机制和微观的个体自我选择机制，全面地呈现了影响住房不平等的多层次因素。然而，在中国，无论是市场机制，还是个人选择机制，都与一定的政治制度和住房政策相关。住房不平等的研究应该首先把国家找回来，回到具体的住房制度、政策对住房资源分配的不平等过程，进而回答各阶层之间关系如何生产的问题❷。

3. 对住房分化结果及其与社会不平等关系的探讨

住房分层作为社会分层的重要组成部分，最初被用来测量个体消费领域的社会分层状况。李强在其研究中则直接将住房资源作为衡量社会分层的重要标准之一，并划分了"六种住房地位群体"❸。他还认为，城市住房制度改革把住房福利实物分配产生的不平等在产权上固定下来，这不仅延续并再生产了原有的住房秩序，还产生了一种基于财产的新住房分层秩序❹。同时，中国社会分层模式的变迁也可以在住房产权和居住质量变迁的历史中具体体现❺。在以上实证研究中，住房分层与社会分层母体话题的关系进一步厘清，住房领域的不平等问题研究渐成独立的分支体系。

有研究指出，从概念测量的可操作性和反映事实的针对性来看，经济收入、声望、权力、职业等传统社会分层的标准并不如住房、小汽车、电器等真实、可见的生活资源标准反映的社会分层状况真实、直观和可信❻。据此，刘祖云、毛小平以住房产权有无、住房产权数量及来源为分层标准，划分城市住房分层结构（自低向高）为无产权房阶层、有产权房阶层（细分为福利性产权房阶层、商品性产权房阶层、继承性产权房阶层）、多产权房阶层构成的

❶ 吴维平，王汉生. 寄居大都市：京沪两地流动人口住房现状分析 [J]. 社会学研究，2002 (3)：92-110.

❷ 魏万青. 社会转型背景下的城市居民住房问题研究：住房阶层理论的视角 [M]. 武汉：华中科技大学出版社，2015：195-197.

❸ 李强. 转型时期城市"住房地位群体" [J]. 江苏社会科学，2009 (4)：28-34.

❹ 李强，王美琴. 住房体制改革与基于财产的社会分层秩序之建立 [J]. 学术界，2009 (4)：25-33.

❺ 边燕杰，刘勇利. 社会分层、住房产权与居住质量——对中国"五普"数据的分析 [J]. 社会学研究，2005 (3)：82-98.

❻ 刘祖云，戴洁. 生活资源与社会分层——一项对中国中部城市的社会分层研究 [J]. 江苏社会科学，2005 (1)：133-138.

"三阶五级式" 结构❶。该研究尝试把独立的住房分层研究进行了操作化,并确立了衡量住房分层现状的合适标准。本研究在衡量广州个案案主住房资源获得的结果和所处的住房阶级地位时,采取了这一具有代表性的划分标准,用来衡量住房不平等的现状和程度。在当前国家全面深化改革,让发展成果更多更公平惠及全体人民的社会背景下❷,研究个体如何在住房资源获得中充分发挥其积极性、主动性、创造性,抓住中国住房分层结构变迁带来的住房阶级流动机会,实现个体和家庭的 "住有所居" 和住房领域的社会公平十分必要。

（三）个体生命历程视角

个体生命历程视角是当前研究住房不平等的较新视角,这与社会分层研究领域近年来向个体生命历程的方向转变息息相关。20 世纪 20 年代, W. I. 托马斯（W. I. Thomas）和兹纳涅茨基（Florian Znaniecki）研究欧美的波兰农民时,首次使用了生命历程和轨迹❸。但是,直到 20 世纪 60 年代,生命历程理论才得以重新复兴。回顾相关文献,其主要从综合性视角探讨了结构制约下,个体生命历程中个体住房轨迹动态变迁的原因、结果和代际不平等的现状。

1）将家庭生命周期中的年龄、婚姻、生育等因素作为原因,结合横向数据资料,分析个体的住房权属选择、转换与居住流动。克拉克认为,住房权属的转换和选择是个体发展过程中的重要事件,受个体生命历程中婚姻状况、职业和家庭结构等事件变化的影响和制约❹。尤其是在经济发达的北京、天津、上海、广州、深圳和省会城市等地,体现生命周期变化的变量（年龄、婚姻状况和家庭规模）对住房自有率的影响显著❺。若个体生命历程中发生重大事件,比如结婚、生育小孩等会使家庭状态维持相对高度的稳定性,家户往往倾

---

❶ Liu Zuyun, Mao Xiaoping. Housing Stratification in Urban China：A Study Based on a Guangzhou Household Questionnaire Survey [J]. Social Sciences in China, 2012, 33 (4)：5 – 27.

❷ 新华网. 中共中央关于全面深化改革若干重大问题的决定 [EB/OL]. (2013 – 11 – 15). http：//news. xinhuanet. com/politics/2013 – 11/15/c_118164235. htm.

❸ Elder G H, Johnson M K, Crosnoe R. The Emergence and Development of Life Course Theory [M] // Handbook of the Life Course. New York：Springer US, 2003：3 – 19.

❹ Clark W A V, Deurloo M C, Dieleman F M. Tenure Changes in the Context of Micro-level Family and Macro-level Economic Shifts：[J]. Urban Studies, 1994, 31 (1)：137 – 154.

❺ 刘望保, 闫小培, 曹小曙. 转型期中国城镇居民住房类型分化及其影响因素——基于 CGSS (2005) 的分析 [J]. 地理学报, 2010, 65 (8)：949 – 960.

向于选择购房这种具有高度稳定性的住房状态❶。此外，个体生命历程住房研究的有效性在于，其可以融合社会因素、人口因素和经济因素去解释个体住房选择和居住流动的原因。首先，中国居民住房权属的选择受不同时期住房政策影响呈现阶段性差异，即在住房改革初期以租赁公房为主，后期才以拥有住房产权为优势❷。这是个体生命历程中社会因素的时代差异对群体性住房选择造成的趋同。其次，移民是流向居住成本高的大城市，还是流向居住成本低的农村，与年龄的大小相关，随着年龄的增加移民大都市的比率逐渐出现下降❸。这表明，受城市化过程导致的人口流动和城乡住房价格差异的影响，个体居住的选择往往呈现受人口因素，尤其是受人口年龄因素的影响。不同年龄阶段对应着不同的住房需求、不同的家庭经济支付能力。最后，居住流动与个体社会地位愿望息息相关，当家庭支付能力提高，个体原来居住的住房不能满足他们对空间和设施的需求时，就会将住房单位搬迁到能够满足这些需求的单位中❹。由此可见，考虑个体生命历程中各影响因素的变化性是其住房不平等研究的最大特征。

2）从"世代"和"住房生涯"等具有个体生命历程含义的概念入手，使用纵贯数据资料，分析不同时代背景下个体住房轨迹的共性趋势和个性差异。1970年以后，由于西方社会人口特征发生了根本性变化，大量的住户类型和变化无法纳入生命周期的分析框架中，家庭生命周期理论的适应性下降❺。随着纵贯数据分析对时间、过程的关注，家庭生命周期概念被生命历程观念所替代，成为居住选择研究中的核心方法❻。比如，谢旺分析了美国1940—1960

---

❶ Mulder C H. Home-ownership and family formation [J]. Journal of Housing & the Built Environment, 2006, 21 (3): 281 – 298.

❷ 王宁，陈胜. 中国城市住房产权分化机制的变迁——基于广州市（1980—2009）的实证研究 [J]. 兰州大学学报（社会科学版），2013, 41 (4): 1 – 12.

❸ Bitter C, Plane D A. Housing Markets, the Life Course, and Migration Up and Down the Urban Hierarchy [G] //Clapham D F, Clark W A V, Gibb K. The SAGE Handbook of Housing Studies. SAGE Publications Ltd, 2012: 295 – 312.

❹ Cowgill P B D D. Why Families Move: A Study in the Social Psychology of Urban Residential Mobility, by Peter H. Rossi [J]. American Sociological Review, 1956, 21 (3): 395 – 396.

❺ Rindfuss R R, Swicegood C G, Rosenfeld R A. Disorder in the Life Course: How Common and Does It Matter? [J]. American Sociological Review, 1987, 52 (6): 785 – 801.

❻ 刘望保. 国内外生命历程与居住选择研究回顾和展望 [J]. 世界地理研究，2006, 15 (2): 100 – 106.

年、1960—1980 年两个世代住房拥有率由低到高的变化过程❶。Myersd 在 1998 年和 1999 年，分别使用"双世代"和"纵向世代"的方法，研究了美国不同时期的移民世代在住房拥有率上的差异❷。比较世代的研究方法，不仅可以洞悉结构性的社会历史变迁对于群体性住房资源获得的相同影响，还可以描绘出不同世代住房历程的差异性。类似的研究还有吴开泽的分析，其根据 2010 年广州市住房千户问卷调查数据指出，中国住房制度改革前、中、后期的入职世代在获得首套房、二套房上存在世代差异❸。此外，克拉克还使用"住房生涯"概念描述个体住房变迁的历史，如果把个体生命历程当作一系列轨迹，比如离开家庭，进入劳动力市场、生育和职业生涯的改变，它们都将影响住房流动的过程并构成了个体的住房生涯❹。由于住房生涯概念所描述的个体住房轨迹更多的是一种标准化的理想模型，某一异于常人的个体生命轨迹往往产生与标准化住房生涯不同的住房轨迹，因此本研究将使用包含了住房生涯普遍性和个体差异性的"住房轨迹"一词。

3）从个体生命历程中的家庭层次因素入手，使用纵向的代际数据，对住房阶级代际再生产问题进行探讨。比如，有研究发现，在住房的价值和拥有率上，父代和子代之间存在很强的相关性❺。而且，夫妻双方父母的社会地位和财富与其子女的第一次置业之间也存在很强的关联性，并随着父母住房拥有率的增加，子女得到父母住房支持的概率也会增加❻。由此可知，子代住房资源的获得，尤其是首套房的获得与父代家庭息息相关。至于原因的解释，有研究

❶ Chevan A. The Growth of Home Ownership: 1940—1980 [J]. Demography, 1989, 26 (2): 249 – 266.

❷ Myers D, Megbolugbe I, Lee S W. Cohort Estimation of Homeownership Attainment among Native-Born and Immigrant Populations [J]. Journal of Housing Research, 1998, 9 (2): 237 – 269; Myers Dowell. Cohort Longitudinal Estimation of Housing Careers [J]. Housing Studies, 1999, 14 (4): 473 –490.

❸ 吴开泽. 生命历程与住房资源获得研究：基于 2010 年广州千户问卷调查 [D]. 广州：中山大学, 2014: 81 –131.

❹ Clark W A V, Deurloo M C, Dieleman F M. Housing Careers in the United States, 1968 –93: Modelling the Sequencing of Housing States [J]. Urban Studies, 2003, 40 (1): 143 –160.

❺ Haurin D R, Hendershott P H, Wachter S M. Wealth Accumulation and Housing Choices of Young Households: An Exploratory Investigation [J]. Journal of Housing Research, 1996, 7 (1): 33 –57.

❻ Mulder C H, Smits J. First-Time Home-Ownership of Couples The Effect of Inter-Generational Transmission [J]. European Sociological Review, 1999, 15 (3): 323 –337.

者从"礼物"馈赠的角度分析了住房资源在代际间的流动❶。其他的研究者则结合欧洲 13 个国家的生活史数据提出了"社会化假设"（Socialization hypothesis）的观点。他们认为童年时期父代的住房状况会对子代的住房获得产生一种"社会化效应"（Socialization effect），影响其对未来住房的期望，对拥有产权房的选择偏好。子代可学习父代获得住房的过程，掌握相关的技能、知识，采取某些行为，这些都将增加子代获得产权房的可能性❷。至于结果的分析，格伦斯基从社会分层和社会流动的视角指出，社会分层体系的封闭性正是由于父子两代人社会地位、财富、权力、声望存在连续性❸。这就涉及一个住房阶级流动机会的问题，当个体住房阶级地位的获得和住房分层体系的机制受自致因素影响为主时，住房阶级流动的机会较多，社会发展趋于开放。反之，当个体住房阶级地位的获得和住房分层体系的机制受先赋性因素影响为主时，住房阶级流动的机会逐渐减少，社会发展趋于封闭。因此，家长资助购房虽然是为了辅助新成立家庭向成年过渡，但却成为促进不平等代际延续的一个机制❹。它一方面可以促进子代住房阶级再生产的初始优势形成，另一方面，使得动态的住房阶级体系在代际之间趋于静态传承和延续的封闭状态。

在中国，由于不同住房制度时期住房分层的结构特征和分层体系不同，个体住房阶级流动的理论机会和实践空间也有所不同。年轻人"啃老购房"的普遍化引起了研究者的关注。王宁、张杨波研究认为，父母一代给予子女的住房支持（非制度融资方式）是影响住房分层的重要因素❺。刘祖云和胡蓉通过全国性的 CGSS2006 的数据分析也指出，户籍人口中代际差异取代阶层差异成为各阶层住房产权差别的原因❻。与父代的教育、社会地位和职业的传承相比，住房财富更容易直接在代际之间传递。孙明在研究家庭背景与干部的地位

❶ Amanda Helderman, Clara Mulder. Intergenerational Transmission of Homeownership: The Roles of Gifts and Continuities in Housing Market Characteristics [J]. Urban Studies, 2007, 44 (2): 231–247.

❷ Philip M Lersch, Luijkx R. Intergenerational transmission of homeownership in Europe: revisiting the socialisation hypothesis [J]. Social Science Research, 2015 (49): 327–342.

❸ [美] 格伦斯基. 社会分层 [M]. 2 版. 北京: 华夏出版社, 2005: 4.

❹ Haurin D R, Patric H Hendershott, Susan M Wachter. Wealth Accumulation and Housing Choices of Young Households: An Exploratory Investigation [J]. Journal of Housing Research, 1996, 7 (1): 33–57.

❺ 王宁, 张杨波. 住房获得与融资方式 [J]. 广东社会科学, 2008 (1): 164–170.

❻ 刘祖云, 胡蓉. 城市住房的阶层分化: 基于 CGSS2006 调查数据的分析（英文）[J]. 社会, 2010, 30 (5): 164–192.

获得之间的关系时也认为代际之间存在资本转换的过程，现代产权制度使得那些以财产所有权形式存在的经济资本可以不通过转换，直接在代际之间传递❶。而且，当前住房遗产的传递没有缴纳遗产税的要求，代际之间的住房产权传递成本较低，再加上房价的持续增长，住房成为家庭偏好的固定资产兼顾保值、增值的投资功能，这些因素都客观地增加了住房产权代际传承的可能性。以上研究表明，受先赋性家庭因素的影响，子代住房阶级再生产面临不平等的起点，住房阶级体系流动的机会受到限制。随着中国房价日益上涨，在传统家族文化观念和特色独生子女家庭结构的催化下，父代的住房差异正快速地在子代之间复制和扩大，代际住房阶级地位再生产问题的研究已迫在眉睫。

二、累积机制及其解释社会不平等的理论框架

（一）个体生命历程理论中的累积概念

埃尔德认为，生命历程中有一个累积的概念，即有利条件可能带来更多的有利条件，这是一个不平等不断累加的过程，同样，不利条件增加了新的不利条件出现的可能❷。作为生命历程理论中的一个重要概念，累积优势/劣势是指一个人早期有利的条件会有助于个体后期的发展，反之亦然。如果用口语化的词汇表达，即是强者更强、弱者更弱之意。社会不平等正是沿着这两条相互分离的路径不断将优势/劣势累积发展导致的。而且，这种不平等不仅仅是一种静态的结果，而是整个生命历程逐步展开的积累过程❸。因此，个体生命历程视角的住房研究可以从早期的累积条件入手，分析住房不平等优势/劣势累积的过程和结果。

李钧鹏认为，目前有一些学者将累积从代内拓展到代际，然而代际间的累积研究仍相对缺乏❹。梳理相关中文文献，将"累积优势"理论从代内研究拓

❶ 孙明. 家庭背景与干部地位获得（1950—2003）[J]. 社会，2011，31（5）：48–69.

❷ [美] G·H·埃尔德. 大萧条的孩子们 [M]. 田禾，译. 南京：译林出版社，2002：440.

❸ Elder G H. Life course dynamics：trajectories and transitions 1968—1980 [M]. Ithaca New York Cornell University Press，1985.

❹ 李钧鹏. 生命历程刍议 [J]. 华东理工大学学报（社会科学版），2011，26（2）：1–7.

展到代际研究的只有邓国彬对教育不平等问题的分析❶，在住房领域则鲜有涉及。本研究将拓宽累积概念解释社会不平等的代内时段，尝试把"优势累积/劣势累积"放在父代、子代的更长时段考察两代人的住房分层现状及其相互影响，这不仅可以反映不同住房制度时期中国住房分层结构或者体系的截面状况，还可以回答代际住房阶级再生产的问题。

（二）累积作为解释社会不平等的机制：非住房领域的实证研究

近年来，"优势/劣势累积"机制和生命历程理论结合发展为不平等累积理论，它认为社会制度产生的社会不平等，通过人口和发育过程体现在个体生命历程中❷。具体涉及以下研究领域：

1）有关职业不平等的研究，强调累积结果的两极分化。优势/劣势累积概念正起源于罗伯特·K. 默顿对科学界社会分层的研究，用以论证"发现和奖励人才偏爱早慧的制度化偏见"在学者和科学家的人生历程中可能会引发严重的不平等，又称为"马太效应"❸。与那些早期就被识别为只有较低生产力的科学家相比，被识别为有较高生产力的科学家更容易获得学术界更多的资源反馈，从而保持或者提高其科学知识的生产能力❹。在职业分层的研究中，累积机制解释的不平等更强调其双重累积路线导致的两极分化结果。

2）有关老年不平等的研究，累积与个体生命历程早期条件、中间过程相关，并由此区分出两类不同特征的累积因素。达伦多夫把科学界的累积分层运用到个体生命历程中，探讨同期群（cohort）之间的老龄化状况所遵循的马太效应❺。由于个体生命历程是一种历时性的过程研究，因此累积的早期条件、经历的过程被考虑更多，而不仅仅只关注作为晚期结果的"马太效应"。胡薇

---

❶ 邓国彬. 论高等教育领域中城乡不平等的代际延续——基于累积优势的理论视角 [J]. 湖北社会科学，2012（6）：158 - 161.

❷ 吴开泽. 生命历程与住房资源获得研究：基于2010年广州千户问卷调查 [D]. 广州：中山大学，2014：27.

❸ Merton R K. The Matthew Effect in Science：The reward and communication systems of science are considered [J]. Science，1968，159（3810）：56 - 63.

❹ Paull D Allison, Stewart J A. Productivity Differences Among Scientists：Evidence for Accumulative Advantage [J]. American Sociological Review，1974，39（4）：596 - 606.

❺ Dannefer D. Aging as intracohort differentiation：Accentuation, the Matthew effect, and the life course [J]. Sociological Forum，1987，2（2）：211 - 236.

甚至区分累积性因素为"初始累积因素"和"时间上的累积因素",探讨它们对老年人分化的不同影响。她指出,"前者与个体出生时的机会结构、历史环境相关,这一先赋性因素会持续影响个体毕生累积状况;后者则是指那些随着个体生命历程发展而出现的事件,它们会形成个体生活的转折并在后期被不断放大"❶。老年人分化即是初始不平等和时间性不平等相互交织的结果。

3)有关健康不平等的研究,优势/劣势累积与社会不平等的关系被拆分开来,分别撰文探讨。徐洁、李树苗从劣势累积的视角探讨了导致老年人健康不平等的原因和应对方法。他们认为,女性老年人早期生命历程的累积劣势直接制约着老年时期的健康状况。因此,应从早期生命阶段开始弱化公共政策、社会制度与传统文化习惯对性别观念的维系与重构作用,以消除未来女性老年人的健康劣势❷。与侧重劣势累积的研究不同,有学者发现,随着年龄的增长,多元的社会经济地位与个体健康不平等的状况有某种关联,正如经济领域的不平等遵循累积优势的过程一样,健康领域也存在优势累积的情形❸。把影响不平等的诸多因素分别按照优势或者劣势原因进行分类概括,不仅便于衡量优势和劣势的程度,还可以很好地澄清优势/劣势因素和不平等现象的因果关联。

4)有关贫困分化的研究,质性研究方法被越来越多的研究者采用,呈现了优势/劣势累积这一普遍模式对个体生命历程中影响的差异性。比如,徐静和徐永德通过个案研究区分了6种贫困老人的生命轨迹,并认为累积效应只是个体早期发生的重大生命事件对其晚年贫困的多种影响中的一种❹。在研究方法上,质性研究和量化研究各有优势,前者可以呈现个体不平等累积轨迹的差异性,后者则可以在更大规模的数据中验证累积机制的普遍性。

此类研究的共同点都是通过寻找一个或几个变量作为解释某一方面不平等的原因或条件,并用优势/劣势累积理论解释个体生命历程早期条件差异如何

❶ 胡薇. 累积的异质性生命历程视角下的老年人分化 [J]. 社会, 2009, 29 (2): 112-130.

❷ 徐洁, 李树苗. 生命历程视角下女性老年人健康劣势及累积机制分析 [J]. 西安交通大学学报 (社会科学版), 2014, 34 (4): 47-53.

❸ Andrea E Willson, Kim M Shuey, Glen H Elder. Cumulative Advantage Processes as Mechanisms of Inequality in Life Course Health [J]. American Journal of Sociology, 2007, 112 (6): 1886-1924.

❹ 徐静, 徐永德. 生命历程理论视域下的老年贫困 [J]. 社会学研究, 2009 (6): 122-144.

随着时间推移扩大，导致了后期的社会不平等。借鉴该思路去分析先赋性住房不平等问题，不仅可以将多样化的父代住房支持方式按照优势/劣势程度进行分类概括，提高其对住房不平等结果的解释力，还可以澄清先赋性住房不平等随时间日益扩大的过程机制。Thomas A. Diprete 和 Gregory M. Eirich 将这一优势累积和劣势累积的因果分析机制区别为以下两种类型：一种是根据莫顿对科学界职业分层研究提炼出的"严格意义上的优势累积模型"（the strict form of cumulative advantage），另一种则是布劳·邓肯在《The American Occupational Structure》一书中对"地位－资源互动模型"的分析提炼出的"布劳·邓肯式的累积模型"（The Blau-Duncan form of cumulative advantage）❶。前者认为，个体早期在结构位置中的初始差异随着时间推移呈现指数式扩大的趋势，个体的能动性被早期的优势/劣势路径所形成的惯性牵制，从而导致了后期的不平等。后者则强调，个体因为具有某种特质而产生某种相应的优势或者劣势，最终导致持续性的社会不平等，至于不平等如何随时间变化并未关注。O'Rand Angela M. 进一步研究指出，累积优势是通过提高进入优势机会结构的几率而实现的，累积劣势则往往带有路径依赖的含义❷。也就是说，个体早期的优势之所以随着时间日益放大，是因为其比早期劣势者有更多的可能性或者更早进入优势机会结构中进行优势累积。而早期的劣势者受到过去劣势的牵制，形成了对原有累积路径的依赖，因此他们有更小的可能性或者更迟进入优势机会结构中，由此导致了优势和劣势的两极分化和社会不平等的产生。

　　然而，Jeffrey A. Smith 和 Robert Faris 的最新研究发现，传统优势累积模型（CA）只解释了不平等产生的因果，而未能澄清过程。他在研究成年人地位获得过程时指出，个体的地位是可以向上、向下发生波动的，只是其结果受到既定地位分层秩序的影响和过去的限制会被拉回到原初的地位❸。也就是说，当累积波动能够克服路径依赖时，就存在改变既定累积发展方向和结果的理论空

---

❶　Thomas A Diprete, Eirich G M. Cumulative Advantage as a Mechanism for Inequality: A Review of Theoretical and Empirical Developments [J]. Annual Review of Sociology, 2006, 32 (1): 271–297.

❷　O'Rand A M. Cumulative Advantage Theory in Life Course Research [J]. Annual Review of Gerontology & Geriatrics, 2002, 22 (1): 14–30.

❸　Jeffrey A Smith, Faris R. Movement without mobility: Adolescent status hierarchies and the contextual limits of cumulative advantage [J]. Social Networks, 2015 (40): 139–153.

间。在此基础上，可进一步探讨：如何干预累积发展朝着改善住房不平等的方向前进。

O'Rand Angela M. 研究指出，个体生命历程中早期的经济困难可以通过干预资源的累积，尤其是教育资源，实现劣势的调整和补偿，这一过程开始的时间越早，初期的差异越不容易造成严重的社会分化[1]。除了这种以"提低"的方式缩小累积机制所产生的不平等以外，还有"限高"的方法来限制优势累积的无限增长。Jeffrey A. Smith 和 Robert Faris[2] 还从诸多研究中总结出 4 种可以阻止优势累积过度集中（winer-take-all）的方法，即再分配政策、不完全信息、规范约束和精英地位的扩散。以上方法中，"再分配政策"平衡累积分化的效果最突出。胡薇也认为，通过"普遍化"的国家福利政策，Mayer K. U. 和 U. Schoepflin 认为，福利国家对个体生命历程最突出的影响在于它可以"标准化"（standardize）生命历程的转折，通过赋予某一特定年龄群体一定的权利、责任和公共福利来削弱同龄群体间的差异。[3] 老年群体一生累积的不平等在末期有了重新拉平的可能[4]。需要指出的是，国家的福利分配政策做到完全的普遍化和公平化往往是一种理想的状态，为了不在原有不平等的基础上继续增加新的累积作用，除了"限高"以外，更应强调的是"提低"以保证基本的社会公平。

（三）累积机制解释社会不平等的理论框架

上文分析了"优势/劣势累积"过程中会有诸多因素影响累积发展的方向，从而产生累积波动。其实，整体的累积过程也呈现受时间因素限制的特征。比如，受个体生命历程中的重大事件，如首次就业时间、受教育时长、结婚年龄、退休年龄等的影响，个体累积开始、结束的时间和累积过程中的速度都会有所差异，从而对社会不平等的形成产生不同的影响。

---

[1] O'Rand A M. Cumulative Advantage Theory in Life Course Research [J]. Annual Review of Gerontology & Geriatrics, 2002, 22 (1): 14 – 30.

[2] Jeffrey A Smith, Faris R. Movement without mobility: Adolescent status hierarchies and the contextual limits of cumulative advantage [J]. Social Networks, 2015 (40): 139 – 153.

[3] Mayer K U, Schoepflin U. The State and the Life Course [J]. Annual Review of Sociology, 1989 (15): 187 – 209.

[4] 胡薇. 累积的异质性生命历程视角下的老年人分化 [J]. 社会, 2009, 29 (2): 112 – 130.

在探讨社会不平等现象时，累积的因果机制和过程分析相互补充，缺一不可。前者澄清了优势/劣势累积的原因及其导致社会不平等的结果，后者则提供了如何解决社会不平等问题的办法，即从过程分析中把握影响累积优势/劣势方向变化的诸多因素，并借此干预既定社会不平等累积的因果路径，促进劣势调整、限制优势累积的无限增长，尽可能降低社会不平等的消极影响（详见图1-1）。

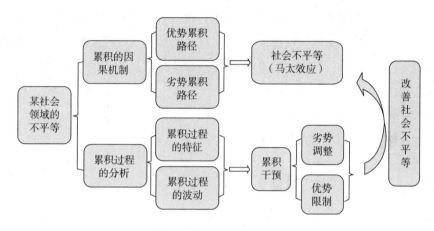

图1-1 累积机制解释社会不平等的理论框架

三、研究思路

（一）住房不平等研究的文献述评与本研究核心分析术语

1. 住房不平等研究的文献述评

无论是阶级分析视角，还是市场转型和个体生命历程视角，研究者们主要关注的是代内住房不平等问题，即从宏观的住房分层结构入手，探讨某一代人在某一阶段的住房分层现状、所处位置，并分析其原因。事实上，个体住房轨迹的形成，除了自致因素发挥的关键作用外，在高房价背景下先赋性家庭因素也是导致子代住房分化的主要原因之一。"先赋性因素"与"自致性因素"这两个术语最早是由布劳和邓肯在研究美国社会的职业地位获得中提出的，前者主要指家庭因素,后者则强调个人的后天成就❶。由于中国社会中父代为子代住房资源获得提供代际支持的情况日益普遍,探讨先赋性因素与住房不平等的关联十分必要。

然而,先赋性家庭因素引发的住房不平等却未得到相应的系统研究,仅有如下零散的分析。比如,吴开泽认为家庭资助获得首套房的个体在二套房获得上更有优势,并通过 2010 年广州市千户问卷调查数据验证其结果为正向显著,由此提出了"家庭禀赋说"的研究假设❷。那么,什么样的家庭最容易为子代购房提供支持呢?蔡禾、黄建宏的"家庭结构说"很好地回答了这一问题,在房价不断上涨的背景下,"人们的经验感知使先赋性因素对子代获取住房的影响不降低反而增加,父代至少可通过现金资助、继承和关系资本等三种途径来确保子代在住房市场上保持优势,因此,房价越高则独生子女家庭(相对于非独生子女家庭)及父代为市县户口的家庭(相对于父代为村镇户口家庭)的购房能力越强"❸。此外,毛小平从"大学家庭"的人力资本和"干部家庭"的政治资本两个层面测量了家庭资本的强弱,并结合房改制度分割和行业分割的效应分析其对住房分化的显著影响❹。由此可知,家庭的经济水平、独生子女的家庭结构、父母的受教育程度和政治地位等都是影响个体住房选择的重要因素。易成栋使用 2000 年人口普查资料、2005 年 1% 抽样调查资料、2005 年综合调查数据、2008 年中国家庭跟踪调查数据等资料验证了个体生命历程与中国城市家庭住房选择分化(体现在时间、空间和社会层面)的关联,并提出了"生命历程分化假说"❺。在埃尔德所提炼的生命历程五大原则中就有"相互关联的个体"原则,即"生命存在于相互依赖之中,社会—历史影响都经由这一共享的网络表现出来,个体的人格和家庭关系在代际之间传递、

---

❶ Blau P M O D Duncan. The American occupational structure [J]. New York:WiFi. 193. Reference ley, 1967, 33(2):296.

❷ 吴开泽. 生命历程视角的城市居民二套房获得 [J]. 社会, 2016(1):213-240.

❸ 蔡禾,黄建宏. 谁拥有第二套房?——市场转型与城市住房分化 [J]. 吉林大学社会科学学报, 2013(4):102-114.

❹ 毛小平. 市场分割、家庭资本与住房分化 [J]. 兰州学刊, 2010(12):78-86.

❺ 易成栋. 中国城市家庭住房选择的时空变动和社会分化研究 [M]. 北京:北京大学出版社, 2012:249-255.

持续和延续"❶。从个体生命历程理论的这一原则出发，不难理解个体住房选择与父代家庭天然关联的理论依据，而且这一先赋性的影响是先于个体存在的，个体后天难以改变的结构性制约，阻碍或者促进着个体住房阶级地位的流动。因此，先赋性家庭因素引起的住房不平等应该引起学术界更多的关注，并开展更加深入的研究。

2. 核心分析术语：从"家庭因素"到"父代住房支持"

在以上研究中，影响个体住房资源获得的先赋性家庭因素都是单独发挥作用的，不同的学者仅仅对自己所关注的某一影响因素及其导致的部分住房结果有研究，而无法综合衡量多个先赋性家庭因素对个体住房资源获得的影响。其实，无论先赋性家庭因素被操作为多少相关指标，但从其总体特征来看，都是基于核心家庭关系（主要是父母—子女关系）而产生的住房支持，我们可以使用"父代住房支持"去概括。在定性研究中，这一抽象化的分析性术语比具体操作化测量的某一零散指标更能兼顾理论与现实的张力。同时，还可以通过对父代住房支持的分类，澄清先赋性家庭因素对个体住房资源获得的不同影响。

在笔者看来，父代住房支持是子代基于社会关系网络寻求社会支持的具体体现。社会网研究是西方社会学一个重要的分支领域。社会网是指"由个体间的社会关系构成的相对稳定的体系"❷。自 20 世纪 60 年代至今，美国社会网研究可划分为两个研究群体：一是遵循着社会计量学的传统，他们研究整体网络即一个社会体系中角色关系的综合结构，代表人物是林顿·弗里曼（Linton Freeman）；二是集中于个体间的自我中心网络，他们从个体的角度来界定社会网，代表性人物是马克·格拉诺维特（Mark Granoveter）、哈里森·怀特（Harrison Whitte）、林南（Nan Lin）和罗纳德·博特（Ronald Burt）等❸。前一研究传统关注的是社会网络的结构特征，后一研究传统则更为关注社会网与个体的互动、以个体为核心、由近及远蔓延出的社会关系网络，以及嵌入社会关系网络的社会资源和社会资本的功能（包含了积极的支持功能和

❶ Elder G H. The Emergence and Development of Life Course Theory ［G］//Johnson M K, Crosnoe R. Handbook of the Life Course. Berlin：Springer, 2003：1 - 15.
❷ 张文宏，阮丹青. 城乡居民的社会支持网 ［J］. 社会学研究, 1999（3）：14 - 19.
❸ 肖鸿. 试析当代社会网研究的若干进展 ［J］. 社会学研究, 1999（3）：3 - 13.

负面功能)。本研究倾向于后一研究传统,更加关注中国社会关系网络推己及人、由内而外的特征。

同时,由于社会网络时常扮演着支持的角色,由此产生了从社会支持入手探讨社会网功能的研究。比如,探讨社会网络支持对个体职业地位获得的积极作用❶。老年人、病患、妇女、下岗工人、儿童等弱势群体成为社会支持的重点研究对象❷。张文宏等人划分了社会支持的主要来源和类型。他们认为,亲属和朋友在个人社会支持网中发挥着非常重要的作用,财务支持和精神支持是个人社会支持的两个重要方面❸。从子代动员社会关系网络支持其住房资源获得的现状来看,夫妻双方的父代家庭确实是关系最为亲密、最易动员的群体。

而且,基于中国特殊的社会结构和家族文化的传统,父代住房支持十分普遍,对子代住房资源获得的不平等影响深远。李亦园认为,在汉族的家族关系中,涉及亲子关系、世系关系、权力关系三种❹。虽然当下的家族主义已经不再盛行,核心家庭成为主流,但父子轴心的亲子关系,以及父系香火继承的关联,父代的抚养责任和子女合法的财产继承权力依然存在,这客观上为父代家庭影响子代住房资源获得的现象出现奠定了文化基础。麻国庆分析中国社会的分家机制时也认为,分家使得土地和房屋等产权在不同的家庭之间开始流动,由此也就带来了社会流动。这种产权的流动和社会流动成为认识中国社会结构及其变迁的重要途径❺。住房财富的代际流动正是父代家庭影响子代住房资源获得的重要方式之一。除了这一直接的代际继承模式外,笔者的调查还观察到,父代家庭还可以灵活地根据其父代住房支持能力的差异为子代住房资源的获得提供非经济形式的住房支持,帮助子代获得住房资源。2016年最新的一篇文章中,研究者从居住同一城市的直接亲属数量、与父母的距离(6种)、

---

❶ Lai G W, Nan Lin, Shu-Yin Leung. Network resources, contact resources, and status attainment 1 [J]. Social Networks, 1998, 20 (2): 159 – 178.

❷ 贺寨平. 社会经济地位、社会支持网与农村老年人身心状况 [J]. 中国社会科学, 2002 (3): 135 – 148;张友琴. 老年人社会支持网的城乡比较研究——厦门市个案研究 [J]. 社会学研究, 2001 (4): 11 – 21.

❸ 张文宏, 阮丹青. 城乡居民的社会支持网 [J]. 社会学研究, 1999 (3): 14 – 19.

❹ 李亦园. 台湾汉族家庭的传统与现代适应 [G] //乔健. 中国家庭及其变迁. 香港:香港中文大学, 1991: 60.

❺ 麻国庆. 家与中国社会结构 [M]. 北京:文物出版社, 1999: 56.

父母是否活着、父亲的受教育年限等四个方面测量了社会资本与个体住房支付能力的关联，其结论指出，受中国式的家族社会特征的影响，父母、姻亲关系构成的社会资本（与朋友关系相比）对家庭住房购买决定的影响显著❶。由此可见，与非家庭的社会支持相比，在形成较高的住房支付能力、满足有效的住房需求上，基于家庭关系所动员的资源影响更大，需要更详细地探讨父代住房支持对子代住房不平等的影响。

（二）本研究分析框架：累积机制与住房不平等

参考累积与社会不平等文献中，通过"优势累积/劣势累积"两条因果路径分析社会不平等的方法❷和最新文献对累积过程的关注❸，笔者将在父—子相联的更长时段中，结合广州住房个案调查材料，从父代住房支持的差异出发，在因果机制和过程分析两个方面推进"累积"机制对先赋性住房不平等延续和扩大的解释。这可以弥补以往研究从家庭层次因素出发解释个体住房不平等，只论证了两者的相关性而未澄清因果机制和过程的遗憾。其中，笔者将使用"父代住房支持"概括以往零散的各类家庭层次因素，作为本研究累积分析的核心术语，以便直接衡量父代家庭对子代住房资源获得的综合性影响，对个案材料的分析也将在实践层面丰富父代住房支持的具体形式。

需要指出的是，由于不同住房制度时期，"父代住房支持"影响子代住房不平等延续和扩大的作用空间不同，我们需要在对广州城市居民所处的住房制度进行历史分期的基础上开展个案研究（详见图1-2）。

1978年中国改革开放以来，作为经济体制改革的重要组成部分，住房制度改革正在有步骤地推进。为了研究的准确性，考虑到全国住房制度改革与地方执行住房制度改革政策存在先后时间差，本研究将以广州市政府落实国家住

---

❶ Daichun Yi, Huang Y, Fan G Z. Social Capital and Housing Affordability: Evidence from China [J]. Emerging Markets Finance & Trade, 2016, 52 (8): 1728-1743.

❷ Thomas Diprete, Eirich G M. Cumulative Advantage as a Mechanism for Inequality: A Review of Theoretical and Empirical Developments [J]. Annual Review of Sociology, 2006, 32 (1): 271-297.

❸ Jeffrey A Smith, Faris R. Movement without mobility: Adolescent status hierarchies and the contextual limits of cumulative advantage [J]. Social Networks, 2015 (40): 139-153.

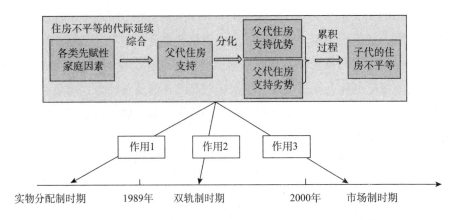

图 1 - 2　父代住房支持优势/劣势累积与子代住房资源获得

房改革政策所颁布文件中确定的实施日期为依据❶，根据住房供给—分配模式的特征，将广州住房制度改革划分为图 1 - 2 中的三个历史时期：房改前的住房实物分配制时期（新中国成立后—1989 年），住房资源作为实物福利由国家供给，单位分配；房改时的住房双轨制时期❷（1989—2000 年），住房资源供给—分配包含了国家和市场双重主体；房改后的住房市场制时期（2000 年至今），住房资源供给—分配确立了市场主体地位，辅以一定的货币补贴提高个体的市场竞争力。以上住房制度变迁的历史阶段划分，构成了本研究广州城市居民住房资源获得的宏观制度背景。

　　同时，不同的住房制度背景下，父代住房支持对子代住房资源获得产生影响的理论空间和实践机会不同。由此，图 1 - 2 还区分了三个住房制度时期，父代住房支持对子代住房资源获得的三种不同作用。至于其具体作用空间的有无、作用的大小及其对住房不平等的影响，将在下文的研究中结合具体的历史

---

　　❶　1989 年 8 月 16 日广州市人民政府《关于印发〈广州市住房制度改革实施方案〉的通知》（穗府〔1989〕80 号），要求改革广州市统包统分的低房租、高暗贴、福利制、实物分配的住房制度，建立新的住房制度，该方案于 1989 年 10 月 1 日起实施；广州市人民政府《印发关于广州市直属机关事业单位住房货币分配实施方案（试行）的通知》（穗府〔1998〕21 号），认真做好住房市场货币分配的组织实施工作。企业和其他单位可结合实际，参照执行。从 2000 年 1 月 1 日起，全市全面实行住房市场货币分配。

　　❷　此处的"住房双轨制"是魏万青对 1990—2000 年中国住房制度特征的总结性称呼，本研究沿用这一说法。详见：魏万青. 社会转型背景下的城市居民住房问题研究：住房阶层理论的视角 ［M］. 武汉：华中科技大学出版社，2015：66 - 101.

资料和调查个案情况予以澄清。

（三）相关概念界定与研究问题

1. 相关概念界定

（1）住房资源

本研究所指的住房资源是指个体以租赁、购买或者暂时无偿借住等方式获得的住房资源。不同住房制度时期，住房资源获得的内涵又有所不同。考虑现代私有住房产权制度的建立是在中国住房制度改革以后，同时将参考桑德斯"消费部门分割"理论强调市场私房领域自有住房者拥有住房的各种权利和潜在交换价值方面的优势的观点❶。笔者认为：住房市场制时期住房资源获得的测量将以"夫妻及其未婚子女"（核心家庭）是否拥有"产权房"为标准，而不采用诸如住房区位、户型、面积等更多反映住房条件的因素。只有当住房进行产权登记成为个人或者家庭的私有财产之后，才能在住房市场定价买卖、投资增值，在这一意义上，实物住房同时具备了居住价值和潜在的经济价值，导致父代住房支持对子代住房资源获得的影响呈现以居住价值和经济价值的让渡为核心特征。然而，在"住房双轨制时期"和"住房实物分配制时期"，由于现代住房产权私有制度尚未完全建立，住房市场尚未发展成熟，住房资源更多地作为一种全民公有财产为国家或者集体所有，个人很少买卖、出售、转让获利，更多的是享受其居住福利和居住权力。因此，这两个时期，父代住房支持对子代住房资源获得的影响主要以居住价值的让渡为核心特征。

（2）父代住房支持

父代住房支持是区别于代内社会支持的代际社会支持类型，主要指父代家庭，即夫妻双方父母中的一方（核心家庭）或者一员（离异家庭）帮助子代获得住房资源的各类住房支持行为。该概念是笔者从社会网理论的社会支持研究中提炼出来的分析性术语，用以概括影响子代住房资源获得的各类先赋性的家庭层次因素。详细的分类，有助于我们区别出父代住房支持行为产生的各类原因，并澄清各类先赋性家庭因素如何综合作用，导致了子代住房不平等的产

---

❶ Peter Saunders. Beyond housing classes: the sociological significance of private property rights in means of consumption [J]. International Journal of Urban & Regional Research, 1984, 8 (2): 202–227.

生。根据个案调查材料中父代家庭支持程度和特点的不同，可以分为实物支持、经济支持、居住支持和无支持。同时，还可以分别将实物支持划分为广州类和非广州类；将经济支持划分租房类和购房类；将居住支持划分为单住式和合住式；将无支持划分为暂时无支持和永久无支持。与单一的某一家庭层次的因素相比，"父代住房支持"概念更具综合解释力。需要指出的是，虽然祖父代和其他父代家庭层面的亲属，比如爷爷奶奶、姥姥姥爷、兄弟姐妹、叔伯舅舅等大家庭成员也是住房支持的重要一员，但除非父代家庭自己借助了这类支持而成为探讨父代住房支持来源的内容外，限于篇幅和个人调查精力的原因，并不扩大核心家庭的父代住房支持为大家庭网络的亲属支持进行讨论。

（3）累积机制

累积机制是本研究分析父代住房支持差异引发子代住房不平等的核心概念，主要是指早期个体的优势／劣势不断累积和扩大，导致个体间住房轨迹两极分化的因果机制和过程。累积作为解释社会不平等的机制并不是新思路，在文献综述的第二部分笔者已梳理了相关文献，并提炼出了累积机制解释社会不平等的理论框架（优势／劣势累积的因果机制和累积波动的过程研究）。其中，与笔者研究最相关的是：邓国彬结合累积机制对教育领域代际不平等问题的分析，他通过探讨近年来与高等教育有关的热点——主要是重点大学农村生源减少现象和大学毕业生低收入聚居现象，结合个体城乡家庭出身背景的差异，初步论证了在城乡不平等代际延续过程中，累积优势机制在维持甚至扩大不平等时扮演的重要角色❶。受以上文献启发，本研究借鉴累积机制解释社会不平等的理论框架，尝试将代内的累积与社会不平等研究模式拓展到代际之间，探讨父代住房支持差异导致的住房不平等如何在代际之间进行再生产。

2. 研究问题

已有文献对家庭因素与住房不平等的研究相对零散，因此，哪些家庭因素形成了父代住房支持能力的强弱和差异？先赋性家庭因素通过哪些具体的方式影响了子代住房不平等的结果？住房不平等中的作用机制是什么？这些问题并没有得到很好的回答。

---

❶ 邓国彬. 论高等教育领域中城乡不平等的代际延续——基于累积优势的理论视角 [J]. 湖北社会科学，2012（6）：158－161.

为此，笔者将通过深入的个案调查获得大量翔实的第一手资料，并借助个体生命历程理论中的"累积"概念和"优势/劣势累积机制"，分三个层次回答以上研究困惑：一是原因分析，即父代住房支持为何会出现差异并能够影响子代住房资源的获得？二是中间环节的澄清，即父代住房支持的差异通过什么具体的方式和作用机制引发了子代的住房不平等？三是结果的分析，即父代住房支持差异对子代住房资源获得的不平等具体产生了怎样的影响？

最后，结论部分将探讨，基于先赋性家庭因素导致的子代住房不平等所反映出的住房不平等的代际再生产问题，可以在某种程度上回应"中国社会趋于开放还是封闭"的理论话题。

第三节　研究方法和研究资料

一、质性研究的方法：个案研究

（一）为什么选择个案研究方法

人文社会科学的研究方法种类繁多，按方法论分类，主要包含了质性研究和定量研究两种范式❶。两者的主要差别在于：量化研究是运用调查、实验、测量、统计等实证主义研究手段来收集和分析资料，研究要具有可重复性和可预测性，用量化数据来展现研究成果；质性研究一般不使用实验方法，研究是一个演化和解释的过程，研究结论从原始资料中产生，研究结果经常用文字和图表等手段来表达❷。从实际研究经验来看，量化研究以问卷调查为典型，而质性研究则与个案研究、民族志等更具亲和性。笔者为什么选择个案研究作为主要研究方法呢？

首先，鉴于目前对广州住房不平等问题的量化研究已经较多且主要是研究

---

❶ 根据库恩的定义，范式是一个科学共同体成员所共有的东西，是由共有的信念、价值、技术等构成的载体。[美] 托马斯·库恩，等. 科学革命的结构 [M]. 金吾伦，胡新和，译. 北京：北京大学出版社，2012.

❷ 陈向明. 质性研究：反思与评论 [M]. 重庆：重庆大学出版社，2013：6-7；陈向明. 质性研究的新发展及其对社会科学研究的意义 [J]. 教育研究与实验，2008（2）：14-18.

代内的住房问题，因此使用个案研究方法对父代住房支持影响子代住房资源获得不平等的因果机制、过程等进行探索性研究兼具理论和现实意义。

其次，本研究的研究问题类型以及自然主义的研究环境也比较适合使用个案研究方法。罗伯特（Robert. K. Yin）认为，实验、调查、档案研究、历史分析、案例研究等研究方法有不同的适用环境，可以从以下三个条件来区别：一是研究问题的类型判断，可以用"5W"表示，即"什么人"（Who）、"什么事"（What）、"在哪里"（Where）、"怎么样"（How）、"为什么"（Why）；二是研究者对研究对象及事件的控制程度如何；三是研究焦点是否集中在当前问题；具体来说，案例研究的特点即在于其擅长回答"怎么样"和"为什么"类型的问题，适用于研究发生在当代但无法对相关因素进行控制的事件❶。按照以上三个条件来看：一，本研究的研究问题探讨"父代住房支持为什么、如何影响子代住房资源获得，其结果又如何？"即是回答"怎么样"和"为什么"这一类型的问题。二，由于个体住房资源获得涉及宏观的住房制度、中观的单位因素和微观的家庭和个人，它往往与具体的社会情境无法清晰地分离，且研究者无法对购房者及购房行为施加控制。三，由于当前大城市居高不下的房价收入比，年轻一代住房资源的获得十分依赖于父代家庭的住房支持，先赋性住房不平等现象十分突出。因此，本研究较为适用个案研究方法。

（二）个案研究的类型选择

罗伯特·K.殷把案例研究划分为两种类型，即单案例研究和多案例研究。单案例研究适用于如下情况：①用于对现有的理论进行批驳和检验；②不常见的、独特的现象；③有代表性的或典型性的事件；④启示性事件；⑤对同一案例进行纵向比较。而多案例研究则可看作多元实验，遵从复制法则选择多个个案，适用于对大范围的比较案例研究，以提高某一既有理论的解释力❷。一方面，由于本研究对住房不平等现象的考察，属于跨越了父代和子代的历时性研究，住房制度随历史变迁的过程也被考虑其中。因此，对同一案例进行纵向比

---

❶ ［美］罗伯特·K.殷. 案例研究：设计与方法 ［M］. 周海涛，李永贤，李虔，译. 重庆：重庆大学出版社，2010：3 – 24.

❷ ［美］罗伯特·K.殷. 案例研究：设计与方法 ［M］. 周海涛，李永贤，李虔，译. 重庆：重庆大学出版社，2010：52 – 71.

较是笔者分析住房不平等代际再生产问题的重要切入点。另一方面，笔者对个案的选择并非是同类复制抽样的，广州多个个案的调查呈现的只是中国一线城市中的某一类型的住房不平等情况。鉴于个人研究时间、精力和水平的限制，笔者并不可能对所有的中国一线城市进行多案例研究。因此，单个案例研究会更具适用性和操作性。

此外，罗伯特·K. 殷还根据分析单位的数量不同，把单一分析单位的单个案例研究称为"整体性"单案例，而有多个分析单位的则称为"嵌入型"单案例研究设计，它们是单个案例研究的两种变式❶。就当代中国而言，个体住房资源的获得已经不仅仅是个体一人的事情，受高房价和文化传统的影响，父代家庭被更多地裹挟其中。因此，在本研究的分析中，微观层次的个体和家庭（包含了个体所属的父代家庭和自己组建的小家庭）都是住房资源获得研究的分析单位。这一复杂的嵌入型案例研究设计，可以帮助笔者拓展合理的研究范围并对案例进行更深入的分析。

（三）个案研究方法的适用性

个案研究是"以一个典型事例和人物为具体研究对象，进行全面调查研究，以了解其发生和发展的规律，从而为解决更一般的问题提供经验，又叫解剖麻雀法，或者个案历史研究法"❷。要判断某一个研究方法是否适用，需要结合本研究的研究目的和研究问题的类型来分析。

首先，从研究目的来看，个案研究方法适用于本研究在宏观社会历史背景下，对代际因素与个体住房资源获得之间复杂因果机制的研究。在台湾《五云社会科学大词典》中，"个案研究被认为有双重目的，一为对个案做广泛和深入的考察，二为发展一般性理论以说明社会结构与过程"❸。该方法比较适用于笔者的研究，即通过广泛和深入的住房资源获得过程考察，澄清不同住房制度时期，父代住房支持差异影响子代住房不平等的原因、结果和过程机制，进而提炼出适用于一线大城市的有关住房不平等再生产问题的一般性发展

❶ ［美］罗伯特·K. 殷. 案例研究：设计与方法［M］. 周海涛、李永贤、李虔，译. 重庆：重庆大学出版社，2010：52.
❷ 文军，蒋逸民. 质性研究概论［M］. 北京：北京大学出版社，2010：94－99.
❸ 范伟达. 现代社会研究方法［M］. 上海：复旦大学出版社，2004：220.

规律。

其次，从研究问题类型来看，质性的个案研究方法比量化研究在研究的广度、深度和对研究问题的解释性理解上更胜一筹。本研究要探讨的是父代住房支持能力为什么会出现差异，出现怎么样的差异，对个体住房资源获得和住房阶级地位变化有何影响的问题。对于这一类“怎么样”和“为什么”之类的解释性问题，案例研究方法比较擅长，其可以按照时间顺序追溯相互关联的各种事件，并试图找出它们之间的联系❶。

不可否认，个案研究方法在对现实生活情境进行解释性理解时有其独到之处，但其却面临着特殊性有余、普遍性（概括性）不足的问题。卢晖临、李雪详细论述了处理以上问题的四种主要方式：一是超越个案的概括，类型学研究范式，以费孝通对中国村庄的社区比较研究为代表；二是个案中的概括，以人类学家克利福德·格尔兹对个案特征的深描为代表；三是分析性概括，以罗伯特·斯特克、罗伯特·尹的个案选择、比较，最终实现理论的分析性概括为代表；四是扩展个案方法，以布洛维结合反思性科学，从宏观权力入手分析微观个案的研究为代表❷。以上方法，或多或少都弥补了个案研究在描述总体性现象、回答普遍性问题上的局限。然而，王宁认为关于个案研究的代表性问题是“虚假问题”，因为个案不是从总体中抽样形成的统计样本，所以它并不一定需要具有代表性。个案研究实质上是通过对某个（或几个）案例的研究来达到对某一类现象的认识，而不是达到对一个总体的认识。典型性才是个案所必须具有的属性，它仅指个案是否体现了某一类别的现象（个人、群体、事件、过程、社区等）或共性的性质，至于这个类别所覆盖的范围有多大，则是模糊不清的。一个个案，只要能集中体现某一类别，则不论这个类别的覆盖范围大小怎样，就具有了典型性❸。父代住房支持差异导致的子代住房不平等是随着住房制度改革深入，个体得以动员家庭资源参与住房市场竞争而日益

---

❶ [美] 罗伯特·K. 殷. 案例研究：设计与方法 [M]. 周海涛，李永贤，李虔，译. 重庆：重庆大学出版社，2010：5-11.

❷ 卢晖临，李雪. 如何走出个案——从个案研究到扩展个案研究 [J]. 中国社会科学，2007 (1)：118-130.

❸ 王宁. 代表性还是典型性？——个案的属性与个案研究方法的逻辑基础 [J]. 社会学研究，2002 (5)：123-125.

普遍的。作为一线城市的广州地处改革开放的前沿，无论从改革的时间、深度和广度来看，其市场化的程度都比较高，因此其住房制度改革的市场化程度也较中西部的城市高。再加上有限的城市空间和庞大的人口规模形成的住房供需矛盾，使得以"北、上、广"为典型代表的一线城市，其房价之高达到每平方米三五万元，甚至更高，买房之难、还贷之久令人咋舌。因此，选择广州城市居民作为典型个案，通过多个异质性访谈对象的研究，可以呈现父代住房支持差异对子代住房不平等的不同影响，从中还可窥探中国社会转型与住房制度改革的某种普遍性关联。

二、研究资料的收集与分析方法

（一）研究资料的收集

个案资料可以从不同渠道获得，其收集方法有下列 6 种来源：文件、档案记录、访谈、直接观察、参与观察以及实体的人造物[1]。本研究的研究资料主要由前三种构成，即各级政府的住房文件、历史档案（地方志书）和个案访谈获得的大量一手资料。其中，资料信息最为丰富，获取最为困难的是访谈资料，需要克服以下诸多问题。

首先是研究对象的选择问题。由于户籍制度和城乡二元结构的存在，有无本地户籍，是否为城市人口，在住房资源的获得和所享受的住房福利上存在明显差别。笔者根据自身关注的住房分化问题把本研究的研究对象界定为有广州户籍的城市居民，广州的流动人口和农村人口被排除在外。一方面，与广州农村居民相比，城市居民的住房获得更为依赖于住房市场，住房分化状况也更为丰富。另一方面，与本地人口相比，外地的流动人口难以统计，来源复杂，是住房保障研究的重点，由于个人研究精力有限暂且搁置。

其次是研究进入与决定抽样方法的问题。经过以上取舍后，剩余的研究对象依然是一个庞大的研究群体，如何与研究群体中的某一个体建立联系，并获得真实丰富的调查资料，成为研究进入环节思考最多的问题。一方面，由于住房调查问题涉及个体和家庭的财富状况、生命历程故事，比较私密和隐私，不

---

[1] 文军，蒋逸民. 质性研究概论［M］. 北京：北京大学出版社，2010：94－99.

太容易对陌生人进行个案调查。另一方面，质性研究对资料的丰富性、细节性和故事性等要求更严，电话访谈、调查问卷等方法并不适用。因此，笔者拟采取滚雪球抽样的方法进行个案抽样，该抽样方法适用于大规模收集个案材料的阶段。滚雪球又称连锁式抽样，它是一种用来选择知情人士或者决定性个案的操作方式，通过一环套一环的追问已有研究对象介绍其朋友或者其他熟悉的人作为新的研究对象，我们的样本像一个雪球一样越滚越大，直到收集到的信息达到饱和为止❶。由于熟人或者中间人介绍，调查者更容易获得访谈对象的信任，而且，对存在疑问的研究材料可以通过熟人关系相互印证，确保了个案研究的信度。然而，这一方法有一个明显的弱点，即后续找到的信息提供者很可能与介绍人是同一类人。这一问题并非无法解决，我们可以通过设置介绍标准来挑选差异性的个案，从而避免同类个案重复太多的问题。比如，在介绍访谈对象时，笔者会请求相对熟悉的受访谈对象介绍与其年龄、住房数量、职业、受教育程度和社会经济地位等一方面或几方面存在较大差异的个案，从而克服滚雪球抽样方法的不足。在补充研究资料的后期，理论抽样成为寻找合适个案的主要方法。扎根理论的创始人斯特劳斯（Anselm Strauss）和格拉斯（Barney Glaser）于1967年在其代表作《扎根理论之发现：质化研究的策略》中最先指出，理论抽样是为产生理论而收集材料的过程。借助形成过程中的理论，分析者将资料收集、编码和资料分析结合起来，并决定下一步要收集什么资料和到哪里收集资料，以便在理论浮现过程中发展理论❷。就本研究而言，当新的个案材料不能增加父代住房支持的新类型，达到"理论饱和"❸时，对个案的理论抽样停止，结束住房个案调查。

最后是资料收集方法的问题。抽取到合适的个案后，笔者将采取深度访谈（深入访谈）的方法收集资料。深度访谈（in-depth interview）作为社会科学研究的常见方法，已经被广泛用于社会学、历史学、人类学等领域。而且，"与

❶ 陈向明.质的研究方法与社会科学研究［M］.北京：教育科学出版社，2000：103.

❷ Edgington E S. Review of The Discovery of Grounded Theory: Strategies for Qualitative Research ［J］. Canadian Psychologist Psychologie Canadienne，1967，8（4）：360.

❸ 理论饱和是指，如果对于一个理论类属，搜集更多的数据已不再揭示其新的属性，也不能产生进一步的关于该理论的理论见解时，就可以说达到理论饱和了。详见［英］凯西·卡麦兹.建构扎根理论：质性研究实践指南［M］.重庆：重庆大学出版社，2009：238.

定量研究的标准化访问不同，深度访谈通常采用半结构式访问方式（semi-structured interview）"❶。其特点是围绕相关主题和问题拟定出访谈提纲后，在实际访谈过程中，可以根据访谈的互动、进度、兴趣等情境性因素灵活进行调整。笔者将采用这一方法收集资料，这样既能确保访谈内容聚焦于本研究的研究主题，又预留下被访谈者可自由把握的空间。汤姆·文格拉夫认为半结构式深度访谈（semi-structured depth interview）有以下两个特征：一是研究问题是事先准备的，在访谈时访谈员会谨慎地根据理论化的方式进行部分改进；二是访谈要深入事实内部，获得关于一般事实的更多细节知识和实际发生的复杂情况❷。根据提前拟定的调查提纲进行半结构式深入访谈，笔者既可以围绕个体生命历程中的住房轨迹这一主线收集丰富的研究资料，还可以兼顾个体生活史的背景知识叙述，帮助我们深入地理解受访者。此外，由于生活史涉及个体成长与奋斗的故事，更能吸引被访谈者兴趣盎然地讲述自身住房故事，有利于访谈者收集到更多复杂精细的研究资料。就方法意义而言，以个人生活史为切入点的深度访谈隐含了这样的假设：宏观的社会变迁以及社会文化会以不同的方式投射到不同的个人身上，从而影响个人的生命历程。由此，个人的生命历程就获得了一种共性❸。这无疑与笔者从个体住房轨迹之"小"，见国家住房制度变迁和社会住房不平等问题之"大"的研究初衷相互契合。

同时，在资料收集的过程中，笔者通过小礼物的赠送以及其他类似的互惠性行为，得以在访谈过程中维持与被访谈对象的良好互动，并有益于访谈后可以通过微信、手机等即时通信工具对所遗漏的细节资料进行补充，或者追踪部分正在购房过程中的个案进展情况，这有利于提高调查效率。

（二）资料分析的方法

陈向明认为，"质性研究是将研究者本人当作研究工具，在自然情境下采用多种资料收集方法，对社会现象进行整体性探究，主要使用归纳法分析资料

---

❶ 孙晓娥. 深度访谈研究方法的实证论析［J］. 西安交通大学学报（社会科学版），2012，32（3）：101-106.

❷ Wengraf Tom. Qualitative Research Interviewing：Biographic Narrative and Semi-Structured Methods［M］. London：Sage Publications，2001.

❸ 杨善华，孙飞宇. 作为意义探究的深度访谈［J］. 社会学研究，2005（5）：53-68.

和形成理论，通过与研究对象互动对其行为和意义建构获得解释性理解的一种活动"❶。罗伯特·K. 殷具体区分了归纳法在质性研究资料和量化研究资料分析中的不同，他认为：定性研究也可以是讲究实际的、数据驱动的、结果指向真正科学的，定性数据资料虽然不易转换为数值进行统计性归纳，但可以分类，能够概念化，可以从知觉、态度的维度进行描述，还可通过增加好案例的数量提高外部效度问题❷。

在以上方法中，分类方法在本研究的使用最为广泛，不仅贯穿在个案资料分析的环节，通过对父代住房支持类型的优势/劣势分类澄清父代住房支持差异引发的先赋性住房不平等问题，还在论文资料收集的过程中也使用了分类的思想，即兼顾不同住房制度时期的个案类型，考虑个案案主的职业、教育水平和住房阶级等的类型多样化。王宁强调，个案研究结论可以向"同质化类型"（即那些与所研究的个案同质或同类的其他个案）进行外推，即"类型代表性"。这一个案样本与类型性质的关系，可以叫作"典型性"。也就是说，个案集中体现了某个类型的特征和属性。通过对该个案样本的研究，揭示和穷尽有关某类现象的主要要素及关系。达到了这样目标的理论，就意味着"理论饱和"，即穷尽了某类现象的所有相关属性和维度❸。本研究进行滚雪球抽样时兼顾个案类型的多样化，不仅可以确保个案研究的效度，还能将个案结论适当向同质化类型外推。此外，分类方法对于论文研究的重要性在于，既可以从某一类型的材料中概括出其形式、特征，还可以比较分析各类别之间的差异。比如，从论文章节的设计上也体现分类比较的思想，第三章和第四章是论文资料分析的主体部分，除了使用父代住房支持概念对个案材料进行抽象分析，描述个案案主购房的行为、态度和相关事件等外，还根据是否经历房改把个案资料进行分类、比较，澄清不同住房制度对个体住房资源获得的不同影响。

由于资料分析的方法众多，如何有条不紊地推进个案分析呢？根据资料分析层次和目的的不同，迈尔斯（Matthew B. Miles）和休伯曼（A. Michael Huberman）按先后顺序呈现了个案材料分析的三个阶段：一是初步的资料分析，

❶ 陈向明. 质的研究方法与社会科学研究［M］. 北京：教育科学出版社，2000：103.
❷ ［美］罗伯特·K. 殷. 案例研究：设计与方法［M］. 周海涛，李永贤，李虔，译. 重庆：重庆大学出版社，2010：3–24.
❸ 王宁. 个案研究的代表性问题与抽样逻辑［J］. 甘肃社会科学，2007（5）：1–4.

对原始资料进行文本整理并指定相应的代码❶，然后通过模式编码❷澄清概念、事件及主题。二是个案内的资料展示，通过矩阵表、脉络图、框架图等各类表格得出个案的描述性结论，目的在于探究与描述个案。三是个案内资料的呈现，通过解释因果关系，做出预测并通过验证达到对个案资料的解释和预测❸。据此，笔者的资料分析步骤如下所述。

首先，初步的资料分析。在搜集个案资料时已经在进行，当一个或几个个案调查结束后即立刻结合访谈提纲转录访谈录音获得可初步分析的文本，趁田野记忆最为准确的时候指定代码，并进行分类、比较，提炼出分析性的概念和主题，这样做的好处是便于理解资料产生的情境并激发对下一步个案研究的思考，并根据资料的反馈随时调整理论分析框架。

其次，个案内的资料展示。当资料收集完成以后，通过表格汇总与本研究理论框架和研究问题相关的因素，集中呈现个案调查的整体状况。

最后，个案内资料的呈现。在论文论证的过程中，可以将详细的个案资料作为论据使用，通过对个案的描述探讨相关的因果机制，并做出阐释性理解。

(三) 资料收集和分析中的其他问题

首先是资料收集过程中，遭遇拒访的问题，这一现象在多产权个案的调查中最为普遍。多产权房的拥有者一般是各行各业的社会精英，或拥有一定权力地位，或拥有大量的财富，前者因为顾及社会影响，后者因为涉及私人资产隐私都不愿意"财产公开"。一般而言，个案调查需要以个案利益最大化为考察依据，但研究过程在实际执行上可能造成对个案某种程度的伤害，这就有违个案调查的伦理原则❹。因此，如果被访谈对象因为各种原因不愿意接受访谈，笔者十分理解并尊重其个人选择。幸而，部分拒访对象自己愿意通过间接地介

---

❶ 该书中的代码就是标签，它们是意义的单位，你把这个标签指定给所搜集到的描述性和推理性的资料。通常代码可以指定给长短不一的"文块"——字词、词组、句子或段落。

❷ 该书中的模式编码是一种解释性或推论性的代码，显示了浮现的主旨、结构、解释，类似于统计分析中的"聚类分析法"与"因素分析法"，可以把大量的材料汇集在更有意义、更为精炼的分析单位中。

❸ [美] 迈尔斯，[美] 休伯曼. 质性资料的分析：方法与实践 [M]. 2 版. 张芬芬，译. 重庆：重庆大学出版社，2008：71 -233.

❹ 文军，蒋逸民. 质性研究概论 [M]. 北京：北京大学出版社，2010：109.

绍其他相似的研究对象来支持笔者的调查工作，弥补了 2 套以上多产权房个案的缺失。

其次是所收集资料的局限。在实际调查中，基于逃避税收、财产继承和隐匿财富等的考虑，笔者发现住房产权变通登记是一个公开的秘密。单以个人名下登记的住房财产来计算个体住房资源状况不太准确，为此，笔者把未婚子女名下的住房产权纳入个体住房产权的统计中，以父母—未婚子女这一核心家庭结构作为个体住房产权统计的基本单位，并包含了个体所拥有的异地产权房（即在广州以外的地方拥有住房的情形）。然而，不排除有住房产权登记为核心家庭成员外的亲戚，甚至朋友关系的情况，也即是说，产权登记在衡量个体住房资源获得状况时虽然普遍准确，但也存在例外情况。

再次是资料分析的能力问题。个案研究依赖于大量的资料，而资料收集的范围相当广泛。在收集了庞杂的资料之后，研究者要有能力从这些资料中整理归纳出相关的主题，否则只是呈现研究资料的堆积❶。然而，对大量琐碎的研究资料抽象分析的能力并非朝夕可以形成，这需要长期的理论积淀，并与个人写作风格相关。

最后是研究的客观性问题。在个案研究材料的收集过程中，研究者是作为"客观"研究工具而进入田野调查环境的，需要在研究过程中时刻保持中立。然而，作为鲜活的个体，在与被访谈对象互动的过程中，研究者为了获得访谈对象信任，或者为了理解访谈对象的所思所想、所作所为，需要主动而积极地与之"共情"，这些都将影响研究者作为中立的研究工具进行个案研究的绝对客观性。因此，笔者并不声称个案调查资料的绝对客观性，只是在转述真实住房故事的基础上，提出一种解释性理解的思路和读者进行讨论。

三、广州调查个案概况

本次调查以广州城市居民为研究对象，通过滚雪球抽样抽取了覆盖各年龄段的 30 个个案进行深度访谈以收集第一手资料，抽取过程中尽量涵盖各类住房代际支持的状况，当新的个案不能为已初步形成的理论框架提供更新的观点，达到"理论饱和"时结束抽样。

---

❶ 文军，蒋逸民. 质性研究概论 [M]. 北京：北京大学出版社，2010：108.

　　首先是预调查阶段：笔者自 2016 年 6 月初根据半结构式访谈提纲进行预调查，然后根据调查者的反馈意见和实际调查效果修改调查提纲❶。其次是正式调查阶段，于 2016 年 6 月中旬至 2016 年 8 月底进行了全面的个案访谈，一共收集了 27 个个案。其中，父代住房支持类型以经济支持和居住支持类型为主，有少数实物支持类型和无支持类型的个案。最后是补充调查阶段，2016 年 9 月整理个案资料后进行查缺补漏，断断续续地补充调查了父代住房支持能力极强或者极弱的极端个案，弥补实物支持类型和无支持类型个案的不足（详见表 1 - 1）。

表 1 - 1　广州住房个案的基本信息

个案编号	性别	户籍（是否广州本地）	教育水平	职业	父代住房支持的形式				有产权房阶级			多产权房阶级			无产权房阶级
					实物支持	经济支持	居住支持	无支持	福利性产权房	继承性产权房	商品性产权房	福利性产权房	继承性产权房	商品性产权房	
C1 - L90 - 1	男	否	硕士	省级公务员	√						√				
C2 - Z60 - 1	男	是	高中	高校后勤职工			√		√						
C3 - Y80 - 1	男	否	博士在读	网店个体户		√					√				
C4 - D80 - 1	女	否	本科	高校行政管理			√				√				
C5 - L70 - 2	男	否	硕士	市级公务员		√							√	√	
C6 - C40 - 2	女	否	专科	铁路局医护人员			√						√		
C7 - Z80 - 2	女	否	硕士	高校辅导员		√								√	
C8 - J60 - 1	男	是	高中	中石化油库工			√		√						
C9 - W70 - 2	男	否	硕士	市级公务员		√								√	
C10 - Z80 - 1	男	否	博士在读	学生		√									√
C11 - Y80 - 1	男	否	硕士	高校研究助理	√								√		
C12 - X30 - 1	女	否	初中肄业	中石化管理员				√	√						

---

❶　正式调查提纲详见附录中的"广州城市居民住房状况调查提纲"。

个案编号	性别	户籍(是否广州本地)	教育水平	职业	父代住房支持的形式				有产权房阶级			多产权房阶级			无产权房阶级
					实物支持	经济支持	居住支持	无支持	福利性产权房	继承性产权房	商品性产权房	福利性产权房	继承性产权房	商品性产权房	
C13 - T60 - 3	男	是	专科	市级公务员			√					√	√		
C14 - Y80 - 1	男	否	专科	私企总裁助理		√					√				
C15 - L80 - 1	女	否	硕士	高中老师	√						√				
C16 - C60 - 3	女	是	专科	高中老师			√					√	√		
C17 - L60 - 0	男	是	初中肄业	车厂修理工			√								√
C18 - W50 - 1	女	是	初中	糕点厂下岗职工	√						√				
C19 - L80 - 1	男	否	硕士	高校行政管理			√				√				
C20 - Z80 - 2	男	否	本科	小企业老板	√	√							√	√	
C21 - N70 - 0	女	否	博士后	临时研究助理				√							√
C22 - H80 - 0	女	否	硕士	博物馆研究员				√							√
C23 - D80 - 0	女	否	博士	农科所研究员				√							√
C24 - T80 - 0	女	否	硕士	某基金会合同工				√							√
C25 - Z80 - 0	男	否	本科	某基金会编制工			√								√
C26 - S80 - 1	女	否	博士	高校研究员			√				√				
C27 - Y80 - 1	男	否	博士	讲师	√						√				
C28 - X70 - 1	男	否	本科	国企			√				√				
C29 - M50 - 0	男	是	初中	长途运输公司		√									√
C30 - X80 - 1	男	否	博士在读	学生	√						√				

备注:资料来源于笔者 2016 年 6—8 月预调查、正式调查,9 月以后补充调查的广州城市居民住房个案。

首先,为了保护受访谈者的隐私,本次调查的所有个案将进行匿名编号后使用,其编号规则如下:一是个案(Case)英文的首字母与个案编号;二是案主姓氏的第一个大写字母与其所处的出生世代(以 10 年为一个世代);三是案主拥有住房的数量。两两之间用" – "分开。例如:"C1 – L90 – 1",表示首次个案调查的 90 后 L 姓案主所在的核心家庭，拥有一套产权房。由于父母和他们的未婚子女构成的核心家庭是住房需求产生、住房消费的基本单位，住房产权的登记受贷款利率、财产继承的税收政策和个人意见等的影响，往往分别登记在家庭成员中，如果只按照笔者访谈到的案主的产权房数量，无法反映该家庭的住房资源拥有状况，及其对子代住房资源获得的影响。所以个案编号中的产权案房数量的统计以案主所处的核心家庭为统计单位，包括登记为夫妻双方、一方或者他们未婚子女的产权房。笔者所调查个案全面覆盖了不同层次的住房阶级，既有产权房数为 0 的无产权房阶级，又有 1 套房的有产权房阶级和有 2 套以上产权房的多产权房阶级。同时，有产权房阶级和 2 套产权房阶级的个案，根据其住房产权的来源不同，详细划分了福利性产权房、继承性产权房和商品性产权房三种类型。❶ 考虑到现代家庭人口因为求学、工作、婚姻等因素普通流动状况，其产权房数量统计并不单独局限在以广州为户籍所在地的范围，还包含了广州户籍人口的异地产权房情况。

　　同时，根据个案编号的出生世代分布可知，本研究所访谈对象的出生世代最早为"30 后"，最迟为"90 后"，案主年龄分布的跨度较大，这确保了个案全面覆盖不同时期的住房制度。上文已根据住房实物分配制度改革的起、止时间为界，将广州住房制度改革（简称"房改"）划分为三个阶段：房改前的住房实物分配制时期（新中国成立后—1989 年）；房改时的住房双轨制时期（1989—2000 年）；房改后的住房市场制时期（2000 年至今）。由于房改售房是根据职工正式入职时间来确定是否享受购房优惠，因此笔者根据案主入职时间在 2000 年前和 2000 年后划分是否经历房改，找出未经历住房改革，即完全处于住房市场制度时期的案主。然后根据 1989 年房改开始后是否已经退休，区别出已经退休完全处于住房实物分配制度时期的案主。剩余个案则是某一阶段处于住房双轨制，经历两种以上住房制度时期的案主。

　　据此，本研究调查的 30 个个案中：其一，1989 年房改开始时退休，唯一 1 个完全处于实物分房制度时期的个案即 C12 – X30 – 1，其出生于 1932 年，

---

　　❶　本研究住房阶级的分类，采用刘祖云、毛小平基于广州住房的千户问卷调查资料的观点，包含了"三阶五级"：无产权房阶层、有产权房阶层（福利性产权房阶层、商品性产权房阶层、继承性产权房阶层）、多产权房阶层。（刘祖云，毛小平．中国城市住房分层：基于 2010 年广州市千户问卷调查 [J]．中国社会科学，2012（2）：94 – 109．）

1988 年排队申请单位实物住房分配，1989 年退休时获得实物分房。受口述访谈者年龄的限制无法获得该住房制度时期的更多个案资料，因此，该个案仅在第一章作为选题缘起材料使用而不单列章节讨论。其二，1989—2000 年已经入职且未退休，经历住房双轨制时期的个案有 8 个（C2 - Z60 - 1、C6 - C40 - 2、C8 - J60 - 1、C13 - T60 - 3、C16 - C60 - 3、C17 - L60 - 0、C18 - W50 - 1、C29 - M50 - 0），出生时间从 20 世纪 40 年代至 60 年代，是第三章讨论住房双轨制时期，父代住房支持对子代住房资源获得不平等产生影响的基本材料。其三，剩余的 21 个个案都是 2000 年后入职，经历住房市场制时期的个案，出生世代以 20 世纪 70—90 年代为主（"80 后"最多），是第四章讨论住房市场制时期，父代住房支持对子代住房资源获得不平等产生影响的基本材料。该群体购房时处于房价收入比过大的住房商品化时期，其首套房获得的压力自然部分转嫁到经历过福利分房制度时期的父辈身上，代际因素引发的住房不平等现象十分明显。而且，朱迪对 985 高校"80 后"毕业生的数据研究表明，是否拥有房子和父母提供资助的程度呈显著相关的关系❶。因此，详细分析"70 后""80 后"和"90 后"住房不平等的代际延续问题具有典型意义。

其次，案主的性别男性、女性都有，个案数分别为 18 个和 12 个。其中，男性个案较多是居于中国父系社会文化中住房财富代际传承与男性子代为主的考虑。对于性别与父代住房支持的关系探讨是中国住房不平等代际生产问题的特殊性所在。同时，案主的户籍既有外来的新移民，也有本地户籍的广州人，个案数分别为 23 个、7 个。其中，非广州新移民较多，这与住房市场制时期人口频繁地迁移到大城市定居息息相关。这一群体从社会发展程度中低的中小城镇或者农村迁移到住房资源稀缺的广州，既无广州本地户籍者父代居住支持的优势，在父代住房支持上还要承担父代经济收入水平与广州住房价格不匹配的区域差距，在住房资源获得过程中属于最依赖父代住房支持的弱势群体，值得笔者予以较多的关注。当然，广州户籍的群体在住房资源获得过程中，获得父代住房支持是否有先天的户籍优势和区域发展优势也需要予以关注。两类户籍群体的比较对于笔者厘清父代住房支持差异的原因，以及获得父代住房支持

---

❶ 朱迪."80 后"青年的住房拥有状况研究——以 985 高校毕业生为例［J］.江苏社会科学，2012（3）：63 - 68.

的影响因素有重要意义。

再次，案主的教育水平从初中、高中到专科、本科、研究生皆有涵盖，职业类型也十分多样，概括来看，既有省级、市级国家机关、企事业单位（国企、央企、学校、医院、博物馆）的工作人员，也有自主创业者、个体户和私营企业的员工，还有公益性非营利机构和社会公有制时期国营企业和厂矿的工人。虽然不能在有限的个案中穷尽所有职业，但笔者尽量兼顾案主职业的差异性。一方面，教育水平是衡量个体自致人力资本状况的重要依据，而人力资本的强弱通过工资收入回报，形成了个体在住房市场的有效购买力。由此决定个体是否依赖于父代住房支持购买住房，以及依赖父代家庭支持购房的程度。另一方面，职业已成为当代社会分层的核心指标，陆学艺在《当代中国社会阶层研究报告》一书中即以职业要素作为划分中国社会阶层的依据之一。[1] 而且，人力资本的回报是通过个体最终获得的职业所体现出来的。因此，在探讨父代家庭对子代住房不平等的影响时，兼顾自致的教育水平和职业类型差异，可以确保个案在依赖父代住房支持程度上的多样性和典型性。同时，通过比较三个连续的住房制度时期，先赋性因素和自致因素对个体住房不平等的不同影响，可以从住房分层与流动视角，回应有关中国社会趋于开放还是封闭的讨论。

最后，根据父代住房支持的有无和大小，笔者从材料中提炼出四种父代住房支持的形式，根据支持程度由高到低分别为实物支持、经济支持、居住支持和无支持，广州个案调查的具体情况除了住房实物分配制时期的一个无支持类型(C12 – X30 – 1) 个案以外，其余时期住房个案的父代住房支持类型分类统计见表1 – 2。

表1 – 2　广州住房个案中的父代住房支持类型

父代住房支持优势	住房双轨制时期		住房市场制时期		
	居住支持	4	实物支持	经济支持	居住支持
			4	13	2
父代住房支持劣势	无支持	4	无支持		4
个案总数	29				

备注：在29个个案中，有2个个案（C20 – Z80 – 2、C27 – Y80 – 1）中父代对子代既有实物支持又有经济支持，剩余27个个案中父代对子代的代际支持方式都是实物支持、经济支持、居住支持和无支持中四者选择其一。因此，表中统计的父代住房支持类型共计31种。

---

[1]　陆学艺. 当代中国社会阶层研究报告［M］. 北京：社会科学文献出版社，2002：7 – 10.

　　住房代际支持的前提是，父代住房资源的累积使其有能力支持子代，同时子代受个人购买能力的限制需要父代提供支持。通过分析各类个案中父代对子代住房资源获得的支持状况，以及影响父代住房支持能力强弱的各种具体因素，可以探讨父代家庭优势/劣势的累积如何影响子代住房资源的获得，即回答住房不平等的代际再生产问题。

第二章　住房制度改革的历史背景

第一节　住房实物分配制时期

一、住房实物分配制度的初步形成

"个体的自我选择和制度的社会选择相互作用，影响个体在特定领域的机会结构中的位置差异，并可能出现相应的优势累积和劣势累积。"❶ 在探讨父代住房支持差异与子代住房不平等的关系之前，梳理住房制度变迁的历史过程及其阶段性特征十分重要，它可以澄清不同住房时期个体住房资源获得的社会选择状况和自我选择的制度空间。

早期住房实物分配制度的形成经历了一个漫长的过程，其从最初的公房领域逐渐扩展到私房领域，最终基本实现了全民所有制的房产管理模式。

最初是私房的保护，辅以城市公共房产的接收、保管与初步分配。新中国成立前夕，广州市有房屋 1231. 19 平方米，其中公房 78. 72 平方米，占全市房屋面积的 6. 39%；私有房产面积 911. 56 平方米，占 74. 04%，剩余的为外人房产和其他房产❷。住房所有制以私有制为主，其余各类混合所有制形式为补充，政府所有的公房资源稀缺，占整体房屋资源的比例不大。1950—1952 年，广东省在全省范围内开始了房屋普查登记，对无主房产实行代管，明确宣布保

---

❶　［美］罗伯特·K. 默顿. 科学界的优势和劣势累积［J］. 马亭亭，林聚任，译. 贵州社会科学，2010（11）：21 − 23.

❷　广州市地方志编纂委员会. 广州市志（卷三）［M］. 广州：广州出版社，1995：361 − 367.

护私人房屋所有权和合法权益,允许房地产合法经营。同时,发动私房业主、租房住户和用房单位抢修新中国成立前留下的大量失修的危旧破房,确保住房租户的居住安全●。由此可见,基于新中国成立前"私房为主,公房稀缺"的住房资源状况,以及维持社会、人心稳定的政治大局,新中国成立后的住房政策以私房保护为主,公房登记和分配为辅。比如,1948年12月20日,《中共中央关于城市中公共房产问题的决定》要求:"在一切公共房产较多的城市,设立公共房产管理处,统一管理和分配该城市的公共住房,无论有无机关或个人居住和是否已经分配,一律由房产管理委员会接收和保管,并进行登记、造具清册成为国家财产,此后再分配公共机关、团体、工厂、学校作为办公处和寄宿舍,所空出的公共房屋酌量出租一部分给市民。"❷ 为何首先从公房领域开始推进住房实物分配制度呢?

恩格斯强调,住宅问题除了与无产阶级有关外,还同真正的中间等级,即小手工业者、小资产阶级和全体官僚有很大关系,社会改革中的住宅问题比其他任何一点都更能揭示出无产阶级和中间阶级间利益的内在同一性。在租赁住房的重压下,中间阶级所受的痛苦与无产阶级一样厉害,也许还更厉害些❸。因此,在住房领域消灭剥削,"让人民当家作主",由国家统一供给与分配住房这一不可或缺的生活资料,是彰显中国社会主义制度优越性的必然选择,城市公共房产的接收、保管与初步分配即是最容易进行的第一步。如果一开始就贸然将私房产权和租赁权益收归国有并进行二次分配,将不利于维持社会稳定和国家统一的大局。

其次,私房领域的社会主义改造,逐步改变私人住房中用于商业出租盈利部分住房的管理、分配和所有权模式。受马克思、恩格斯关于住房资源与阶级剥削关联这一基本思想的影响,随着中国公房领域住房公有化并基本实现无偿分配之后,对私房领域住房剥削问题的解决迫在眉睫。1956年1月18日,中

● 广东省地方史志编纂委员会. 广东省志,城乡建设志 [M]. 广州:广东人民出版社,2006:158 – 191.

❷ 广东省基本建设委员会. 房产文件汇编(内部文件)[M]. 广州:广东省基本建设委员会,1978:1 – 5.

❸ 中共中央马克思恩格斯列宁斯大林著作编译局. 马克思恩格斯选集. 第三卷 [M]. 北京:人民出版社,1995:200 – 201.

共中央批转中央书记处第二办公室《关于目前城市私有房产基本情况及进行社会主义改造的意见》（总号〔1956〕034号）指出，对城市房屋私人占有制的社会主义改造，基本应当按照党对资本主义工商业的社会主义改造政策的原则进行。对城市私人房屋通过采用国家经租、公私合营等方式，对城市房屋占有者采用类似赎买的办法，即在一定时期内给以固定的租金，来逐步地改变他们的所有制（《房产文件汇编》，1978：77-81）。结合该文件的指导思想，1958年8月12日，广东省人民委员会颁发了《广东省城市私有出租房产进行社会主义改造方案》（〔1958〕粤商字第1184号），文件指出为了解决不少房主只收租不修房，或者任意抬高房租，索取额外费用，造成租赁关系混乱的人民生活矛盾，我省的大中城市需在9月基本完成城市私有出租房屋的社会主义改造❶。广州市私房改造的起点标准是：①市区内出租住宅，建筑面积150平方米以上（含150平方米），郊区圩镇100平方米；②出租非住宅用房和地主、富农、资本家出租的房屋，不受地点限制一律改造；③置业公司出租的房屋，一律改造……截至1958年年底，全市纳入社会主义改造的私房7798户，经租房17000幢，建筑面积达250万平方米，之后又累计改造11407户，面积286.27平方米，其中，华侨、港澳同胞的住房改造了4206户。❷至此，私房领域中用于租赁获利的那一部分住房被纳入国家的统一管理与经营中，只是，为了维护社会的稳定，租金收入会支出一部分给原有的私人房主。

最后是建立全民所有的房产管理制，住房实物分配制度基本建立。国家房产管理局《关于加强全民所有制房产管理工作的报告（摘录）——国务院副秘书长兼国家房管局局长赵鹏飞在全国房产工作会议上的报告》显示，早在1962年第一次城市工作会议上，中共中央就确立了对房屋实行全民所有制的统一经营和管理方针。而1964年7月13日的第二次城市工作会议又对实施范围、步骤做了明确规定，即"城市公有住宅、中小学校舍和机关、事业单位的办公用房等通用房屋，应当逐步由市人民委员会统一经营管理起来，统一规章制度，统一租金标准，统一调剂和分配，统一组织维修，统一建设，或者统

---

❶　广东省基本建设委员会.房产文件汇编（内部文件）[M].广州：广东省基本建设委员会，1978：87-96.

❷　广州市地方志编纂委员会.广州市志（卷三）[M].广州：广州出版社，1995：375.

一规划，实行分建统管"❶。计划经济时代，虽然国家资源极度匮乏，但出于维护政治和意识形态"合法性"原则的考虑，国家在城镇的集体消费领域采取了"包下来"的政策，即实行基本上免费的社会福利政策（医疗、住房、教育等）和就业保障政策，对职工实行全方位的福利庇护主义❷。因此，由国家统一供给、低价分配福利住房的住房实物分配制度是体现人民当家作主和社会主义制度优越性的必然安排。

如果以住房建设的时间来看，纳入全民所有制的住房资源包含了以下两类：一类是对既有的住房资源的全民所有制管理，即无论是公房还是私房领域，除了少部分个人自住的规定面积住房外，其余的住房供给、分配和管理等环节都被国家或者国家的代理人，即地方政府主导。具体的执行和操作更多地由各级单位按相关住房政策和文件组织实施；另外一类是对国家和地方政府投资建设的新住房资源的全民所有制管理。两者相比，后一类住房由于一开始就由国家投资、建设、维修，因而在住房的所有权、管理权和住房分配上都无可置疑地实行了国家统一管理和分配的住房实物分配制度。因此，在城市住房实物分配制度的建立过程中，最困难的部分是对既有住房资源，尤其是私人所有的住房资源的公有化，这也是住房实物分配制度只能缓慢推进、逐步从公房过渡到私房的原因。

住房实物分配制度基本建立后，受社会局面不稳定的影响，其在1966—1976年的"文化大革命"时期发展基本停滞。有历史资料记载，六七十年代的"文化大革命"时期，国家用于住宅建设的投资下降到仅占基本建设总额的4%~6%，加上城镇人口失控、公房租金低、维修费不足等原因，住房困难户和危房户增加，1977年年末，全省城镇有房屋4815平方米，人均住宅居住面积4.6平方米，比1949年还少了0.5平方米❸。这表明，国家住房投资与收入面临入不敷出的困境，住宅建设资金不能实现自我积累，良性循环，而城

❶ 广东省基本建设委员会. 房产文件汇编（内部文件）[M]. 广州：广东省基本建设委员会，1978：30 – 53.

❷ 王宁. 消费制度、劳动激励与合法性资源——围绕城镇职工消费生活与劳动动机的制度安排及转型逻辑 [J]. 社会学研究，2007（3）：74 – 98.

❸ 广东省地方史志编纂委员会. 广东省志，城乡建设志 [M]. 广州：广东人民出版社，2006：175 – 190.

镇规模的日益扩大加剧了这一问题。

二、住房实物分配制度的后期发展

改革开放以后，广州的住宅建设进入迅速发展时期。结合表 2 - 1 可一窥广州住房建设在改革开放前后的巨大变化。

表 2 - 1　广州市各个五年计划住宅建设投资情况

时期	住宅投资/万元	平均每年投资/万元	占基本建设投资比重/%
1953—1957 年（"一五"）	6140	1228	12.34
1958—1962 年（"二五"）	6115	1223	5.65
1966—1970 年（"三五"）	5754	1150.8	9.33
1971—1975 年（"四五"）	9469	1893.8	6.5
1976—1980 年（"五五"）	44251	8850.2	12.49
1981—1985 年（"六五"）	243716	48743.2	23.67
1986—1990 年（"七五"）	635723	127144.6	23.17

资料来源：广州市地方志编纂委员会 . 广州市志（卷三）　[M]. 广州：广州出版社，1995：421 - 423.

改革开放前，广州市住宅投资皆在 1 亿元以下，在改革开放的"五五"计划期间才高速增长到 4 亿元以上，到"七五"计划期间则高达 63 亿元。从住宅投资"占基本建设投资比重（%）"来看，改革开放也是关键的转折点，前期经历了由高到低的下降趋势后，后期由低转高，"七五"计划期间广州住宅投资占基本建设投资比重达到 23.17%。

虽然，改革开放以来住房建设规模日益增大，但住房资源依然供不应求，这是由于住房实物分配制度自身的缺陷所导致的。早期社会主义国家执行的福利庇护主义，通过低租金高福利来维护国家及其政权的合法性，这使得住房租金的投入和产出无法维持住房建设的可持续发展。1957 年 10 月 24 日，中共中央转发周恩来同志在八届三中全会上《关于劳动工资和劳保福利问题的报告（摘录）》（中发〔57〕酉 39 号）提到，"第一个五年计划之间，国家对职工住宅基本建设投资 44 亿元，建设职工住宅共约 8 千万平方米。但 1956 年年底仍然有 250 万职工的住房要求无法满足。其中，城市房租政策和住宅制度很不合理是其原因之一"。根据国家统计局 1956 年对职工家庭收支的调查显示，

"租住公房的职工平均每户每个月所负担的房租为 2.1 元, 占了家庭收入的 2.4%。国家收回的租金, 一般只达应收租金的 1/3 ~ 1/2" ❶。由于租金工资收入比低, 且实际收取的应收租金额度不足, 使得租金收入不仅不能支持新的住房投资建设, 甚至不能满足维修好现有房屋的最低需要。

具体来看, 1956 年广州市房屋租赁的月租金平均每平方米为 0.202 ~ 0.277 元, 房租平均占家庭收入的 8.7%。后来, 由于建材价格增加房租未有变动, 以致房租支出占家庭收入的比例逐年下降, 1987 年广州市职工家庭房租仅占家庭收入的 1.1% ❷。然而, 公房的租金价格比这一平均的租金水平还低。1955 年 10 月, 广东省人民委员会制定了《驻广州市委、市行政机关使用公房宿舍收租暂行方案》, 规定每平方米使用面积月租金 0.12 元, 最高 0.35 元, 最低 0.03 元, 为民用公房的住宅租金标准的 45%。1976 年和 1981 年, 广州市政府先后调低租金, 降至 0.096 元。直到 1990 年, 干部、职工公房才执行民用公房住宅租金标准 ❸。由于住房资金投资与回报的不可持续性, 广州城市居民的住房水平日益降低。以最基础的人均居住面积为例, 1949 年广州市平均每人居住面积为 4.5 平方米。1951—1958 年总体呈现逐年下降的趋势, 并维持在 3 平方米每人以内。1959—1980 年总体呈现先下降后增加的趋势, 居住面积在 2 ~ 3 平方米之间波动。1981 年突破人均 4.29 平方米开始, 才以较快的速度逐年增加 ❹。

由于人民日益增长的合理住房需求无法依靠国家持续增长的住房建设投资获得基本满足, 住房制度的改革日益迫切。改革开放对社会主义经济体制的改革恰为住房制度的发展提供了良好的契机。1979 年 9 月 16 日, 广东省革命委员会批转省建委《关于加快城市住宅建设的报告》, 指出可以通过国家和政府

❶ 广东省基本建设委员会. 房产文件汇编 (内部文件) [M]. 广州: 广东省基本建设委员会, 1978: 198 - 200.
❷ 广东省地方史志编纂委员会. 广东省志, 城乡建设志 [M]. 广州: 广东人民出版社, 2006: 168 - 182.
❸ 广东省地方史志编纂委员会. 广东省志, 城乡建设志 [M]. 广州: 广东人民出版社, 2006: 158 - 191.
❹ 广州市地方志编纂委员会. 广州市志 (卷三) [M]. 广州: 广州出版社, 1995: 422.

拨款、单位集资、私人自建，发展商品房建设等多途径解决住房供应不足的问题❶。于是，1979 年广州市东山区住宅建设指挥部积极引进香港企业外资，建造了全国第一个商品住宅项目——东湖新村小区。采取"政府出地，港商出资"的方式，建成了住房面积约 6 万平方米，25 栋楼的商品住宅小区，其中，1/3 供香港市民购买，每平方米 2500 元。1/3 由港商在香港出售，1/3 用于拆迁户回迁，1/3 由指挥部作商品房出售。❷ 这是"政府—外企合作模式"创新解决住房问题的成功尝试。然而，住房作为商品流通还主要局限在香港，在内地则是单位与企业达成市场交易后，由单位再分配给个人，有购买能力的个人也没有购房资格。此后，私有住房逐渐可以合法买卖，并经营租赁。1980 年11 月 15 日，广东省城市建设局发布《关于城镇私房买卖问题的通知》，进一步肯定了城镇私有住房属于生活资料，允许买卖，调动了私房建设的积极性。1983 年，广州市颁布《广州市私有房屋租赁管理暂行规定》，才开始允许私房的合法租赁并确立了租金标准，即月租金每平方米 0.38 元❸。这些住房制度市场化改革的初期探索，对于解决住房困难问题意义深远。

当然，该阶段住房问题的解决更多依赖于"政府—单位合作模式"，通过单位出资，或者单位动员单位内职工的个体集资，再配合政府的财政、税收等经济优惠政策和拨款支持共同建设住宅。1986 年，广州市人民政府印发通知文件指出，为解决"人均居住 2 平方米以下困难户"的住房问题，拟通过多渠道集资，按户主所在单位归口统计包干：原则上行政事业单位由市财政补贴，企业单位可动用历年节余的福利基金、奖励基金和宿舍折旧资金解决建房资金，对困难较大的单位，由市财政采取有偿补助或银行贷款给予帮助，在 3 年内解决住房问题（广州市人民政府，穗府〔1986〕56 号）。住宅建设完成后，由单位按照一定规则评分排名，然后分配住房给单位职工，或者以微利出售给单位职工。口述访谈中，广州某高校受到广大年轻的已婚夫妻欢迎的

---

❶ 广东省地方史志编纂委员会. 广东省志，城乡建设志［M］. 广州：广东人民出版社，2006：183－191.

❷ 搜狐网. 中国第一个商品房小区——广州"东湖新村"［EB/OL］.（2016－7－14）. http：//www. sohu. com/a/10596628 2_407295.

❸ 广东省地方史志编纂委员会. 广东省志，城乡建设志［M］. 广州：广东人民出版社，2006：161－167.

"鸳鸯楼"就是在当时兴建和分配的。

总体来看,该时期的住房制度在住房投资与分配的方式上,初步呈现出市场化特征。不仅住房投资上引入外资企业,在住房分配上也出现市场交易行为,这是广州住房制度进行市场化改革的探索与试点,它灵活动员了市场和单位、甚至个人参与国家住房建设的积极性,启发了解决住宅短缺问题的新思路。然而,这一改变并未从根源上撼动国家住房供给与分配的住房实物制度。一方面,单位、企业和个体都并非住房供给的独立主体,它们只能在获得国家或者地方政府的审批下,才能在有限范围内依照国家住房政策和法规参与住房建设;另一方面,由于住房市场的不成熟性,个体工资水平较低等原因,住房建成后作为商品销售主要是由单位整体购买,然后再作为单位的住房福利依次分配或低价销售给个人,住房商品的流通领域十分有限,且受制于再分配权力的制约并未改变其主要的福利属性。此外,从广东省的住房数据来看,虽然存在私有产权房,但住房公有依然占据主导地位。比如,1985年全省城镇有房屋24120平方米,私人房产占4927.5平方米,占全省房屋总面积的20.4%,其余的基本为单位公房(包括全民所有制单位房、集体所有制单位自管房、房管部门直管公房)❶。因此,在广州市人民政府1989年8月16日印发《广州市住房制度改革实施方案》通知,全面开始实施住房制度改革之前,广州市虽然在住房领域有诸多市场化探索行为,但未从根本上改变住房实物分配制度的性质。

三、父代住房支持影响子代住房资源获得的制度空间

住房实物分配制度自新中国成立伊始,至1989年住房制度改革开始时结束。住房资源由国家统一建设供给、单位进行具体的住房实物分配,呈现低工资、高暗贴、高福利、住房公有的住房制度特征。笔者将其住房供给—分配模式概括如图2-1所示。

由图2-1可知,住房供给环节,由国家或地方投资建设住房,住房产权为国家所有,具体采取行政计划审批住房建设指标的方式执行,在土地配置、

---

❶ 广东省地方史志编纂委员会.广东省志,城乡建设志[M].广州:广东人民出版社,2006:168-182.

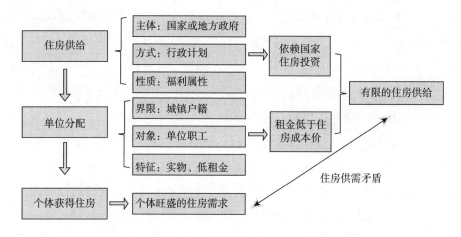

图 2 - 1　住房实物分配制时期的住房供给—分配模式

建设指标、建设资金等方面都有严格的计划和指标分配规则；住房分配环节，住房作为实物的福利品以低于成本价的方式由国家、政府或者各级单位出租分配给个人居住。只有那些具有城镇户籍、正式单位职工身份的个体才具有实物配租的资格，象征性收取的租金是低薪金制的隐性补充。该阶段，住房供给依赖于国家持续的住房投资，在住房分配过程中，租金收入低于住房建设成本。这就导致了国家有限的住房供给与个体在低租金刺激下日益旺盛的住房需求之间产生不可调和的矛盾，此即住房短缺问题产生的根源。

住房不平等产生的关键原因正是国家层面、单位层面再分配权力的差异。在有关中国社会转型的研究中，社会学家们已经早就将住房不平等置于"再分配经济"的大环境中。边燕杰等指出，住房不平等中的再分配特征，单位规模、行政级别和所有制类型是决定单位供房能力的主要指标❶。魏万青在分析广州的住房不平等问题时曾指出，不仅在住房的生产、消费上，行政机关等体制内的单位会比国企、私企等更有住房优势，具体在单位内部职工的行政级别和职称等级差异上也会产生住房分配的不平等❷。

在这一住房实物制度背景下，笔者所关注的父代住房支持影响子代住房资源获得的制度机会如何呢？在计划经济时期，国家对个体生活采取生老病死

❶ 潘允康，林南．中国城市现代家庭模式 [J]．社会学研究，1987（3）：54 - 67.
❷ 魏万青．社会转型背景下的城市居民住房问题研究：住房阶层理论的视角 [M]．武汉：华中科技大学出版社，2015.

"全包式"的福利制度,甚至连其子代也被包括其中,个人只能被动地接受住房资源的分配。当然,父代家庭虽无法直接决定子代住房资源的获得,但可以通过单位工作的"父业子承",使其子代获得与父代一样的住房分配资格,这是父代住房支持对个体住房资源获得的间接影响。改革之前父亲的单位级别对子代的初职单位级别存在代际传递作用❶。此即单位内部的"顶替"政策,由于单位在职工住房分配方面的重要作用,使得单位对个人的意义十分重要❷。然而,在多子女的家庭,并非每一个孩子都能顶替父辈工作。由此可见,先赋性家庭因素对子代个体住房获得的影响主要通过工作单位的继替间接实现,且这一积极影响范围仅限于少数子代。此外,由于新中国成立后对家庭成分的划分,使得地主、富农、小资产阶级等家庭出身的子代,不仅不能受到父代家庭的间接住房支持,反而受累于这一政治身份的限制,在入学、求职中处于劣势地位,进而影响进入较好体制内单位、获得住房分配资格的机会。

综上所述,改革开放之前,由于国家政治局面和社会发展处于波动时期,住房制度以国家、单位供给—分配为主要特征,先赋性家庭因素无法直接影响子代住房资源的获得。然而,间接的影响依然存在,且影响的效果有积极和消极之分:一方面,由于"家庭成分论"的存在,先赋性家庭因素对个体住房资源的获得产生间接、消极的影响;另一方面,由于"父业子承的职业顶替制度"的存在,先赋性家庭因素也能对部分子代获得单位住房福利分配资格产生间接、积极的影响。

第二节　住房双轨制时期

一、住房双轨制的初步形成

住房双轨制的形成与中国社会、经济转型息息相关,是中国住房制度从

---

❶ 王磊. 谁能进入体制内?——单位制的分化与单位地位的"蜂窝式"再生产 [J]. 北京社会科学, 2016 (1): 75-81.

❷ Lu X Danwei. The Changing Chinese Workplace in Historical and Comparative Perspective [J]. Contemporary Sociology, 1997, 28 (41): 56.

"实物分配制"向"住房市场制"转变的过渡阶段,其历经时间较短。该阶段,住房供给—分配模式中"国家"与"市场"双轨共存,有利于在延续传统住房制度确保社会稳定的同时培育出新住房制度,以解决日益严重的住房困难问题。

传统住房分配制度面临的最基本问题是房源缺乏,住房建设资金不能实现自我积累和自我发展❶。1989 年,广州市人民政府为了改革广州市统包统分的低租金、高暗贴、福利制、实物分配的住房制度,有计划有步骤地解决广州市住房生产和供给的严重短缺,加快住宅建设,合理调整消费结构和产业结构,促进城市改造和房地产业、建筑业、建材工业的发展,制定印发了《广州市住房制度改革实施方案》,其总体的做法是卖房起步、分步提租、相应发贴、新分配的住房实行新制度❷。

首先是卖房起步原则,实现住房所有权从国家公有制向市场私有制的转变。在诸多住房改革的具体实施方案中,最为普遍的方法就是"卖房起步",广州也不例外。由于不需要额外增加资金就能启动住房制度改革,政府财政压力几乎为零。而且,以优惠价格出售国家或单位自有的公房不仅可以获得单位职工的支持,还能快速地回笼大量住房资金使单位和政府受益其中,一举两得。从具体操作方式来看,广州公房出售对象是本市城镇户籍的在职干部职工或离退休干部职工中的现住户,每一个干部职工家庭(夫妻和未婚子女以及赡养的老人)只能购买一次。实行工龄优惠、一次性房价优惠、税费优惠等,同时,由房管和物价部门制定每一年公房出售的统计价格标准和评估方法,超过省规定的住房分配控制面积的,按增加的面积数调高售价❸。据统计,1992年度全省共出售公房 20. 35 万套,面积 1188 万平方米,回收资金 16. 69 亿元❹。相关历史资料显示,广州市公房出售的价格逐年上升,1989 年框架结构的公房每平方米销售价格为 1161. 12 元,到了 1999 年起价格增长为每平方米

---

❶ 李斌. 分化的住房政策:一项对住房改革的评估性研究 [M]. 北京:社会科学文献出版社,2009:45 - 48.

❷ 广州市地方志编纂委员会. 广州市志:1991—2000 [M]. 广州:广州出版社,2009:459 - 462.

❸ 根据住房建成的年份 1979 年为界,确立每平方米 180 元的最低价格,在一定范围内向前递减、向后递增住房出售价格。

❹ 广州市国土局,房地产管理局. 土地、房产文件汇编(1988—1993. 5)[M]. 1993:83.

1416 元❶。

其次是"分步提租""相应发贴"原则，在政府的租金补贴支持中平稳地实现租金价格的市场化。前者目标在于提高住房租赁的价格，使住房作为商品以市场价格在市场流通，同时也能增加政府的财政收入；后者则由单位具体发放租房补贴减轻租金改革的压力（见表 2 - 2），两者共同推进了住房租赁市场的发展。

表 2 - 2　1991—1995 年广州市直管公房租金收入情况

年份	合计		住宅		非住宅	
	租金收入/万元	面积/万平方米	租金收入/万元	面积/万平方米	租金收入/万元	面积/万平方米
1991	9370. 24	647. 22	1355. 49	440. 12	8014. 75	207. 10
1992	11814. 74	660. 67	1852. 37	447. 64	9962. 37	213. 03
1993	10463. 30	631. 75	2017. 37	436. 38	8445. 93	195. 37
1994	11493. 63	680. 51	2185. 75	475. 83	9307. 88	204. 68
1995	16086. 72	662. 11	2856. 68	453. 53	13230. 04	208. 58

资料来源：广州市地方志编纂委员会. 广州市志：1991—2000 ［M］. 广州：广州出版社，2009：364.

最后是新分配的住房实行新制度，逐步建立并完善住房市场，实施住房货币化分配。住房分配货币化是指国家或单位将住房以实物分配形式改为以货币分配的形式分配给职工，即住房补贴成为职工工资的一部分。然后，职工根据自身的居住需求、购买能力和市场融资能力到住房市场上购买住房。由此可知，住房市场的建立和完善是新住房制度能否顺利实施的关键所在。为此，广州市政府在住房产权制度的建立、住房管理服务的完善，以及住房抵押市场的发展上都做出了相应的政策规定与鼓励。比如，1989 年广州市房管局成立房屋产权管理处，处理住房产权登记事宜；1989 年，广州市政府就制定了《广州市新建住宅小区管理暂行办法》，这是全国最早制定物业管理规章和实施物业管理的城市之一；1990 年 6 月，广州市政府颁布《广州市房地产抵押管理办法》，1990—1995 年受理楼宇按揭备案登记 5898 宗；1995 年 12 月广州市政

---

❶　广州市地方志编纂委员会. 广州市志：1991—2000 ［M］. 广州：广州出版社，2009：390.

府颁布《广州市购买商品房贷款抵押规定》，房地产抵押市场繁荣发展，1990—2000 年共受理房地产抵押登记案 152470 宗。❶

　　此外，政府还采取各种方式增加个体购买住房的融资能力。1992 年 4 月 1 日，广州市政府颁布了《广州市住房公积金试行办法》。到年底止，全市已开户（中央、省驻穗单位）的单位达 6415 个，开户人数达 104.23 万人，收取金额达 9800 万元（《中国经济体制改革年鉴》，1993：388）。公积金存款与房改售房的收入使得政府有更多的能力去建设解困房、安居房，以解决住房市场发展产生的住房困难问题。1991—1995 年，广州市解困安居（住房）工程建设，从 1991 年的 9800 套，共计 59.06 万平方米，增长为 1995 年的 13531 套，共计 83.30 平方米。另外，1991—1995 年广州市危房改造建设共计改造 22.66 万平方米，新建 12.12 万平方米，每年总投资额为 19625 万元。与此同时，广州商品房的开发也十分迅速，广州市民居住水平得以改善，其人均居住面积从 1991 年的 8.23 平方米/人，增加为 1995 年的 9.61 平方米/人❷。通过以上方法，城镇居民的住房问题从以往单独依靠国家有限的住房投资，转变为由国家、单位、个人和家庭等多方面共同应对。个体可根据自身情况选购市场商品房，或者购买国家出售的公房。

二、住房双轨制的深化发展

　　1995 年，广州市人民政府《印发广州市深化城镇住房制度改革实施意见的通知》（穗府〔1995〕86 号），标志着住房制度进入深化改革阶段。文件要求：①进一步完善住房公积金制度，按照"个人存储、单位资助、统一管理、专项使用"的原则交存住房公积金；②积极推进租金改革，逐步提高租金，力争到 2000 年，公有住房租金占双职工家庭平均工资的 15%；③继续出售公有住房，职工自愿购买公房在规定面积内的按成本价，超过标准部分一律实行市场价；④加快经济适用住房的开发建设，切实解决好我市住房困难户和广大中低收入家庭的住房问题；⑤加强领导，统筹安排，确保深化房改工作的顺利

---

❶ 广州市地方志编纂委员会. 广州市志：1991—2000 ［M］. 广州：广州出版社，2009：355 - 364.

❷ 广州市地方志编纂委员会. 广州市志：1991—2000 ［M］. 广州：广州出版社，2009：370 - 375.

进行。❶

那么，广州市如何具体执行呢？首先来看住房公积金方面。1995 年、1997 年和 1998 年，广州市房改领导小组分别调整住房公积金缴存的标准和比例，即从 1995 年 6 月 1 日起，住房公积金计存基数由职工本人基本工资调整为工资总额。而缴存的比例从 1995 年的 5%，提高为 1997 年的 7%、1998 年的 8%，还规定如果个人愿意多缴可不受限制。此外，1999 年 4 月，国务院《住房公积金管理条例》公布实施后，住房公积金的用途从支持政府建造综合成本价，优先向住房困难户、无房户出售或出租的安居工程和经济适用房，转变为用于发放个人住房抵押贷款❷。以上政策使得广州市住房公积金的覆盖范围迅速扩大，而且促进了个体通过公积金贷款购买市场商品房的比例。广州市人均居住面积得到很大的改善，从 1996 年的 10.08 平方米/人，上升为 1999 年的 13.13 平方米/人❸。然而，住房公积金的缴存比例由于与工资总额挂钩，与单位的财政和单位类型密切相关。当单位工作效益好时住房公积金政策的实行自然畅通无阻，以国家机关、行政事业单位和国企等为例，住房公积金的缴存是从财政部门核定的年度经费中专项支出的，因此住房公积金的执行可以得到保障。但是，体制外的企业单位，由于受企业改制和市场优胜劣汰的影响，连基本工资的保障都成问题。为了减少企业经营负担，参照公积金政策执行的不多，就算有缴存比例也不高，支持职工购买商品房的能力较弱。

其次是租金改革方面的情况。1995—2000 年，广州市政府连续动态调整租金（见表 2 - 3），促进住宅租金从成本租金向市场租金过渡。同时，政府直管公房的租金收缴也逐年增加（见表 2 - 4）。其中，1996 年公布《关于调整住宅房屋租金的通知》，标志着广州市部分住宅租金全面放开❶。

---

❶ 广州市人民政府网站. 印发广州市深化城镇住房制度改革实施意见的通知［EB/OL］. (1995 - 7 - 1). http://sfzb.gzlo.gov.cn/sfzb/file.do? fileId = 3E672541E03947949F646A2FD2C77007.

❷ 广州市地方志编纂委员会. 广州市志：1991—2000［M］. 广州：广州出版社，2009：390 - 392.

❸ 广州统计局. 广州五十年：1949—1999［M］. 北京：中国统计出版社，1999.

❹ 广州市地方志编纂委员会. 广州市志：1991—2000［M］. 广州：广州出版社，2009：364.

表 2 – 3 1996—2000 年广州市住宅租金标准

单位：元/平方米使用面积

时间	1996 年	1997 年	1998 年	1999 年	2000 年
公房租金	1.50	2.00	2.30	2.65	3.00
私房租金	4.00	5.00	6.00	6.90	7.30
成本租金	12.00	12.00	13.20	13.20	13.20

资料来源：广州市地方志编纂委员会. 广州市志：1991—2000 ［M］. 广州：广州出版社，2009：364.

表 2 – 4 1996—2000 年广州市直管公房租金收入情况

年份	合计		住宅		非住宅	
	租金收入/万元	面积/万平方米	租金收入/万元	面积/万平方米	租金收入/万元	面积/万平方米
1996	22194.08	480.70	4442.98	345.95	17751.10	134.75
1997	28343.19	547.66	6878.04	380.52	21465.15	167.14
1998	31831.14	459.89	7965.79	323.59	23865.35	136.30
1999	31156.58	432.60	8289.24	308.61	22867.34	123.99
2000	29977.63	404.61	7972.85	262.80	22004.78	141.81

资料来源：广州市地方志编纂委员会. 广州市志：1991—2000 ［M］. 广州：广州出版社，2009：390.

由表 2 – 4 可知，广州市直管公房中每平方米租赁住房的租金收入从 1996 年的 46.17 元，逐年上升为 2000 年的 74.09 元。这表明住房制度改革促进了广州市政府在租房领域的收入增长。然而，从表 2 – 3 的数据来看，和成本租金相比，2000 年较高的私房租金也只占同年成本租金的 55.3%，而公房租金和同年的成本租金相比只占 22.7%。也即是说，住房双轨制时期，租金收入的增加趋势并不能改善收入与支出"入不敷出"的局面。

再次，分析公房出售和住房困难问题。从 1995 年 7 月 1 日至 1999 年 12 月 31 日，广州市按成本价出售公有住房 33.66 万套，建筑面积 2331.94 万平方米，回收售房款 143.47 亿元。1999 年是福利分房的最后一年，仅 12 月份的售房量就超过 8 万套，占全年房改售房总量的 52.4%，是 1998 年同期的 23.68 倍❶。那么，该阶段公房销售的"成本价"具体是多少呢？有研究者根

---

❶ 广州市地方志编纂委员会. 广州市志：1991—2000 ［M］. 广州：广州出版社，2009：389.

据广州市历年统计年鉴中公房的出售面积和回收金额计算出公房销售的价格，1996 年销售均价为 372 元/平方米，2000 年虽然上涨为 860 元/平方米，然而，与商品房 1996 年即突破 5000 元大关相比，不及其 1/5 的价格❶。那些体制外的职工既无住房公积金和购买单位公房的渠道，又因为低工资水平而无法从市场上购买价格高于公房 5 倍之多的商品房，住房困难问题日益突出。因此，1995 年 10 月，广州市政府提出安居工程建设应优先解决人均居住面积 5 ~ 7 平方米的城市居民的住房要求，同年 10 月成立广州市住宅建设办公室，与市房改办合署办公，全面负责广州市住房解困、安居工程和经济适用房的建设工作。1996—2000 年，广州市政府建设解困安居（住房）工程从 1996 年的 17190 套、113.80 万平方米，增加为 2000 年的 21244 套、14800 万平方米❷。

到了 1998 年，广州市人民政府印发《关于广州市直属机关事业单位住房货币分配实施方案（试行）的通知》（穗府〔1998〕21 号），从 2000 年 1 月 1 日起，全市全面实行住房货币分配。这标志着体制内职工享受巨大价格优惠购房的时代一去不复返，全体广州市城镇居民都只能按照市场价格到住房市场上进行购房。当然，由于单位住房补贴的存在，再分配权力在住房购买上的优势依然明显（见表 2 – 5）。

表 2 – 5 广州市 1998 年度住房补贴标准 单位：元/月·人

1998 年度住房补贴标准	机关	事业单位		机关或事业单位	
	行政职务	被聘专业技术职务	职员	技术工人	普通工人
233	办事员	员级	六级	初级工	5 年以下
280	科员	助级	五级	中级工	6 ~ 10 年
327	副主任科员	中级 3 年以下	四级 4 年以下	高级工	11 ~ 18 年
373	主任科员	中级 4 年以上	四级 5 年以上	技师	19 年以上
420	副处级	副高级 3 年以下	三级 5 年以下	高级技师	
513	副局级	副高级 4 年以上	三级 5 年以上		
607	局级	正高级 3 年以下	二级 4 年以下		
747	副市级	正高级 4 年以上	二级 5 年以上		
933	市级				

资料来源：广州市人民政府印发《关于广州市直属机关事业单位住房市场货币分配实施方案（试行）的通知》（穗府〔1998〕21 号），附件 1。

---

❶ 魏万青. 社会转型背景下的城市居民住房问题研究——住房阶层理论的视角 [M]. 武汉：华中科技大学出版社，2015：85 – 86.

❷ 广州市地方志编纂委员会. 广州市志：1991—2000 [M]. 广州：广州出版社，2009：370.

由表 2 - 5 可知，按照行政职务人员、被聘专业技术职务人员、管理人员、技术工人、普通工人的分类，个人从单位获得的住房补贴标准并不相同。行政级别或者技术职务最高者，每个月从单位可获得住房补贴 933 元，而行政级别或技术职务最低者，每个月从单位可获得住房补贴 233 元。两者虽然差距巨大，但与那些非机关、事业单位的工作人员相比，住房补贴的发放稳定而有保障，且随着级别或者技术职务的上升有不断增长的空间。

三、父代住房支持影响子代住房资源获得的制度空间

住房双轨制是指住房制度改革未完全实现从"住房实物分配制"向"住房市场制"转换时，住房供给—分配模式在某一阶段呈现双重制度并行的特征（1989—2000 年）。一方面，国家已经投资建设的公房通过单位分配，以优惠价格出售给单位职工和住房困难群体，再分配权力是住房建设和住房获得的关键因素；另一方面，个体开发商、城建公司、房地产企业老板等独立的市场主体进行住房投资，然后按照市场价格销售给个人，融资能力是住房建设和个体住房获得的关键。在住房制度改革的政策设计目标中，国家的公房出售主要面对有存量公房和住房集资建设能力的体制内单位，其目的是以较小的经济压力和改革阻力推进住房市场化，同时，通过公房出售的资金回收，可以继续投资建设安居房、经济适用房等，其目的是保障弱势群体的居住权和生存权，维护社会公平与稳定。市场供应的住房则是面对有经济收入和融资能力的个体和家庭，其目的在于满足不同的住房需求，形成多层次的商品房供应体系。

因此，该阶段住房既有福利属性，又有商品属性，这使得两类住房价格的差异明显。许多体制内单位的职工延续着计划经济时期住房"等""靠""要"的习惯，希望赶上福利分房的末班车，于是出现了商品房销售并不直接面对个体消费者，而被单位"集体打包"购买，再作为"福利房"出售给职工的独特现象。从广州市商品房销售情况来看，1995—1997 年的 3 年中总共约有 37.76% 的住宅向单位销售，见表 2 - 6。

表 2－6　广州市 1995—1997 年商品房销售情况

年份	当年实际销售房屋面积/m²	住宅/m²	向个人出售/m²	向单位出售/m²	当年实际销售住宅套数	当年实际销售房屋合同金额
1995	242	208	153	55	24673	944930
1996	262.04	225.81	112.88	112.93	27584	1338799
1997	290.88	257.06	165.14	91.92	38297	1473022

资料来源：广州统计局．广州五十年：1949—1999［M］．北京：中国统计出版社，1999．

当然，从横向的绝对数值比较来看，每年（1995—1997 年）向个人出售的商品房面积都超过了向单位出售的商品房面积。可以预见，随着 2000 年住房货币分配方案实施后，单位购买商品房作为福利分配的情况就比较少见了，商品房的价格主要由市场的供需状况决定。

总体来看，该阶段的住房改革利大于弊，住房双轨制不仅使得国家长期投入建设公房的资金回流，改变了以往住房投资入不敷出的困境，还通过拓宽住房供应的渠道快速改善了城市居民的居住质量，最终实现住房供应与需求的有效平衡，住房实物分配时期住房短缺和住房质量低下的问题因此得以解决。然而，住房双轨制时期，住房问题的解决并不以牺牲精英阶层的住房利益为代价，而是采取维系并拔高精英阶层的住房利益以获得其对住房市场化改革的支持。同时，采取扩充住房资源获得的市场渠道，满足体制外群体的住房需求。从职业分析来看，政府机关单位职工获得住房利益最多，而工人、服务人员、无固定工作者、低保户、农民工获得住房利益相对较小❶。这使得住房不平等的下降并未触及原有再分配格局所导致的住房不平等状况。

在住房双轨制的社会背景下，笔者所关注的父代住房支持影响子代住房资源获得的制度机会如何呢？住房双轨制改变了住房实物分配制度时期个体住房问题完全依赖于国家负责的局面，父代家庭逐渐被裹挟到帮助子女"成家立业"的责任中，而提供婚房就是最基本和最普遍的要求。王宁等将个体融资能力分为两种，一种是由正式机构或制度（如银行）提供融资渠道衡量的制度性融资能力，另一种是由社会关系网络所提供的融资渠道衡量的非制度融资

---

❶ 李斌．分化的住房政策：一项对住房改革的评估性研究［M］．北京：社会科学文献出版社，2009：271．

能力（如父母家庭通过提供货币支持来帮助子女买房）❶　（王宁、张杨波，2008）。在购买市场商品房时，父代家庭还可以根据自己经济能力的强弱，为子代购买提供一定的住房支持。在房改售房时，父代家庭虽然无法直接决定子代能否从单位获得房改房，但是本地户籍的父代家庭可以同已婚子女暂时合住等待子女获得单位优惠房。潘允康认为，中国城市有一个普遍的家庭生命循环模式：即可能在核心家庭和主干家庭形态之间转变，20世纪80年代，住房缺少是年轻人婚后依然合家的重要因素之一❷。而且，住房双轨制时期，单位建房的资金不再只由国家和单位承担，个体也可以参与到单位的集资建房活动中。因此，父代家庭可以为子代提供部分或全部的经济支持，帮助子代获得价格优惠的单位集资房分配资格。

　　总体而言，父代住房支持对个体住房资源获得影响的可能性空间在理论上有所提升。但就实际情况而言，其对子代住房不平等的影响不大。其原因有三：首先，个体购商品房的积极性不高，因为国家分配住房的渠道并未完全封闭，其优惠价格以及长期以来养成的单位生活模式使得个体更倾向于等着买集资房、房改房。其次，商品房的价格与个体的工资水平对比巨大，个体有效的住房支付能力不足。如表2-7和表2-8所示，1989年广州市区职工年人均工资为3343元，1998年上涨到15062元。然而，同期广州住宅商品房的价格也从1989年的1152元/平方米，上涨到1998年的5122元/平方米❸，工资上涨的速度远远赶不上商品房价格上涨的速度。再次，父代家庭的工资积累除了日常开销外，仅有的积蓄还得用于自身养老，没有富余的资金支持子女购买商品房，这与我国计划经济时期长期实行低工资制度与住房福利供给制息息相关。有研究指出，住房供给制不是国家企事业单位花钱给职工租房，而是先以巨额投资建房，分配给职工居住，然后又以大量维修费用来给职工补贴房租。这种供给制本身使低工资制走向自己的反面，因为在严格控制工资基金的低工资中，连房租都要公家补贴，职工靠工资根本就买不起住宅。调整工资时人们注

---

❶　王宁，张杨波. 住房获得与融资方式 [J]. 广东社会科学，2008 (1)：164-170.
❷　潘允康，林南. 中国城市现代家庭模式 [J]. 社会学研究，1987 (3)：54-67.
❸　广州统计局. 广州五十年：1949—1999 [M]. 北京：中国统计出版社，1999.

意力都集中在增加一级工资上。其实，加一级工资，一年不过百来元❶。

表2-7 1989—1998年广州市职工年人均工资 单位：元/人

年份	1989	1990	1991	1992	1993	1994	1995	1996	1997	1998
全市	3272	3504	4022	4792	6342	8623	10317	11813	13118	14318
市区	3343	3571	4090	4876	6400	8831	10604	12259	13710	15062

资料来源：广州统计局. 广州五十年：1949—1999 [M]. 北京：中国统计出版社，1999.

表2-8 1989—1998年广州市商品房平均价格

单位：元/平方米

年份	1989	1990	1991	1992	1993	1994	1995	1996	1997	1998
商品房平均价格	1152	1203	1339	1392	2363	3245	3905	5109	5064	5122

资料来源：广州统计局. 广州五十年：1949—1999 [M]. 北京：中国统计出版社，1999.

综上所述，住房双轨制时期，由于住房供给—分配的市场渠道增加，现代住房产权制度的建立和住房市场的出现，父代住房支持得以通过个体动员参与到住房市场的竞争中来，直接影响到子代住房资源的获得。然而，受住房实物分配制低价格福利房的竞争和长期以来的低工资制的影响，父代住房支持影响子代住房资源获得的制度空间较小。

第三节　住房市场制时期

一、住房市场制的早期发展

根据住房产权所有的形式差异，住房市场可由购房市场和租赁房市场构成。从早期繁荣发展的购房市场（2000—2010年）到后期租赁房市场的改革探索（2010年至今），住房市场制度的成熟度逐渐提高，覆盖范围逐渐扩大。

---

❶ 曹尔阶. 关于低工资供给制分配方式和总需求膨胀的初步研究 [J]. 经济研究，1988（10）：16-26.

首先，房地产业蓬勃发展为国民经济中的支柱性产业，这得益于国家在住房供给层面进行的市场化改革，由此带来了相关住房建设产业、服务业、土地市场和住房消费市场的繁荣。2003 年 8 月，国务院《关于促进房地产市场持续健康发展的通知》发布：一、完善供应政策，调整供应结构。具体目标为实现多数家庭购买或承租普通商品住房，并做好住房供应保障；二、改革住房制度，健全市场体系。具体而言，继续加快公房出售和完善住房补贴制度，发展住房二级市场和市场服务工作；三、发展住房信贷，强化管理服务，发展住房公积金制度、个人贷款制度并进行监管；四、改进规划管理，调控土地供应；五、加强市场监管，整顿市场秩序。❶ 以上五条指导意见中，除了第三条和第五条分别涉及促进个体住房消费和住房市场的有序化以外，另外三条都涉及住房供给环节的市场化改革。一方面，国家积极推动单位的"公房"和各类二手房进入住房供应体系，扩大了商品房的供应类型和来源渠道。另一方面，政府通过促进部分"国有土地"进入市场交易，使开发商可以自由竞标拿地，投资建设大量商品房。

早在 2000 年 1 月 6 日，国土资源部就发布了《关于建立土地有形市场促进土地使用规范交易的通知》，标志着土地市场的初步形成。此后，国土资源部、国务院、财政部等从土地市场的秩序整顿、政策规范、用地原则和土地收入与支出等环节，发布了有关土地市场的诸多文件，比如：2001 年 6 月 21 日《关于整顿和规范土地市场秩序的通知》；2003 年《进一步整顿土地市场秩序工作方案》；2004 年 10 月 1 日《国务院关于深化改革严格土地管理的决定》；2008 年 1 月 7 日《国务院关于促进节约集约用地的通知》；2009 年《关于进一步加强土地出让收支管理的通知》等。土地市场的建立和成熟使得各大城市掀起了住房开发与投资的热潮，广州的房地产投资也成为固定资产投资中的支柱性产业，具体详见表 2 - 9。2010 年以来，广州房地产投资在固定资产投资中的比例一直维持在 25% 以上，较高时的 2000—2005 年都在 30% ~ 40% 波动。

---

❶ 中华人民共和国中央人民政府网. 国务院关于促进房地产市场持续健康发展的通知[EB/OL].
(2005 - 8 - 13). http://www.gov.cn/zwgk/2005 - 08/13/content_22259.htm.

表 2 - 9　2000—2010 年广州房地产投资占固定资产投资的比例

项目	2000	2001	2002	2003	2004	2005	2006	2007	2008	2009	2010
房地产投资额/万元	2959027	3555816	3870207	4263898	4194806	4770315	5080846	5567893	7038031	7634024	8173449
固定资产投资/万元	9236676	9782093	10092421	11751668	13489283	15191582	16963824	18633437	21055373	26598516	32635731
比例/%	32.04	36.35	38.35	36.28	31.11	31.40	29.95	29.88	33.43	28.70	25.04

资料来源：广州统计局．广州五十年：1949—1999 [M]．北京：中国统计出版社，1999.

其次，随着房地产业和土地市场的繁荣，住房市场虽然满足了不同群体的住房需求，却也造就了商品房居高不下、逐年上涨的价格（详见表 2 - 10）。

表 2 - 10　2000—2010 年广州商品房年平均价格

单位：元/平方米

年份	2000	2001	2002	2003	2004	2005	2006	2007	2008	2009	2010
价格	4200	4222	4143	3888	4618	5114	6315	8600	9338	9188	11920

资料来源：广州统计信息网．2000—2010 统计年鉴．http：//data.gzstats.gov.cn.

由表 2 - 10 可知，10 年以来，除 2008 年受到世界金融危机的影响，2009 年广州房价出现明显下调以外，其余时间住房价格都在连续上涨，区别只在于涨幅多少的问题，低收入群体的住房问题日益严峻。为此，广州市人民政府办公厅发布《关于印发广州市解决城镇双特困户住房实施方案的通知》（穗府办〔2004〕60 号），以此解决住房（人均居住面积低于 7 平方米）和收入均特困的广州城镇户口家庭的住房问题。2007 年，广州市人民政府文件（穗府办〔2007〕48 号）关于印发《广州市城市廉租住房保障制度实施办法（试行)》和《广州市经济适用住房制度实施办法（试行)》的通知，要求实行以廉租住房保障制度为核心的住房保障体系，并给广州市区城市低收入住房困难家庭建设可优惠购买的、购房人拥有有限产权的、具有保障性质的政策性住房、经济适用住房。

除了保障住房困难群体的居住需求以外，为了抑制房价过快上涨对城镇居民购房造成的普遍压力，国家出台了系列宏观住房调控政策。比如，2005 年 5 月 9 日，国务院办公厅转发建设部等部门《关于做好稳定住房价格工作意见的通知》（国办发〔2005〕26 号），简称"新国八条"；2006 年 5 月 24 日，国务院办公厅转发建设部等部门《关于调整住房供应结构稳定住房价格意见的通知》（国办发〔2006〕37号），简称"国六条"；2006年6月30日，国务院办公厅《关于切实稳定住房价格的通知》（国办发明电〔2005〕8号）；2010年4月17日，国务院《关于坚决遏制部分城市房价过快上涨的通知》（国发〔2010〕10号），简称"新国十条"。以上政策通过税收、信贷、利率、购房限制、住房供应计划、土地出让管理、保障房建设和分配等经济、行政手段，期望可以抑制不合理的住房消费和投资行为。然而，民间戏称"十年九调，屡调屡涨"，这表明住房宏观调控政策虽然在降低和稳定房价上涨速度方面有一定的成果，然而在降低住房价格上却收效甚微。

究其原因，有研究认为，住房价格调控中"强政府"体制的弱调控力这一悖论的背后是地方保护主义。房地产业具有双重的市场性和社会性性质，中央和地方利益获取方式的不同是国家房地产业调控失灵的根源所在，权力化市场造就了市场的强势，这一方面不利于中央宏观调控制度的执行，另一方面也使得社会成员自组织的抵抗行动被瓦解❶。房地产业早已成为政府税收的重要来源。仅以土地出让费为例，2001年全国土地出让价款为1296亿元，到2014年首次超过4万亿元，13年间增长超30倍，总额累计达19.4万余亿元❷。那么，广州市的情况如何呢？2000—2010年，广州市国有土地出让面积均在1000万平方米以上，成交款最低约为2000年的36亿元，最高约为2010年的319亿元，年平均土地出让收入为154.8858亿元（详见表2-11）。

表2-11　广州市2000—2010年国有土地使用权出让情况

项目	2000年	2001年	2002年	2003年	2004年	2005年	2006年	2007年	2008年	2009年	2010年
出让地块/宗	2082	499	428	504	619	224	300	645	189	135	163
出让面积/万平方米	1206.3	1057.11	1067.64	1212.65	1815.34	1778.24	1302.54	2802.85	1098.33	1266.02	1113.91
成交价款/万元	369093	567257	547851	659789	669335	1024071	1582708	2427890	1205109	4792757	3191582

注：1. 本表资料由广州市国土房管局提供。2. 本表数据已剔除被解除合同数据。

资料来源：广州统计信息网.2000—2010广州年鉴.http：//data.gzstats.gov.cn.

---

❶ 王星.调控失灵与社会的生产——以房地产业为个案及个案拓展［J］.社会，2008，28（5）：139-164.

❷ 中华人民共和国国土资源部.全国开展土地出让金大审计 被寄予"摸清家底"众望［EB/OL］.（2014-8-28）.http：//www.mlr.gov.cn/xwdt/mtsy/cnr/201408/t20140828_1328341.htm.

地方政府在维持税收收入和执行上级政府调控房价的矛盾中，造成了住房价格越调越高的尴尬局面。究其原因，在于1994年国务院《关于实行分税制财政管理体制的决定》执行后，各级地方政府以土地征用、开发和出让为主的土地财政模式形成❶。除了以上巨额的土地出让费以外，房地产业对政府税收收入的贡献还涉及住房建设、住房买卖交易的诸多环节中，与此相关的配套经济产业，如建材市场、装修市场等也为地方经济的发展贡献良多。因此，未来住房价格的调控如何行之有效，落到实处，还需克服地方财政收入对房地产业的过度依赖。

二、住房市场制的后期探索

2010年以来，高昂的住房价格、流动人口的增加以及城市人口密度的增加，使得越来越多的人需要成熟的住房租赁市场提供居住服务。2010年，广东省人口密度达580人/平方千米之高，是全国平均水平的4.12倍。人口向东南沿海地区的持续集中主要通过大规模的人口流动实现❷。2010年全国流动人口估算为2.21亿人，86.80%以跨省流入为主。在跨省流入人口中，广东占30.62%，携家属（包含配偶、子女、父母）一起流动的占了66.4%。同时，就业流动人口平均月收入为2554元。就居住方式来看，76.7%在流入地租房居住，6.3%已购买住房，15.0%由单位提供免费住房，2.0%在亲朋家借助。人均住房面积为13.4平方米，约为全国平均水平（27.8平方米）的一半❸。较高的人口密度、大量的流动人口、"举家流动"的方式，以及较低的平均收入水平，使得这一群体主要依靠租房解决住房问题，居住面积低于全国平均水平。

广东省作为全国流动人口跨省流入的首要目的地，城市空间有限，优质住房资源供给与旺盛的居住需求之间矛盾突出。住房价格高涨使本地户籍人

---

❶ 孙秀林，周飞舟. 土地财政与分税制：一个实证解释［J］. 中国社会科学，2013（4）：40 - 59.

❷ 国家人口和计划生育委员会流动人口服务管理司. 中国流动人口发展报告2010［M］. 北京：中国人口出版社，2010：183 - 190.

❸ 国家人口和计划生育委员会流动人口服务管理司. 中国流动人口发展报告2010［M］. 北京：中国人口出版社，2010：235 - 240.

口也面临无力购房的困境。20 世纪 90 年代，世界银行中国局首席经济师哈默（Andrew Hamer），认为房价收入比为 3 ~ 6 时较为理想❶。然而，上海易居研究院估算了 2014 年全国 35 个大中城市房价收入比，广州市的房价收入比为 11.8，高于全国平均值 10.06（剔除可售型保障性住房后）❷。从广州市房屋销售价格指数（包含新建住宅和二手住宅）来看，除了 2012 年有所下降外，其余年份都在保持增长趋势（详见表 2 - 12）。同时，据网络数据显示，2016 年 8 月，广州市新建商品房住宅网上签约面积 111.57 万平方米，网上签约平均价 17425 元/平方米。具体到各区，越秀区、天河区、海珠区的网签均价位居前三，分别为 39919、38597、31834 元/平方米，最低为从化区 9229 元/平方米❸。由此可见，广州的住房价格增长早已超过了正常的工资收入水平。

表 2 - 12　广州市 2010—2014 年房屋销售价格指数（上年 = 100）

项目	2010	2011	2012	2013	2014
新建住宅销售价格指数	110.1	104.3	99.7	115.7	105.4
新建商品住宅	110.3	104.4	99.7	115.9	105.5
90 平方米及以下	无	104.7	99.7	115.9	105.5
90（不含）~144 平方米	无	106.5	99.8	115.6	105.8
144 平方米以上	无	102.0	99.6	116.2	105.0
二手住宅销售价格指数	110.7	104.8	99.9	109.6	105.3
90 平方米及以下	无	104.2	100.9	110.4	105.2
90（不含）~144 平方米	无	104.2	98.9	108.9	104.8
144 平方米以上	无	100.2	99.3	108.6	105.9

注：1. 2011 年起新建住宅销售数据口径改为使用网签数据；2. 二手住宅销售口径改为当期新发生案例价格；3. 房屋类型分类从品质分类改为按面积套型分类。

资料来源：广州统计信息网.2010—2015 统计年鉴. http：//data. gzstats. gov. cn.

因此，对广大的流动人口而言，通过租赁住房以满足基本的居住需求是最

❶　张丽. 我国城市居民住房支付能力研究［D］. 大连：东北财经大学，2005：1 - 7.
❷　人民网. 房价收入比排行榜出炉　7 城市家庭需 10 年收入才能买房［EB/OL］. (2015 - 6 - 4). http：//house. people. com. cn/n/2015/0604/c164220 - 27105459. html.
❸　广州市住房和城乡建设委员会. 关于 2016 年 8 月广州市房地产市场运行情况的通报［EB/OL］. (2016 - 9 - 21). http：//www. gzcc. gov. cn/.

佳的居住选择。然而，改革开放以来，我国住房租赁市场中市场供应主体发育不充分、市场秩序不规范、法规制度不完善等问题仍较为突出。旺盛的租房需求促使住房租赁市场的租房价格也保持了稳定上涨的趋势。国家统计局发布的《2014年9月居民消费价格变动情况》显示："全国居民的住房租金价格已经连续57个月上涨。住房租金价格与2013年9月相比上涨了2.6%，与2014年8月相比上涨了0.1%，租金支出不断上涨无疑增加了租房者的经济负担。"❶2010—2013年，广州除了廉租房价格稳定不变以外，商品住宅、普通住宅的租赁价格均有上涨（见表2-13）。2013年全市楼梯楼、电梯楼住宅租金分别为15.66元/m²·月和21.87元/m²·月，同比增长19.45%与19.77%；中心城区楼梯楼、电梯楼住宅租金分别为29.28元/m²·月和40.02元/m²·月，同比增长11.54%与17.71%。❷

表2-13 广州市2010—2013年住宅租赁价格指数（上年=100）

年份	住宅租赁价格指数	廉租房	商品住宅	普通住宅	高档住宅
2010	107.7	100.0	107.7	108.2	94.8
2011	108.1	100.0	108.2	108.2	107.1
2012	104.9	100.0	104.9	105.0	102.7
2013	108.1	100.0	108.1	108.1	108.3

注：2011年起，租赁价格调查仅调查住宅价格，取消对非住宅价格调查。商品住宅分为普通住宅和高档住宅统计。

资料来源：广州统计信息网.2010—2014统计年鉴.http：//data.gzstats.gov.cn.

在此背景下，国家和地方政府纷纷出台相关政策，住房市场化改革逐渐从购房领域，深入租赁住房领域。如2015年1月14日，住房城乡建设部《关于加快培育和发展住房租赁市场的指导意见》（建房〔2015〕4号），要求发挥市场在资源配置中的决定性作用和更好发挥政府作用，用3年时间，基本形成渠道多元、总量平衡、结构合理、服务规范、制度健全的住房租赁市场。国务院办公厅《关于加快培育和发展住房租赁市场的若干意见》（国办发〔2016〕

❶ 中华人民共和国国家统计局.2014年9月份居民消费价格变动情况［EB/OL］.（2014-10-15）.http：//www.stats.gov.cn/tjsj/zxfb/201410/t20141015_622454.html.
❷ 广州市国土资源和规划委员会.广州市房地产租赁管理所公布2013年房屋租金参考价［EB/OL］.（2014-1-2）.http：//www.gzlpc.gov.cn/.

39 号）文件指出，实行购租并举，培育和发展住房租赁市场，是深化住房制度改革的重要内容。2017 年 7 月 18 日，九部门联合印发《关于在人口净流入的大中城市加快发展住房租赁市场的通知》，该文件认为当前人口净流入的大中城市住房租赁市场需求旺盛、发展潜力大，但租赁房源总量不足、市场秩序不规范、政策支持体系不完善，租赁住房解决城镇居民特别是新市民住房问题的作用没有充分发挥，需要加快推进租赁住房建设，培育和发展住房租赁市场。以上政策明确了深化住房制度改革的未来方向，即促进住房租赁市场的发展、完善，让租赁住房和购房都能成为居民满足住房需求的替代性选择，满足本地居民、城市新移民和外来流动人口多层次的住房需要。因此，在全国挑选了 14 个大、中城市开展住房租赁试点，广州即是其中之一。

此外，广州市还发布了《广州市住房公积金管理委员会关于放宽租房提取住房公积金条件的通知》（穗公积金管委会〔2015〕5 号），住房公积金不再只能购买商品房时提取，在租赁住房居住时也可提取使用。《来穗务工人员申请承租市本级公共租赁住房实施细则（试行）》的通知（穗建住保〔2015〕1312 号）则指出：在本市无住房的非户籍人口或家庭在满足一定条件后，可以申请租赁广州市公租房，政府将采取积分和摇租的方式进行配租。每个公租房申请人所缴纳的租金根据个体或家庭收入水平而定，并灵活浮动。❶ 如此，在广州市居住的流动人口可以按照低于市场的价格，租赁政府依据申请人收入状况而定缴租金的公租房。最具有探索性改革的是，2017 年，广州市人民政府办公厅印发《广州市加快发展住房租赁市场工作方案》（穗府办〔2017〕29 号）文件，对与住房相关的入学、税收、水电及商改租等与住房租赁相关的方方面面问题进行了相关规定，促进租赁住房与商品房的"租购同权"。那些符合条件的承租人子女享有就近入学等公共服务权益，这在促进社会人才流动、突破教育受住房和户籍制度约束方面有重大突破。如果说早期的住房市场制度建立主要在购房市场，那么该阶段广州市住房制度的市场化改革已从产权房领域扩展到租房领域，从户籍人口扩展到流动人口，住房制度改革日渐深

---

❶ 广州市住房和城乡建设委员会. 来穗务工人员申请承租市本级公共租赁住房实施细则［EB/OL］.（2017 - 9 - 8）. http：//zwgk. gd. cn/006939799/201709/t20170910_722015. html? from = singlemessage & isappinstalled = 0.

入,这有利于动员丰富的市场资源,建立购租并举的住房制度,尽快实现城镇居民住有所居的目标。

三、父代住房支持影响子代住房资源获得的制度空间

住房市场制是指住房制度结束"双轨制"这一国家和市场共同分配住房资源的过渡阶段,进入住房货币分配时期,住房主要由市场进行供给—分配(2000年至今),根据住房市场化的重点变化,分为早期购房领域的市场化改革和后期租赁房领域的市场化改革两个发展阶段。该阶段,住房资源主要由各类市场主体投资建设,然后根据市场定价出售或出租获利,笔者将其住房供给—分配模式概括如图2-2所示。

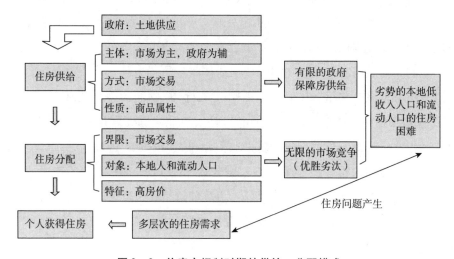

图2-2 住房市场制时期的供给—分配模式

由图2-2可知,无论是住房供给环节的各市场主体,还是住房分配环节的个体买方,基本都纳入了统一的住房市场竞争,无论是商品房还是租赁房都呈现价格不断上涨的趋势。同时,优胜劣汰后,本地低收入群体、外来流动人口的住房需求仅仅依靠政府有限的住房保障供给难以满足,住房两极分化问题严重。比较特殊的是,国家的土地供应虽然也形成了市场竞争,但这一市场竞争是单向的,仅局限于购买土地建房的各类市场主体之间。国家或者地方政府作为城市土地资源的所有者和管理者,并不受市场竞争的约束。有研究指出,在中国社会由计划经济向市场经济转型的过程中,政府的土地收入包含了两部

分，一部分是与土地有关的税费收入，另一部分是土地出让金。土地收入对地方财政意义重大。地方政府在一般预算财政以外，发展出了另一个资金规模巨大、完全由地方政府自己掌控的、以土地收入为中心的预算外财政，因此又可以叫作"土地财政""第二财政"❶（周飞舟，2007）。因此，一方面，置于土地市场竞争之外的地方政府在"土地财政"与执行中央政府宏观房价调控的取舍中产生矛盾，导致房价屡调屡涨的怪象；另一方面，住房市场的竞争机制使个体收入中的弱势群体被住房市场所淘汰，越来越多的本地低收入群体和外来流动人口既无力购买高价商品房，又要面对租赁住房市场混乱带来的居住压力，住房分化问题日益严重。

总体来看，市场机制的竞争原则必然导致个体市场竞争力的强弱之分和城市居民住房资源获得能力的优劣之别，此即住房市场制时期住房不平等产生的根源。当前的这种社会不平等是以财产所有权的不平等为基本特征的。西方经济学和法学都同时强调财产作为一种权利的含义，认为财产能够产生收入有两个前提：首先是必须有财产即资本，其次资本使用权可以出让获得收入。因此，财产占有是取得财产性收入的基本前提。住房市场化改革过程中，住房产权制度的确立使住房成为一种居民财产。人们可以通过出让财产使用权获得利息、租金、专利收入等，或者通过财产营运获得红利收入、财产增值收益等❷。2007年国家物权法规定，私人对其合法的收入、房屋、生活用品、生产工具、原材料等不动产和动产享有所有权❸。同时，由于中国房产持有和继承的税收压力较小，提高了有产权房者出于改善、投资等目的购买住房的比率，这一旺盛的投资需求也使得住房市场和住房价格更加坚挺。相反，无产权房者虽然有基本的住房需求，但面对日益高涨的房价和那些以住房改善和投资为主要目标群体的住房市场，往往面临"无价无市"的尴尬局面。

除了市场竞争引发的住房不平等外，历史时期形成的住房不平等也日益凸显。泽林尼认为在再分配经济占据统治地位的国家，市场能够抵消再分配带来

---

❶ 孙秀林，周飞舟. 土地财政与分税制：一个实证解释 ［J］. 中国社会科学，2013（4）：40 - 59.

❷ 李晓. 财产性收入的马太效应研究 ［D］. 临汾：山西师范大学，2005：1.

❸ 2007 年 3 月 16 日第十届全国人民代表大会第五次会议通过《中华人民共和国物权法》（第 64 条）。

的不平等，因此在改革初期社会不平等略有下降，其后新的社会不平等重新出现并呈现不断扩大的趋势❶。就中国而言，当市场经济时期房价变高后，父代家庭在住房双轨制时期以什么成本（市场价格与福利房价格）获得住房，在当前市场交易时最初购买价格的差异就被放大出来。

在这一住房市场制的背景下，笔者所关注的父代住房支持影响子代住房资源获得的制度机会如何呢？该时期，中国社会住房资源统一由市场供给—分配模式主导，国家住房福利主要以住房保障的形式出现。当住房资源分配的渠道以市场为主时，父代家庭得以更加普遍地参与到子代购房，尤其是首套房获得的过程中来，由此加速了新一代年轻人住房分化的速度，产生先赋性的住房不平等。与住房实物制时期、住房双轨制时期家庭支持无法直接干预，或者只能部分干预子代住房资源的获得相比，住房资源的市场供应与分配制使得父代家庭可以通过影响子代购房的经济能力而直接干预年轻一代住房资源获得的时间、过程和结果。而且，随着工资水平的普遍上涨，再加上父代家庭早期住房财富优势的累积，先赋性家庭因素对子代住房资源获得的影响巨大。

有新闻报道资料显示："北京青年以 27 岁的首次购房年龄荣登最小购房年龄的榜首。英国、美国人首次购房年龄为 35 岁，德国和日本的年龄最大为 41 岁左右。"❷ 由于当前的年轻人参加工作不久，缺少财富累积，住房支付能力比较低，因此在住房市场中处于不利位置。随着房价高涨，家庭支持成为青年白领们购买房屋时首付的最主要来源。他们对来自父母的支持更加依赖，因此造成了住房竞争中的代际差异与不平等❸。那么，与其他国家相比，为什么中国父代家庭支持购房的现象尤为盛行呢？这与中国传统家族文化培育的代际关系观念密切相关。费孝通认为，"中国人是心中有祖宗、有子孙而把自己作为上下相联的环节来看的，这种说法是否有点夸大，还可以推敲，但是我想多少

❶ 泽林尼，科斯泰罗. 关于市场转型的争论：走向综合？［G］//边燕杰. 市场转型与社会分层——美国社会学者分析中国. 北京：生活·读书·新知三联书店，2002：570－589.

❷ 房天下. 国人平均 27 岁就有第一套房　真相在这里［EB/OL］.（2016－5－25）. http://www.fang. com/news/2016－05－25/21264711. htm.

❸ 魏万青. 社会转型背景下的城市居民住房问题研究：住房阶层理论的视角［M］. 武汉：华中科技大学出版社，2015：127－143.

是可以用来突出和一切以自我为中心的西方文化的基本精神相区别"❶。这一代际之间环环相扣的关系,使得父代家庭出于恪尽养育后代的家庭责任,更倾向于帮助未婚的子女购买住房用于其结婚、成家和养育第三代。此外,目前我国住房的房产税征收主要集中在住房商品交易的环节,在房价高涨的背景下,住房作为一种固定资产具有保值和增值的价值,既可以通过租售获利,又可无偿传递给下一代,住房持有、转移和代际传递的成本低,在某种程度上加剧了住房不平等,并使得住房阶级有代际延续的固化趋势。格伦斯基在研究社会分层与不平等的关系时就曾指出,通过会聚家庭成员的资源,一些不平等可以更好地实现❷。

综上所述,住房市场制时期,由于住房供给—分配的市场渠道成为主导,住房市场发展完善以及住房价格的高涨,父代住房支持被广泛地动员并参与到子代住房资源的获得过程中来,父代住房支持影响子代住房资源获得的制度空间由小变大,对子代住房不平等的影响也日益凸显。

---

❶ 费孝通. 家庭结构变动中的老年赡养问题——再论中国家庭结构的变动 [J]. 北京大学学报(哲学社会科学版),1983,20(3):7-16.

❷ [美] 格伦斯基. 社会分层 [M]. 北京:华夏出版社,2005:28-53.

第三章　住房双轨制时期：微弱的先赋性住房不平等

第一节　父代居住支持类型的住房优势累积

居住支持是指已婚子女组建新的家庭，即新的住房消费单位后，由父代家庭提供住房居住，而住房产权仍为父母所有的父代住房支持类型。它包含了"独立自住""与父母合住"两种支持形式，父代家庭通过出让其所拥有住房的居住价值实现了住房资源的代际分享与暂时流动。在住房双轨制时期，父代住房支持对子代住房资源获得的影响以居住支持形式实现的个案共计 4 个（C2 – Z60 – 1、C16 – C60 – 3、C18 – W50 – 1、C29 – M50 – 0）。

一、原因分析

住房双轨制时期，为何父代住房支持以居住支持类型为主呢？其对子代住房资源获得有何具体影响？笔者认为，父代住房支持对子代住房资源获得产生影响的基础是父代家庭有支持子代购房的能力，同时子代有动员父代住房支持参与其住房资源获得的需求。不同住房制度时期，父代家庭住房资源获得渠道的不同使得父代住房支持影响子代住房资源获得的制度空间不同，由此导致父代住房支持方式的差异。

> 我老家是潮州的，父母小学学历，是某高校后勤集团员工，家中有 4 个孩子，即 2 个哥哥、1 个姐姐和我。1988 年结婚后，我和父母住在他们

分配的单位房里，二室一厅的平房，70多平方米，用门板在一间大房里隔出一间来，当时一大家有12口人，哥哥一家、二姐一家、我们家，还有奶奶。没有办法，谁不想有个自己的小房子独立地生活，但是那个时候都是等单位指标分房，没房的就先和父母一起挤挤。大家都是这样的，不像现在的年轻人要买房才能结婚，风俗不一样了。我高中毕业后也在父母的工作单位工作，一开始是临时工，1991年终于等到转正的指标成为后勤集团的正式员工。我转正以后就一直写申请要求分房，但是单位觉得我父母已经有一套福利房，我们和老人住一起就可以，所以没有解决。直到2000年，新到任的领导体谅我们，学校有房源就分出去，没有就没办法，大家都说是好领导。我们还算幸运，赶上最后一批分房了，花了4万元钱分到电梯楼的一套两居室，约60平方米。2000年以后，就算是正式教职工也没有房子可分了。4万元钱现在听起来少，但1996年我老婆在我单位做临时工的时候一个月才几百元钱工资，还得养孩子，经营一个家庭很不容易的。虽然那个时候也有商品房可以买，但那是有钱人买的，我们普通的工薪阶层买不起，父母也都是低工资，家中兄弟姐妹众多，帮一个不帮另一个的不好。父母过世后，我们兄弟姐妹几个一起坐下来商量，他们的住房既没有出租也没有卖，卖掉了老祖宗就没了，家里有老人的牌位，老人过世了，祖先牌位拿去哪家供奉也不好，而且这毕竟是家里的老房子嘛，留着过年过节的时候兄弟姐妹们一大家人回来的时候住。❶（C2-Z60-1）

由此可见，在住房双轨制时期父代家庭住房资源的获得主要是依靠其工作单位，一个家庭一套福利房，没有更多的住房资源流动到子代。唯一可行的方式，只能是通过降低自身的居住质量，父母让渡出部分住房居住空间给已婚的子女暂时居住，等待其工作单位的分房指标。广州城市居民住房资源的获得主要依靠工作单位，低工资和高住房福利相互匹配。新婚夫妻刚工作没什么积

---

❶　2016年6月14日笔者在女方工作单位办公室与其夫妻二人的访谈。访谈时由于男主人性格原因不愿意多说，主要由女主人介绍其家庭住房资源获得的过程，不清晰的地方再向男主人询问核实。最后，材料使用时，为了故事讲述的连续和方便，直接使用产权房拥有者男主人的口吻叙述故事的住房发展过程。

蓄，还要养育子女，没有能力从住房市场上购买高价商品房，只能与父母暂时居住，不断地申请、等待获得单位低价福利房。而且，能否获得单位的福利房，不仅与单位的住房资源提供能力相关，还与宏观的住房政策背景相关。该个案案主之所以能获得福利房，除了单位有福利房资源外，也是由于赶上了广州市要在 2000 年前后结束福利分房政策，开始新住房制度的政策大潮，顺利地成为单位最后一波获得房改售房福利的职工。此外，父母长期的低工资，以及传统中国的多子女家庭状况，使得父代家庭往往无法为子代提供强有力的住房经济支持，居住支持是最为普遍和可行的支持形式。当然，有一种情况比较特殊，即父母过世后他们的住房遗产可以分给子代，或居住，或出售变卖获利，可为子代提供间接的居住支持或者经济支持。然而，该家庭由于家族观念浓厚，其父辈过世后并未导致父代住房资源被立即均分，出于祭祀老人、家族团聚、情感回忆等需要该住房遗产被暂时保留下来。考虑到广州的高房价和该家庭的多子女状况，均分后的住房财产对子代、甚至孙辈的住房购买力的提高作用不大。总体来说，该时期，父代住房支持对子代住房资源获得的影响十分微弱，主要体现为暂时的居住空间分享。

除了与父母合住的居住支持类型以外，还有与父母分开、独立自住的居住支持类型。

公公老家是潮汕的，小学学历，煤建国企员工，家中两个孩子，一儿一女。1991 年我们结婚时，公公正好分到了单位在海珠区的房改房，于是他们从一直租住的政府公房搬出，留给我们作为婚房居住，直到我女儿幼儿园毕业。房子在荔湾区，22 平方米，租金几十元，比市场价便宜。这算是很好的了，结婚就有自己独立居住的空间，这个房子公公（30 年代出生）租住了 25 年左右。1995 年广州市政府为教育系统职工建设了"解困房"，我们单位就有优惠资格，如果我们能申请到住房，单位就出 3/4，个人自己出 1/4。我们一家三口的户口都还挂在荔湾区大家庭的户口上，还有爷爷、奶奶、姑姑的名字，按人均 5 平方米以下的申请标准我们就申请到赤岗一个 57 平方米的房改房，两室一厅，总价才 9 万多元，单位出了 7 万多元，我自己出了 2 万多元，产权是自己所有，当时属于比较偏僻的地段。因为太远了孩子上学不方便，也没什么生活配套，而公公新分的住房小学很好，我们就从公租房搬出和公婆居住，解困房就一直出租，月租金500元。1999年的时候，教育系统建了很多的新电梯房，我是一级教师，可以享受92多平方米的房子，我之前买的只有57平方米，可以享受换房的资格，于是我又在海珠区买了一套114平方米的三居室。2001年收到房子，单价2000多元，扣除我超标的12平方米，按市场价一共补了10万元，主要是用自己的存款支付。但是，单位规定一个人的名义下不能有两套房，我就补了单位出资的7万元钱，然后2001年将解困房卖了出去，利息也返回了房管局，剩余几万元钱。

2009年的时候我花了30万元买了父母的房改房，这个房子房龄比较老，但是地段比较好，当时兄弟姐妹都不买，我对房子也比较有感情，目前用于出租，月租金2000多元。由于我们夫妻两个名下有两套房，为了避免限购政策的限制，2015年由我们出钱，以女儿的名义在芳村买了95平方米的一手商品房，三居室的电梯房。我们现在住的这一套房改房，方向朝北，冬天比较冷，以后养老住也不好，想改善一下。也是有一种想法，我们就一个女儿，以后改名、换名也比较麻烦，还得收所得税、馈赠税或者遗产税，直接写女儿的名字也比较省事儿。❶（C16－C60－3）

比较C2和C16两个个案，他们父辈都是国企职工且有自己的单位福利房，都能为子代提供居住支持。然而，由于C16案主父辈在广州老城荔湾区一直申请居住在政府的公租房里，结婚时公公家正好分配到单位公房，而且家中姐姐已出嫁。所以，作为家庭中的唯一男性后代，其得以继续以大家庭人口的名义，单独居住在政府的公租房，并以大家庭户籍的人口数量优势成功申请到单位的解困房优惠。C16案主以低于市场价的优惠价格分到单位解困房后，由于地理位置偏僻且教育资源不完善，又选择和公公共同居住，让女儿接受优质的小学教育。从父母提供住房独立自住到与父母合住，C16案主既很好地满足了结婚和子女教育的居住需求，还通过租赁和出售自己分得的单位解困房间接地获得了经济收入。

由此可见，父代家庭户籍所在地的政府住房福利的差异是决定个体获得父

---

❶ 2016年7月8日，笔者在广州市海珠区某咖啡厅对C某和其女儿的访谈。

代居住支持形式采取合住还是分住的关键原因，其次才是父代家庭的子女数，尤其是男性子代数量。只有一个男性子代的父代家庭且其户口所在地的政府住房保障较完善时，其为家中男性子代提供居住支持的能力是比较强的，不仅可以提高分住的居住支持，还能帮助子代获得单位住房福利的申请资格，从而使其获得额外的住房租赁和交易的经济收入。相反，如上文的 C2 个案，因为家中男性子代众多，且海珠区政府的住房保障能力远不如老城区荔湾的强，即父代家庭户籍所在地的住房保障资源不丰沛时，子代住房资源的获得只能单独依靠单位，且父代家庭只能提供合住形式的居住支持。

二、过程和特征分析

居住支持类型的父代住房支持是如何实现的，即具有哪些特质的父代家庭容易为子代提供居住支持？

首先，C2 案主的妻子认为，这些是夫家管的事情，与婆家无关：

> 嫁出去的姑娘泼出去的水嘛，娶媳妇到家自然是夫家提供住的地方，一开始没有房子就一起住。（笔者问：那您家购房的时候您父母会给予适当的经济帮助吗？）他的房子为什么我父母出呢？房产证也没我的名字，我只是可以住，没有份的，以后房子是儿子的也无所谓了。所以，我老公也没有让我父母给。而且我已经结婚了，我父母要给也是自愿。如果家境可以，我父母可以自愿拿点钱帮装修，但是当时我还有两个弟弟在读书，妈妈和我一样也是家属工（作为家属去丈夫单位做临时工），工资不高。父母就是根据自己的经济情况在我们搬新家时包了几百元的红包祝福乔迁新居，多少表达一点心意，有钱给两万元可以，没钱 200 元也可以。❶（C2 – Z60 – 1）

从材料来看，无论是男方还是女方，夫妻及其双方家庭在谁为子代提供住

---

❶ 2016 年 6 月 14 日笔者在女方工作单位办公室与其夫妻二人的访谈。访谈时由于男主人性格原因不愿意多说，主要由女主人介绍其家庭住房资源获得的过程，不清晰的地方再向男主人询问核实。最后，在使用材料时，为了故事讲述的连续和方便，直接使用产权房拥有者男主人的口吻叙述故事的住房发展过程。

房支持的问题上都有这样一个共识：为子代解决住房问题是男方父母家庭的事情，财产继承仅在男性子代中出现，女儿出嫁即无权获得。在以上提供居住支持的四个个案中，给予居住支持都是男方的父代家庭，女方父代家庭由于家中还有一个或者多个男性子代无法为出嫁的女儿提供任何形式的居住支持。由此可见，中国传统父系家庭文化存在的男性性别偏好，使得为子代提供住房支持的责任主要由男性父代家庭承担。

比较特殊的是 C18 个案，虽然案主的姐姐并未获得父代家庭直接的住房支持，但在后来父代家庭住房拆迁时，已经出嫁的女儿由于户籍原因也获得了拆迁房福利。

> 我父亲是苦力工人，不识字，广州本地人。家中有自建的四层独栋楼房，位于海珠区某村，每层约 20 平方米。我 1988 年结婚后住在三楼。1992 年，女儿上幼儿园的时候，因为孩子妈妈在厂里轮值上班，我去美国务工，女儿和老婆就借住在朋友、亲戚家，直到女儿上初中后才搬回我父亲的老房居住。妻子一开始在广州某国企工作，1999 年国企倒闭后就开始做家政工作谋生。我家有 5 个兄弟姐妹，4 个男孩，1 个女孩，父亲过世比较早，妈妈再婚之后搬出去居住。2002 年我家在海珠区花 36 万元全款买了一套二手房，其中自己的存款 5 万元，向兄弟姐妹借了 31 万元。然后我妻子和孩子一直居住在我爸家，房子用于出租，月租金 1200 元，出租了 3 年用于还家里人的借款。2005 年我回国的时候，就收回买的房子用于自住了。2010 年的时候，父母的房子拆迁。哥哥和姐姐的户口还在，就分了各 40 平方米的一居室住房，每人 18 平方米可以用优惠价买，剩余的平方米按照市场价，当时各自补了 90 万元左右，现在均价已经达到 42000 元/平方米。剩余的三家包括我家就拿了现金补贴，约 40 万元左右，一部分用于投资，剩余的就用于还住房贷款。不是不想要房子，但剩余的房款要经济条件好的家庭才补得上，我们家只能拿现金补贴，正好可以还贷款。❶（C18－W50－1）

---

❶ 2016 年 7 月 9 日在某茶餐厅与访谈对象的访谈。

这一个案中,父代家庭住房拆迁时,按拆迁政策规定住房优惠是按户口分配的,而不以性别为区分标准。虽然拆迁的是父代家庭的住房,但已婚女儿因为户口尚未迁出而具有了购房的优惠资格,而不是父代家庭主动将住房资源平均分配给子女。由此可见,该个案并未影响我们对谁来提供居住支持的男性偏好判断,已婚女儿获得家庭住房资源主要是受到拆迁机遇和政策的影响,可遇而不可求。同时,子代由于拆迁影响,不仅早期获得了居住支持,在后期还用分配到的拆迁赔款还了住房贷款,即间接地获得了父代家庭的住房支持。然而,住房双轨制时期,更为普遍的情况是,商品房的价格与子代个体的工资水平的巨大差异使得子代普遍无购房能力,同时,父代家庭由于长期处于低工资制度与住房福利供给制的计划经济时期,也难以为子代购房提供经济支持。

其次,能为男性子代提供居住支持的都是本地户籍且在广州有稳定的住所,这是其为已婚男性子代提供居住支持的必备前提。这有两种情形:一类是父代家庭在广州有自建房的情况,比如上文已经介绍过的C18个案。该类案主由于住房自建,建多建少可根据子女尤其是男性子代的数量、土地所有面积和家庭经济状况灵活地决定。因此,其对家中男性子代的居住支持程度一般较高。C18个案中,已婚男性子代虽然与父母合住一栋楼,但分层居住又确保了独立自住的空间和自由;另外一类是父代虽然老家不在广州,但其迁移到广州落户后都获得了单位的福利分配房,能够为家中男性子代提供居住支持,至于是合住还是分住则要看其父代家庭住房资源获得的渠道和家中的男性子代数量。比如,上文已经详述的C2、C16和下文的C29都可以归入这一类。

> 父亲1950年出生,广州某长途运输公司员工,家中一儿一女。1979年父亲和哥哥来广州工作,我和母亲与爷爷奶奶在农村老家居住。1981年我和母亲来广州,住在父亲长途运输公司(国企)安排的单位房,付很少的租金,房子在广州火车站附近。那时候房子很小,我们一家5口人,哥哥、外婆、自己和父母,住在将近10平方米的空间里。这个房子是20平方米的单间,另外一半是公司的另外一职工的家人住,中间用一个布帘子隔开。1983年父亲工作调动到一个招待所做管理工作,分到一个房间约25平方米,我们就搬出来可以一家人住了。1986年,父亲购买了单位集资房,两室两厅80多平方米,无电梯,集资的费用不多,属于

单位的福利。按照工龄加起来优惠比较多，只花了两三万元。当时母亲单位也有福利房，有想过假离婚可以分到，但父亲没同意就作罢了。哥哥结婚后和父母一起居住，直到 2004 年父亲生病就把房子卖了。❶（C29 - M50 -0）

由于只有一个男性子代，父代家庭早期又有单位分配的住房居住，所以案主的哥哥结婚后可以和父母合住。然而，随着父亲生病被迫卖掉住房治疗，父代家庭即无法为家中男性子代提供居住支持。案主由于是女儿，按照传统观念无父系家族财产的继承权，而且其在父亲过世卖房后出嫁，居住于婆家位于海珠区某村的私人自建房。

三、结果分析

在住房双轨制时期，随着住房获得的市场渠道出现，父代家庭被逐渐裹挟到帮助子女获得首套婚房的责任中来。然而，由于国家分配住房的渠道并未完全关闭，子代更倾向于选择价格优惠的单位福利房。父代主要通过提供"居住支持"帮助已婚子代等待单位分房，一般而言，那些父代家庭为广州户籍且在广州有自己稳定的住所时，为家中男性子代提供居住支持的可能性最大。其中，相比那些等待单位分房的广州户籍人口，有土地的广州籍村民和那些在住房保障能力较强的老城区居民，其获得父代家庭居住支持的程度更高，即在住房享有的面积和居住的独立性上更有优势。而且，在某些特殊情况下，可能因为父代家庭产生某些间接的经济支持。比如，上述个案中，住房遗产的出售，父代家庭住房拆迁赔款，居住在父代家庭申请政府保障房或者与父母合住，然后出租自己住房的情形。然而，这些额外收益并不受父代家庭的直接控制，可遇而不可求。在住房双轨制时期，父代住房优势累积还是以居住支持为主，本研究并不将因父代家庭偶然获得的间接经济支持作为该阶段父代住房支持的形式之一。

---

❶ 2016 年 7 月 10 号，在推荐人的办公室与 C29 个案中访谈对象的访谈。该个案父亲已经生病去世，母亲不愿回忆往事，因此只能间接通过采访其女儿来了解该家庭的住房故事，不清晰的地方再通过女儿与母亲核对。

而且，该时期父代住房资源获得的方式对子代住房资源的获得产生了一定的"社会化效应"。受父辈依靠单位分房的经历和童年时期"单位大院"居住经历的影响，子代在住房资源的获得途径上都倾向于先与父母暂时居住等待单位分房，而不是购买价格较高的市场商品房，这也是父代居住支持十分普遍的原因。然而，随着住房制度改革结束了以往福利分房的历史，父代住房资源获得的经验将不再适用于新的住房制度时期。因此，父代在住房来源选择偏好上对子代住房的"社会化支持"仅仅在住房双轨制时期有短暂存在的空间。

那么，住房双轨制时期，父代家庭提供住房居住对子代住房资源获得有何影响呢？从以上获得父代居住支持的4个个案来看，居住支持虽然在居住质量上存在单住或者合住的区别，但都通过提供一定的住房空间暂时地满足了子代家庭结婚、子女生育、接受小学教育等迫切的刚需住房需求。我们知道，个体住房资源的累积是一个阶梯式上升的过程，依据住房需求的变化，首套房主要满的是结婚和养育子女的刚性需求；二套房主要满的是住房改善需求，三套房则主要满足住房投资需求。父代对子代提供住房支持能力的强弱，往往决定了子代住房资源累积的起点、终点，以及跨越每段住房阶段的速度和时间，进而影响住房不平等的代际延续和扩大。

具体而言，父代提供的居住支持由于住房产权为父母所有，这一类型的居住支持中，住房资源并不直接从父代传递到子代，然而在满足子代家庭住房的刚性需求，帮助其等待单位分配住房指标上，获得父代居住支持的子代具有一定的缓冲空间和时间。这使得有居住支持的子代家庭可以从容地"等、靠、要"，还不需要消费子代家庭的经济收入支付租金，由此累积形成一定的住房优势。

第二节　父代无支持类型的住房劣势累积

无支持是指子代没有获得任何来自父代家庭的住房支持，其住房需求的满足完全依靠自己，包含了"永久无支持"和"暂时无支持"两种形式。在住房双轨制时期，父代无支持类型的个案共计4个：C6 - C40 - 2、C13 - T60 - 3、C8 - J60 - 1、C17 - L60 - 0。

一、原因分析

父代住房支持影响子代住房资源获得的前提是父代家庭有为子代，尤其是男性子代提供住房支持的制度空间和实际能力。同时，子代需要父代住房支持的参与帮助其获得住房资源。结合个案资料来看：

> 我是贵州人，有一个姐姐，父亲是地主，虽然是开明绅士，但成分不好，我找对象就只能找个成分好的。那个年代，贫农出身就是成分好，容易分到好的工作单位。那时候房子都是靠单位解决，也不用钱买。老公是福建人，父母为贫农，1968 年北京铁道学院本科毕业后分配到广州工作，同年我中专毕业后分配到贵州工作，1970 年结婚后两地分居，各自居住在单位免费的宿舍里，水电和房租都不用交。1975 年我与先生一起调到广东某铁路局，也是住在单位免费提供的员工宿舍，那时候是一排平房，一家一间，自己隔出客厅和卧室，厕所是室外公用的，做饭就在平房门口的走道上，房子为 30 多平方米。1993 年我们才调回了广州工作，在杨箕村城中村租民房居住，房租费由单位付。选在杨箕村当时是为了方便上班，孩子读书也方便。房子是三层楼房，租了两个房间，一个卧室、一个厨房，共用卫生间。周围的住户做什么的都有，环境比较复杂。当时都是单位搞惯了的，自己也没想着买房，知道单位最后是要建房的。1996 年在石牌单位分了一套 100 多平方米的侨房给我们。这是单位从香港侨民手中买了分给我们，自己花的钱不多。由单位付了 100 多万元的港币给侨民，然后我们自己出了 6 万元钱从单位手里买过来，我们购买单位房子的时候父母都已经过世了。就算还在世，老公父母是农村的，也支持不了什么；我父母是地主，成分不好，自身都难保。1996 年 4 月我们才和侨民房主签订了产权转让的合同，以无偿赠予的方式转让了房屋的产权，为我们夫妻共有。然后我们就从杨箕村的城中村搬出，到石牌居住了。当时有资格分到这个房子的只有六七户，申请要求为已婚，且行政级别达到处级以上。我们夫妻都是这个单位的，也能优先享受这一分房的福利，没有分到房的后来单位又专门建了一栋房子。我们单位是合资的国企，在分房子的时候可以按照广东省属和广州市属两个行政级别分房，那肯定是就高不

就低，按照广东省规定的处级干部住房待遇，可享受 100 多平方米的住房。如果按照广州市属的级别，只能享受 70 多平方米的住房。❶ (C6 - C40 - 2)

由上可知：C6 案主为 "40 后" 出生世代，其住房资源累积的早期处于住房实物分配制时期，住房资源的获得是作为单位福利分配的，免费居住，父代家庭无法直接决定子代住房资源的获得。而且，受时代因素的影响，家庭财富代际传递的正常秩序被打乱，父代家庭对子代住房资源的获得反而起到消极作用。比如，案主父亲虽然是有一定财富积累的开明绅士，但在改革开放前唯成分论的中国社会中，其子代不仅无法正常继承其财富，还会受到这一身份的影响无法正常地学习、工作和生活。因此，案主才结婚要找个出身好的贫农改变自己的地主出身带来的消极影响。

到了其住房资源累积后期的住房双轨制阶段：一方面，住房市场的发展，使得父代家庭获得了直接影响子代住房资源获得的制度空间。然而，商品房价格高昂，案主的父辈往往已经去世而无法提供住房经济支持。而且，案主夫妻的父母都不是广州人，不具备为子代提供居住支持的基础，这是地域条件的限制。另一方面，单位依然是个体住房资源获得的重要渠道之一。案主依然倾向于从单位购买低价的房改房。由此可见，案主出生世代与住房双轨制相遇，是处于案主住房资源累积的早期还是晚期，决定了父代家庭影响子代住房资源获得制度空间的有无，积极还是消极，直接还是间接，影响大还是小。

那么，出生世代较晚，住房资源累积的早期就处于住房双轨制时期且父代家庭在广州居住的个案，是否能够顺利获得父代的居住支持呢？

我父母是广州铜材厂的工人，都不识字，家中有 7 个孩子，6 男 1 女。单位在荔湾区分了一个 46 平方米的住房，2 室一厅 9 个人住，每月付很少的租金，2006 年的时候月租金也就 100 多元，但父母的工资也不高，最初只有几十元钱，之后上涨到几百元。1992 年结婚后，从父母家

---

❶ 2016 年 6 月 21 日，笔者在自己的学生宿舍对 C6 访谈对象做的访谈，后面通过微信和电话进行了补充调查。

搬出，在白云区某郊区的城中村，月租金200元，每年按50~100元的幅度上涨租金，居住了十几年，15平方米的单间，配有室内的卫生间、厨房，在市区这个价钱是租不到这个条件的。比较不好的是交通不方便，只能靠公交车出行，到站台走路约15分钟，周围的环境比较恶劣，一栋楼住了十几户，三天两头打架吵架，已经习惯了，没办法，日常用品主要从村里的小超市买，会比外面的贵一些。荔湾一室一厅的要五六百元一个月，我们租不起，这个村是朋友给介绍的，价格比较低。2006年父母过世，房子被单位收回了，因为这个单位宿舍是违建的楼房，房管局认定为违建楼房，房改的时候不能卖给我们，只能由父母在的时候租住。妻子父母为清远农民，家中10个孩子，4男6女，父母最多操心一下儿子结婚的住房问题，女儿太多结婚后就不过问了，也没能力，管不过来。没想过买房，租房只能租住在城中村，工资是永远跟不上房价上涨的，现在城区的房价已经几万元一平方米了，我一年的工资不吃不喝都不够买一平方米。❶（C17 - L60 - 0）

C17案主虽然避免了C6案主遭遇的时代、地域限制，然而由于男方的父代家庭并未获得单位住房的产权而无法将住房资源直接流动到子代。同时，家中男性子代众多使得父代家庭微薄的工资收入只能维持大家庭的基本生活花销，无法为子代提供居住支持和经济支持。女方父代家庭受家庭财富传承的男性文化偏好影响，并无支持出嫁女儿的传统。

比较两个个案可知：案主经历住房双轨制时期的时机不同，首先就决定了男性子代是否有获得父代住房支持的制度空间。只有当子代处在住房双轨制为其个体生命历程的早期，父辈健在才具有直接影响子代住房资源获得的制度空间。其次才是探讨具有什么特质的父代家庭有能力为子代提供住房支持。C17个案表明，那些无产权房、低工资和多子女的父代家庭往往没有为子代提供住房支持的实际能力。

---

❶ 2016年7月11日，在某茶餐厅对C17访谈对象的访谈。

二、过程和特征分析

下文将结合材料，分析父代家庭对子代住房资源不能支持的情形是如何实现的，为什么有些父代家庭能提供住房支持，有些父代家庭则不行。

> 我爷爷是湖北人，爸爸家中有五个兄弟姐妹，有两个姐姐、一个哥哥、一个弟弟。在我很小的时候，父亲和爷爷从湖北汉阳老家南下广州定居下来。父亲是中石化的船厂工人，母亲没有工作。小时候住的房子是父亲单位免费分的，70多平方米的两居室，有阳台无电梯房，位置在沙园，整栋楼有7层，5分钟到地铁，对面靠近乐峰广场，生活非常方便。我是中石化广东贸易有限公司的油库工人，1989年结婚后因为家中住不下，就租住在单位房。单位有规定，符合晚婚（男25岁，女23岁）的职工都可以申请单位房，自己付水电费就行，没有房租。无电梯的两室一厅，35平方米，整栋楼6层，楼龄约30年，这是个未经改造的老城区，交通比较便利，到地铁站约5分钟，附近有小学、中学。后来房改分房的时候，1999年我们补了15000元买了我们租住的这个房子，产权归我和妻子所有。我的职位就能分到这么点，如果住房面积申请多了的话补的钱也多。1995年父亲去世后，产权转给了母亲，母亲1998年去世后，和父母居住的最小弟弟就把产权拿去了。我姐和大哥也不是很缺钱，为了一个房子争抢也不太好，而且家里孩子多，分下来也不多，大家都不愿意第一个提出这个问题来。其实应该是有权利分的，因为父母和弟弟一起住的时候，其他孩子每个月一人付500元的生活费。后来母亲积攒的几万元也被弟弟拿了，他解释说拿去炒股炒没了。❶（C8 - J60 - 1）

由上可知，那些父代为广州户籍且已获得单位福利房有稳定住所的男性子代更容易获得父代居住支持。反之，父代家庭如果自己在广州都无住房，为子代提供居住支持则无从谈起。而且，C8个案表明家庭人口结构特征将会削弱父代家庭为子代提供居住支持或者将住房资源作为遗产馈赠的能力。在居住支

---

❶ 2016年6月26日，在某校教学楼对C8案主的访谈。

持上，父母选择给予家中最晚成婚的男性子代居住支持；在住房遗产的分配上，父母过世后，产权房暂时归属与父母合住的弟弟，虽然大家存在异议，但由于家中子女众多，住房资源有限，不够在子代之间均分而暂时搁置了住房财富的代际传承问题。

除了父代家庭无实际支持能力为子代提供住房支持的情况以外，还有因为子代家庭住房资源获得能力较强，而不需要父代家庭支持的情况，即为暂时性的无支持类型个案：

> 我父亲是陕西人，军官，我是老大，家中有一个弟弟、一个妹妹；母亲是广西人，军队后勤工作人员，家中有两个女儿。两家各自有一套部队分的福利房，按级别免费享受120平方米三居室的住房，无产权，可以长期供本人和后代居住。我大专毕业后结婚，居住在单位分配的宿舍中。2002年购买了单位在天河区的集资房，130平方米四居室的一手商品房。按照级别（事业单位副处级）、工龄和学历等计算，达到多少平方米就可以享受单位内部优惠价购房，即市场价的一半，其余的按照市场价购买。当时的市场价7000多元，我达到的优惠部分大约为80平方米，3500元的单价，约28万元。剩余的50平方米，7000元的单价，35万元，总价63万元，现在均价3万多元一平方米，价值约390万元。这是电梯房，小区环境和配套都不错，附近有小学、中学，中学在天河区，是比较好的学区房。这63万元都是用我们自己存款付的，双方父母说要支持一部分，但我和老婆工作那么多年（国企会计、大专学历），工资也比较高，自己付得起就没要老人的。❶（C13－T60－3）

从这一个案来看，子代住房资源累积的早期处于住房双轨制时期，住房需求的满足依靠单位，晚期则进入了住房市场制时期，住房需求的满足主要是看个体在住房市场的竞争力。在其购买市场商品房时，父代家庭虽然有为子代提

---

❶ 2016年7月3日，因为被访谈对象较忙无法见面，笔者在宿舍与其女儿进行了电话访谈，事后用微信对其细节和遗漏之处进行核实。为叙述方便，资料的讲述者按访谈对象口吻处理其女儿转述的资料。

供住房支持的意愿和能力,然而,C13案主由于满足自身住房需求的能力较强,并未接受父代家庭给予的住房支持。也就是说,这类无支持类型案主,并不是因为父代家庭无能力提供住房支持,而是因为自己并不需要父代提供住房支持。

综上所述,父代家庭在广州有住房是其为子代提供住房支持的重要基础。此外,家庭人口结构特征以及子代家庭满足自身住房需求的能力高低将决定子代能否获得、是否需要父代的住房支持。一般而言,那些无法获得任何父代住房支持的个案,要么是因为父代在广州无产权房,无法为迁移到广州定居的子代提供居住支持,要么是家庭子女人数众多,无法为每一个男性子代提供居住支持。同时,多子女家庭的人口特征,也降低了住房遗产均分后对子代住房资源获得的影响。当然,也有父代能为子代提供住房支持而子代家庭不需要的暂时无支持类型。

三、结果分析

住房双轨制时期,父代家庭无支持对子代住房资源的累积有何影响呢?

首先,案主出生世代的不同,决定了个体住房资源累积遭遇住房制度的时机差异,这意味着父代家庭影响子代住房资源获得的制度空间不同。从上述个案来看,分为两类:一是案主住房资源获得的早期处于住房实物分配制时期,晚期处于住房双轨制时期,父代家庭影响子代住房资源获得的制度空间,由间接到直接。然而,受年龄因素的限制,案主后期虽然需要父代家庭的住房支持,但父辈早已过世;二是案主住房资源获得的早期处于住房双轨制,晚期处于住房市场化时期,父代家庭影响子代住房资源获得的制度空间由小变大。父代家庭有无实际的住房支持能力,以及子代自身在住房市场的竞争力强弱,决定了父代是否为子代提供住房支持。

在考虑到住房制度的宏观影响之后,结合以上4个个案材料来看:父代家庭无支持可分为永久无支持类型和暂时无支持类型,他们对子代住房资源获得的影响截然不同。永久无支持类型是因为父代家庭本身没有提供住房支持的实力。住房双轨制时期的案主,其父辈主要都生活在"低工资""高住房福利"的住房实物分配制时期,往往没有多余的经济财富累积以资助子女从市场上购买商品房,更多地是通过为子代提供直接的居住支持,或者将住房遗产平均分配给子代，间接地影响子代住房资源的获得。因此，在广州有无住房、家庭人口特征、尤其是男性子代的数量等都会影响父代家庭的住房支持实力。

　　然而，还有一种特殊的情况，即暂时的无支持类型个案：子代未获得父代任何住房支持并非是父代无住房支持能力，而是子代因为自身获得住房资源的能力较强而拒绝父代家庭提供的住房支持，由此表现出父代家庭想支持、有能力支持但子代却属于无支持类型的个案。由于未来子代依然有很大可能性获得父代家庭住房支持，不管是经济支持、居住支持还是住房遗产的代际传承，因此这并非真正意义上的无支持类型。

　　因此，本节所分析的父代无支持类型对子代住房资源获得的影响主要是指永久性的"无支持类型"案主。在父代住房支持以居住支持为主的住房双轨制时期，永久性的无支持类型案主，既需要克服父代住房支持能力的不足（花费租金租房自住和没有住房遗产继承），还需要与有父代住房支持的案主在住房市场上竞争，在住房资源获得的起点上处于劣势地位。

第三节　微弱的优势/劣势累积与先赋性住房不平等

一、特征分析：单一的父代住房支持

　　住房双轨制时期，先赋性家庭因素对子代住房资源获得的影响以"居住支持"和"无支持"两种父代住房支持类型为主（见表 3－1），形式相对单一。

表 3－1　父代家庭对子代住房资源获得的影响方式和结果

	居住支持	首套房获得年龄（岁）	无支持	首套房获得年龄（岁）
个案编号	C2－Z60－1	34	C6－C40－2	48
	C16－C60－3	29	C13－T60－3	36
	C18－W50－1	44	C8－J60－1	38
	C29－M50－0	无产权房继承	C17－L60－0	无产权房继承

　　从表 3－1 可知，父代家庭主要利用单位分配的自住福利房或者租赁政府公租房为家中已婚男性子代提供居住支持，直到其从单位获得自住房（包括

房改房、商品房)为止。他们和父代居住的年限短则 1 年 (C29 - M50 - 0),长则 14 年 (C2 - Z60 - 1),并没有父代家庭直接为子代提供经济支持的情况。至于未来那些有产权房能为子代提供居住支持的案主,其住房遗产能否永久地流动到子代,为子代住房资源的获得提供间接的经济支持,还需考虑该家庭的人口特征,对住房遗产的家族观念和其住房资源的累积状况是否稳定。以 C2 - Z60 - 1 为例,其父辈虽然过世了却因为子代家族观念浓厚且子代人口众多住房财富有限,未立即出售祖宅均分。而 C29 - M50 - 0 个案,父代住房资源的累积因为疾病出售,其男性子代不仅无法继续享受父代家庭的居住支持,未来也丧失了继承父代住房遗产的机会。

为何该时期父代住房支持的形式以"居住支持"为主呢?这与住房制度的历史演变过程息息相关。王宁等人认为,新中国成立后,中国城市中逐步建立了以公有制为主体、实物分配、低租金的福利性城镇住房制度。国家通过单位将建好的住房以低租金的形式分配给职工居住,住房成为补偿劳动者低工资收入的福利品❶。也就是说,住房双轨制时期之前,高住房福利和低工资制度是相互匹配的。根据 1986 年第一次全国城镇住房普查数据计算,按产权划分,84% 的住房为公有住房(包括单位自管公房 75%、房管部门直管公房 9%)❷。住房普遍公有的性质也使得住房对个体而言,更多的是居住价值而非可自由买卖具有经济价值的私有财产。到了住房双轨制时期,住房制度改革使得住房成为兼具福利属性和商品属性的特殊商品。个体住房资源的获得既可以通过国家—单位渠道申请获得,又可以通过市场渠道购买。然而,由于父代长期处于低工资水平阶段,工资财富的累积微薄难以为子代从市场上购买高价的商品房提供经济支持。同时,长期以来高住房福利的父辈历史经验,以及福利房和商品房的价格差异,使得住房双轨制时期的个体更倾向于其"等、靠、要"单位的福利房。父辈家庭也很乐意让渡出其住房的部分空间为子代等待单位分房提供居住支持,为子代获得优惠的单位住房提供缓冲时间。

与"居住支持"相比,同样普遍的是父代未给予子代任何住房支持的情

---

❶ 王宁,陈胜. 中国城市住房产权分化机制的变迁——基于广州市 (1980—2009) 的实证研究 [J]. 兰州大学学报 (社会科学版),2013,41 (4):1 - 12.

❷ 城乡建设环境保护部. 国家统计局的第一次全国城镇房屋普查成果新闻公报 [N].1986 - 12 - 2:566.

况。去除特殊的 C13 个案（因个人能力较强而不需要父代家庭帮助的"暂时无支持"案主）以后，剩余 3 个"永久无支持"案主，都是父代住房支持能力真正不足的情况。他们要么是父代家庭在广州没有住房，要么是家中男性子代众多，要么是家庭住房因为重病等意外出售，导致父代家庭无法为子代提供居住支持。

总体来看，住房双轨制时期，先赋性家庭因素对子代住房资源获得的影响空间较小，无论有无父代住房支持，子代都需要花许多时间等待单位的福利分房。因此，从该时期案主获得首套产权房的平均年龄来看，普遍较晚，约为38 岁（根据表 3 - 1 计算所得）。其中，最早的是 C11 案主 29 岁就获得了政府为教育系统优先提供的政府保障房。最晚的 C6 案主，由于出生世代较早，早期一直居住在单位免费提供的住房，48 岁才经历单位房改售房获得了产权房。以上两种父代住房支持类型，分别对应着先赋性住房优势和先赋性住房劣势的住房资源累积路径。与"无支持"类型案主相比，有"居住支持"的案主只是获得了等待单位福利分房的时间，或者节约了在住房市场上租房自住的租金。未来是否获得单位分房，在住房市场的竞争力如何，父代家庭都无法直接影响，这和无支持类型案主面临的境遇一样。由此可见，住房双轨制时期，父代住房支持差异引发的子代住房不平等相对微弱，即有居住支持形成的子代住房资源累积优势和无支持形成的子代住房资源累积劣势之间差距不大。

二、机制分析：累积机制与微弱的先赋性住房不平等

住房不平等一直是社会学研究的热点。究其原因，除了社会转型、住房制度改革的宏观因素以及中观的单位因素外，微观的先赋性家庭因素和个体自致因素也是影响住房不平等的重要原因。其中，先赋性家庭因素导致的先赋性住房不平等是本研究关注的重点，笔者将从微观个体生命历程入手，探讨不同的父代住房支持类型与子代住房不平等的关联，澄清其原因、结果和过程机制。住房双轨制时期，影响子代住房资源获得的具体方式以"居住支持"和"无支持"两种类型为主。不同的父代住房支持能力决定了父代住房支持的类型差异，由此形成子代住房资源累积起点的优势和劣势，进而导致住房不平等的代际传递。同时，父代住房支持能力的强弱又受到诸多因素的影响（详见图 3 - 1）。

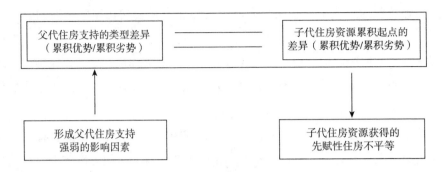

图 3 − 1　先赋性住房不平等的因果流程

在父代住房支持影响子代住房资源获得的过程中，父代因为具有某种特质形成差异化的父代住房支持类型。这使得其为子代提供的住房支持存在优劣之分，最终形成子代住房资源累积难以更改的初始起点。同时，由于子代个体的能动性被初始的优势/劣势地位所形成的惯性牵制，如果子代无法克服这一初始地位差异带来的积极/消极影响，那么其将随着时间的推移不断扩大，导致子代住房不平等的两极分化。通过这一流程图，笔者可区分出不同住房制度时期父代住房支持的类型，并对其所形成的代际优势/劣势进行归类和程度大小的区分，澄清代际因素引发子代先赋性住房不平等的中间环节。然后，以此中间环节为切入点，向前可以探讨形成父代住房支持强弱的原因，向后可以分析父代住房支持差异对子代住房资源获得不平等的具体影响。

结合个案材料来看，获得父代居住支持的案主的住房资源累积是一个优势累积的过程。在等待单位住房分配的过程中，由于父代家庭的居住支持，其早期不仅可以暂时减少租金支出，还可能在后期获得间接的经济收益，导致住房累积优势随时间推移不断扩大。比如，C16 − C60 − 3 案主早期居住在父代家庭租赁的政府保障房而节省了租金支出，后期又因父代家庭所分单位福利房的教育优势与其合住，小家庭自己申请到单位福利房则用于出租获利。还有 C18 − W50 − 1 个案，早期获得父代居住支持，后来因为遭遇政府住房拆迁其获得了拆迁赔款，这笔钱部分被用于还银行的贷款。以上两个个案表明，父代居住支持除了普遍具备等待单位分配福利房的时间优势以外，还有少部分间接地造成了子代后续住房资源累积的经济优势。早期父代居住支持的优势随着时间的推移不断地累积扩大，在减少租金支出和扩大家庭经济收入两个层面降低了子代住房资源获得的经济压力。

对那些永久无支持类型的案主，其住房资源的累积则是一个劣势累积的过程，不仅无父代住房支持的以上优势，还需要克服父代住房支持的劣势并防止其不断扩大，在承担租房租金的情况下提高其在未来住房市场的竞争力。比如，C17－L60－0个案的案主，结婚时由于父代家庭男性子代众多只能自己外出租房居住。为了节约租金支出养家，他选择在朋友介绍的广州郊区城中村居住，月租金为其父代家庭所在地荔湾区同等住房租金的1/3，然而其还要承担家庭成员上班、上学的公交费支出，住房成本并不低。后来，工资的增长跟不上广州房价的增长，买房成为不敢想的事情。

综上所述，在住房双轨制时期，父代家庭可以通过市场渠道直接干预子代住房资源的获得，父代住房支持影响子代住房资源获得的制度空间在理论上有所提升。但就实际情况而言，由于父代长期处于低工资高住房福利的住房实物分配制时期，对子代住房资源获得所能提供的经济支持能力不足，只能力所能及地提供居住支持。然而，普遍流行的父代居住支持只能暂时在帮助子代等待单位分房上提供时间优势，而无法决定子代是否获得住房。与经历住房双轨制时期的居住支持类型案主相比，由于受到单位的住房福利庇护以及案主住房资源获得的自致能力强弱影响，无支持类型案主就算未获得任何父代住房支持，其住房资源获得的最终结果也未必不如前者。

由此可见，有无父代居住支持既不直接改变个体住房资源获得的结果，也无法直接传递父代累积的住房资源，他们都需要排队、打分，等待单位的分房资格，对子代住房不平等的分化作用不大。需要指出的是，与男性子代相比，女性子代基本被中国传统的父系财产继承文化排斥出了父代住房支持的范围，由此形成了女性群体父代住房支持普遍欠缺的情形。也就是说，先赋性家庭因素引发的住房不平等虽然十分微弱，但却存在巨大的性别不平等。

第四章　住房市场制时期：扩大的先赋性住房不平等

第一节　父代实物支持类型的住房优势累积

实物支持是指已婚子女组建新的家庭，即新的住房消费单位后，由父代家庭提供住房居住，且住房产权也归子代所有的父代住房支持类型。它包含了"广州实物支持"和"非广州实物支持"两种形式，父代家庭通过出让其所拥有住房的产权实现了住房资源的代际传承与永久流动。在住房市场制时期，以实物支持实现住房资源代际流动的个案共计4个（C11 – Y80 – 1、C20 – Z80 – 2、C27 – Y80 – 1、C30 – X80 – 1）。

一、原因分析

实物支持是住房市场制时期新出现的一种父代住房支持形式，这与住房制度改革的深入息息相关。一般而言，父代家庭的住房资源累积状况是实物支持得以存在的前提条件，有2套及以上产权房的父代家庭才具备以过户形式为子代提供住房实物支持的能力，同时还能满足自己的居住需求。结合个案材料来看：

> 我老家是珠海的，父亲专科学历，退休前为某国企普通员工。母亲也是专科学历，退休前为国企某商场经理。家中有三套房，两套是从父亲单位购买的优惠房，一套是从住房市场购买的商品房。2011年的时候听说

二套房可能收税，家里就把其中一套通过"买卖"的方式过户给我了，过户相关税费差不多 5 万元，由父母出，我那时候还在读书也没有经济能力。这套房是 20 世纪 90 年代初父亲单位分的福利房，100 平方米的三居，当初买的时候就花了几万元钱，一开始是自己住，后来用于出租，月租金收入 1000 元左右。2010 年前后家里买了另一套大面积的市场商品房，全家就搬了过来。这是一套 160 多平方米的四居，100 多万元，均价 6000 多元，用于改善居住条件。没有贷款自付购买的，公积金可以以后提出来嘛，父母觉得还银行利息也一大笔，家里有能力的话还不如全款付完。我在珠海的这套房短期内不打算卖了，先留着出租吧，现在珠海的房价上涨很快，已经接近广州市了（受访者目前在广州市工作和生活）。而且，听说那里要拆迁。目前也不需要动用什么大笔的资金，所以留着收租也可以。❶（C27 – Y80 – 1）

由此可知，渐进式的住房制度改革有利于父代家庭累积住房资源，形成实物支持的能力。从该家庭三套住房的来源情况来看，有二套都是在住房双轨制时期从单位优惠购买的，住房价格远远低于高价的市场商品房，因而后期才有足够的工资积蓄在住房市场中购买商品房。正是住房双轨制时期单位住房低价出售使得父代家庭能够迅速积累住房资源而又不影响后续的住房市场竞争力。

国家住房政策变迁是影响父代住房支持呈现实物支持特征的重要因素之一。该个案中，基于对未来房产税收政策的预测，父代家庭灵活地将家中一套住房"卖"给了家中独子回避政府收费风险，实现了住房财富的代际转移。为什么该父代家庭要通过市场交易的形式出售住房给子代，而不直接馈赠，或者留待日后子代自然继承父辈住房遗产呢？那是因为市场交易比馈赠和继承更为节省住房产权过户的相关税费。与普通住房市场交易不同的是，亲子关系间的住房买卖往往有住房交易之合法手续，而无子代付购房款、父代家庭收购房款的现金交易事实，且过户费用主要由有一定经济能力的父代家庭承担。该个案的住房产权过户即是这样的情形，子代并未付任何现金而获得了父代家庭"出售"的一套产权房。

---

❶　2016 年 9 月 12 日，在星巴克咖啡厅对 C27 案主的访谈。

除了以上住房市场化改革引发国家住房制度和住房政策变迁的结构性因素影响以外，微观的家庭人口结构特征也是影响子代获得实物支持的重要因素。C27 - Y80 - 1 案主为家中的独子，家庭住房资源累积无论多少，按照中国父系财产继承的传统，都将由其全部继承。如果父代家庭为多子女家庭，那么父代家庭财富除了自住以外，不够在子代，尤其是男性子代中均分的话，就不可能出现以市场交易过户形式为子代提供住房实物支持的现象。

二、过程和特征分析

该时期，父代住房实物支持是如何实现的呢？这些父代家庭具有哪些特征？结合个案材料来看，可分为以下三种实现方式。

首先是父代家庭成功抓住住房制度改革的机遇成为多产权房阶级，并将低价购买的单位福利房通过一定的方式转移给子代。上文提及的 C27 - Y80 - 1 个案正是这一情形，父代家庭以"卖房"的名义，将住房资源无偿馈赠给子代，那些父代有多套住房资源累积的独生子女结构家庭更容易以这类方式为子代提供住房实物支持。

其次是 C11 - Y80 - 1 和 C20 - Z80 - 2 个案的情形，父代家庭因为住房拆迁获得多套产权房，从而馈赠给家中子代。

> 我父母都是湖北人，初中学历，两人在老家从事室内装修工作。家里有两兄弟，有两栋自建楼房，老房建于 1995 年，三间房，一层约 130 平方米，两层 260 平方米，四五万元就建好了。后来，村里传出拆迁传闻，2014 年家里就抢建了一栋三层的楼房，每层 80 平方米，共 240 平方米。花费 19 万元，赶工比较急的话，工人费用比较高，上夜班一个人一天就 1000 多元。全村都在押房子，建房的钱有父母自己的存款，和姥姥、小姑家各借了 3 万元。2015 年年底，镇政府拆迁有安置房出售，我们家有四口人，一人一个购房指标，均价 1000 多元一平方米，市场价的话 3000 多元一平方米。我们家的房子押了 200 多万元现金，然后按家庭人口发送购房指标，买了四套拆迁安置房后剩下二三十万元。这笔尾款已经还清借款 6 万元，剩余的钱我 2015 年结婚，彩礼给了 10 万元，酒席花费基本没了。这四套房，父母的两套是 150 平方米的三居室，我和弟弟的是 100 平

方米的两居室。在小镇上，房子户型都会做得大一点，不像广州 100 平方米会建成三居室。拆迁后，是按人头给的安置费，一个人一年 5 万元，我们之所以 2015 年着急结婚，也是为了凑人头，两个人一年的安家费就能有 10 万元，这个是我们小家庭的收入了。现在，家附近通了高铁，我们买的房子在一年的时间内就涨到每平方米 6000 多元。我们以后打算在广州定居发展，其实想过卖掉家里的房子在这里再买一套就没那么辛苦啦，但父母不同意，说是高铁修通以后房子升值很快，现在卖了不划算，而且附近还建了大学城和高新技术区，投资价值比较大。我觉得也是，就当投资吧，出租收取租金也是一笔收入。目前也还没打算要小孩，先存点钱，到时候我父母再支持 10 万元（当时结婚的时候给了女方彩礼 10 万元，岳父母后来返给我父母留给我俩买房用），凑个首付也就没那么难了。岳父母家是两个女儿，在镇上经营一个小卖铺。她家也说要拆迁了，家里有一栋两层的楼房，三间房，每层约 110 平方米，岳父母也打算押四套房，一人一套，如果拆迁成功的话也会分到一套给她。❶（C11 – Y80 – 1）

我父母是贵州某市郊区的农民，父亲初中学历，母亲不识字，家中有两个儿子。2014 年市郊棚户区改造，家中两层近 500 平方米的住房被拆，返回五套安置房，两套为 110 平方米的三居室，三套为 90 平方米的两居室，其中两套大的住房为兄弟二人分别所有，剩余三套为父母所有，目前自住一套，另外两套正在招租。当地家家都被补偿了很多套，一些房子转让早的均价为每平方米 4000 元，现在转让价都降到每平方米 3000 元了，房源过剩，租房和买房的很少。女方因为还有弟弟，家里的风俗是嫁出去的女儿就不再管了，她弟弟结婚购房更需要父母的支持。❷（C20 – Z80 – 2）

两个个案皆为父代家庭住房遭遇政府拆迁后，获得了大量的拆迁安置房，短期内实现了住房资源的快速累积并得以在子代中均分。然而，拆迁机遇可遇而不可求，一般而言，那些父代家庭住房资源累积较多且地理位置靠近市镇中心的，更容易因为政府拆迁机遇获得住房为子代提供实物支持。在未拆迁时，

❶ 2016 年 7 月 1 日，在访谈对象办公室对其进行的访谈。
❷ 2016 年 7 月 13 日，在访谈对象家中对其进行的访谈。

两个父代家庭都有一栋甚至两栋多层的自建楼房,足够的住房资源累积才能在拆迁时置换出较多的拆迁安置房均分给子代。如果父代家庭住房面积有限,抵押现金后只够甚至不够购买父代家庭自住的回迁房,那么为子代提供实物支持则无从说起。

最后是 C30 - X80 - 1 个案,属于父代家庭自致能力较强,直接为子代购买市场商品房,然后将产权登记为子代的情形。

> 我父亲 1964 年出生,专科学历,1985 年毕业后做的教师,1990 年去国企工作,1995 年国企倒闭后就自主创业了。做过一段时间的稀土贸易,因为父亲在国企时就是从事这一行的,现在做的生意是 2013 年开始和朋友合作开了一家农产品贸易公司。母亲,高中肄业生,最初是顶替外婆在供销社的工作,照顾一个小店。父亲做生意后,她就做些公司的财务工作。家中有一儿一女。父母做生意以后,家庭年收入不太稳定,有时候一年都没有什么订单,但平均下来月收入 3 万元左右吧。1988 年父亲和母亲结婚后就住在爷爷家的福利房里。1994 年左右,家里又在县城花 8 万元买了一层平房,后面加盖了一层,每层 100 多平方米的三居室,爷爷奶奶搬过来和我们一起住。家里的福利房给姑姑住了 2 年,1997 年爷爷的福利房被单位回收,很便宜就卖给了单位,38000 元。1997 年,家里就出售了县城的这套住房,20 万元左右。然后再加上父母的积蓄在梅州市区花 32 万元买了一栋 4 层的楼房,也是商住两用,每层楼只有两个房间。一层出租过,后来买车后就当作车库使用了。2014 年,父母出售了股票市场的股票,大约 200 多万元,剩余的是父母的存款 200 万元,给我在滨江路买了一套全款付的 120 平方米的三居室。买的时候均价 3 万元左右,现在涨到 5 万元了。中介都说,我们买房的时机比较好,2010 年 11 月买的,正好处在房价小幅下跌的阶段。当时有想过做贷款,手续都做到一半,但爸爸觉得当时股市风险更大,所以就想抽出来很大一部分。毕竟购置不动产的话风险会比较小一点。爸爸炒股主要是交给操盘手操作,五五分成,自己会买一小部分,平时上班主要是讨论股票,做生意只占他很少的时间,看看订单,偶尔做些接待就行了。2016 年父母在梅州市区买了一套住宅商品房,200 多平方米的四居室,180 万元全款购买。我们以前

住的是楼梯房，奶奶年纪大了腿脚不方便，所以就想换一套，养老方便一点。这个由出售妈妈名下的商铺来进行资金周转，以后搬到这里，四层的楼房打算出售，那里地段一般，小城市的升值空间也不大，还不如拿来做股票投资或者做生意的周转资金。家里买这套婚房的时候，我和女朋友还没有领证，所以买房是我家出钱，现在结婚了我们一起住这里。我妻子的父母也是个体户，做货运、客运公司的。作为家中的独生女儿，名下和父亲在梅州某县共有一套三层半、商住两用的楼房。一层为商铺，二层、三层为办公楼，目前出租，租金是岳父母收取。父母考虑遗产税什么的，就落了她的名字。另外，家里在梅州县有一套三层的自住别墅，2007 年买的，产权为她爸妈所有。❶（C30 – X80 – 1）

由上可知，个体自致能力较强，且与市场经济体制有亲和性的父代家庭更容易为子代提供较高水平的住房支持。从该个案来看，父代家庭中，父亲受教育水平较高，一开始为体制内员工，后进入国企工作，国企倒闭后凭借以往的工作经验自己开办了公司，并接触到股票和证券市场，然后开始实体经济和虚拟经济并重投资，使得家庭财富有了快速的增长，因而比那些一直在体制内单位工作，只有稳定工资收入的家庭有更强的住房市场竞争力。这使得案主 25 岁还在读书期间就已经在广州较好的市区和地段拥有了一套三居室，且后续没有任何住房还贷的压力。同时，由于住房价格不断上涨，2014 年 400 多万元购买的住房，到笔者调查时已经上涨到 600 万元左右，短短 2 年时间上涨空间巨大，这就形成一个优势不断循环的过程，子代的住房资源累积的起点优势明显。

三、结果分析

住房市场制时期，住房制度改革从"住房双轨制"的过渡阶段，成功进入住房由市场供给—分配为主，国家住房福利分配以货币补贴形式纳入个体工资体系，弱势群体获得政府住房保障制度庇护的时期。在这一制度背景下，无论是体制内还是体制外的职工，广州城市居民都只能从市场渠道获得住房资

---

❶ 2017 年 3 月 10 日在访谈对象办公室进行的访谈。

源。由于改革开放改变了以往高住房福利、低工资水平的匹配模式，父代家庭经济收入的普遍增加使得其作为子代购房时非正式融资方式的重要渠道，被广泛地动员参与到子代住房资源获得的过程中来。那么，父代家庭的实物支持对子代住房资源获得产生了什么影响呢？（见表4-1）

表4-1　实物支持类型案主的住房资源获得状况

个案编号	获得实物支持的年龄（岁）	住房所在地	目前市场总价	是否可以出租	该住房的其他收入
C11 - Y80 - 1	26	武汉	约60万元	是	10万元安置费
C20 - Z80 - 2	30	贵州	约33万元	是	招租中
C27 - Y80 - 1	28	珠海	约250万元	是	月租金1000元
C30 - X80 - 1	25	广州	约600万元	否	无

由表4-1可知，父代住房实物支持可分为"广州住房实物支持"和"非广州住房实物支持"两种类型。由于本研究调查的是广州城市居民个案，父代实物支持的住房是否位于广州，直接导致了其对子代住房资源获得的影响结果大小。比如C30-X80-1个案就是唯一的"广州住房实物支持"的类型，其住房价值高达约600万元。当父代家庭实物支持的住房不在广州时，对于在广州工作生活的子代，该住房主要用于出租收取租金，其依然面临在广州购房的经济压力，这就降低了父代实物支持的优势。父代住房实物支持使得个体直接跨越了无产权房的租房时期，很早成为有产权房阶级，以上案主获得产权房的平均年龄约为27岁。然而，子代所拥有的住房价值如何，与该住房所处区域及其住房价格非常相关。当父代实物支持的住房所在地为东部发达区域城市时，其住房市场价值较大，比如广州和珠海的案主；当父代实物支持的住房所在地为中部区域城市时，其住房市场价值次之，比如武汉的案主；当父代实物支持的住房所在地为西部区域城市时，其住房市场价值最低，比如贵州的案主。

第二节　父代经济支持类型的住房优势累积

经济支持是指已婚子女组建新的家庭，即新的住房消费单位后，由父代家庭为子女住房资源获得部分出资的父代住房支持类型。它包含了"购房经济支持"和"租房经济支持"两种形式，父代家庭灵活地通过出售部分住房、贡献家庭储蓄和向亲属借款等方式为子代住房资源获得提供经济支持。住房市场制时期，以经济支持形式实现父代住房支持的个案共计 13 个（C1 – L90 – 1、C3 – Y80 – 1、C5 – L70 – 2、C25 – Z80 – 0、C7 – Z80 – 2、C9 – W70 – 2、C10 – Z80 – 1、C19 – L80 – 1、C15 – L80 – 1、C20 – Z80 – 2、C26 – S80 – 1、C27 – Y80 – 1、C28 – X70 – 1）。

一、原因分析

和住房实物支持一样，经济支持也是随着住房市场化制度的确立而出现的。然而，从涉及父代住房经济支持的个案数来看，其远比父代住房实物支持普遍得多。下文将结合个案材料分析父代住房经济支持形成的原因。

　　毕业了，工作稳定后，家长也觉得我们该买房子了。当然，男方父母是出资方起推动作用，我们自己也有这个打算，因为你不买房就感觉没安定下来，而且孩子出生也需要落户，还需要考虑入学的问题，而且父母也认为我们已经毕业工作，要在广州安定需要买一个房。从 2015 年 5 月开始决定买房后，当时 10 月的时候看中了这一小区的一套房，260 万元，面积也是 90 多平方米。房屋结构房东已经请设计师做过修改，做好了阳台，装修基本是全新的，只需要换个床就可以入住，但是我们当时首付不够，房东就卖给别人了，很可惜。到 2016 年年初等父母凑齐首付的房款后，我们就立刻买了现在的房子，以后我们还得自己花钱改动一下房屋结构，也没有家具。这半年多房价还是涨了不少，现在买的这个属于学区房，未来的升值空间也有。父母出首付以后就没有钱了，我们现在也没有存款装修，所以房子买完我们就出租了，是租给别人办公，月租金 5500 元。这样一来，这一年内可以把房租存起来，而且作为办公用房对房屋的消耗也比较小一些。打算租个 2 年吧，总的来说，我们做了比较务实的选择。我们这一代人赶上房价高，自己又刚工作，结婚买房，属于刚需的第一套，如果父母拿得出首付，还有一套房子住，一辈子还房贷就行，但是拿不出的你就哭吧，只能自己慢慢地积攒工资啦。就是我们这一代人，基本上买房都是父母付的首付。没听说过谁是自己付的，因为广州的房价太高。你想我一年的工资不到 10 万元，最低首付如果 50 万元的话得五年不吃不喝，但是我还得租房和生活。当然父母的支持能力不太一样，有的只能凑齐首付，有的可以多付几成首付减轻后续的还贷压力，有的直接可以全款付房费。像我们这些从外地求学过来的，家住市、县的家庭，如果父母都有正式工作，一个家庭的积蓄凑了 100 多万元也就是父母毕生的贡献了，很不容易。❶（C1 - L90 - 1）

由上可知，从中国社会文化偏好帮助子代，尤其是男性子代"置业成家""生儿育女"的传统观念来看，父代家庭有支持子代购房，帮助其在某一城市安身立命、稳定生活的文化意愿。随着住房制度改革带来的住房价格高涨，子代仅仅依靠自己的工资积蓄往往无法在就业初期就买房，因而十分急需父代家庭的住房经济支持。从个案材料来看，由于个体工资增长的速度跟不上广州住房价格上涨的速度，刚毕业工作组建小家庭的夫妻往往有购房现实需求而无实际的购房能力。于是，只能借助于双方父母中有能力的父代家庭提供住房支持。个案中父代家庭付首付、夫妻还房贷的"代际合作购房"模式十分普遍。

然而，除了父代家庭有经济支持的文化意愿，子代家庭有获得父代住房经济支持的需求以外，父代家庭有无住房经济支持的能力才是关键所在。还是结合 C1 - L90 - 1 个案来看：

我老公家是江西的，他的父亲在某国有银行工作，属于部门经理，月工资 6000 多元，年奖金四五万元。他的母亲是国企下岗职工，现在也是家庭主妇。在江西某市有 4 套房，一套商品房，三套是小产权房。其中小产权房中的两套是两个不同单位的集资房，购买价格不高，均价 2000 多元，皆为三室一厅的套房，各 130 多平方米，还有一套是将近 300 平方米的复式。有产权的商品房因为价格比小产权房高，而且好卖，已经处理来凑广州买房的首付。剩余一套自住，另外两套出租，我老公是家中独子，

---

❶ 2016 年 6 月 11 日，在访谈对象家中对夫妻二人进行的访谈，并在 2016 年 6 月 18 日在某餐厅进行了补充访谈。

父母以后会到广州来生活，涉及以后资产要往广州转移，目前正打算卖了大的复式，但行情不太好，现在该市住房均价为5000元左右。我父亲是个体户，母亲是家庭主妇。家里有两套房，县城买了一套，2300元一平方米，160平方米，30多万元。房子名字是我哥哥，乡下有一套房子，是自己建的。我父母给哥哥买了婚房，现在没多少钱，现在哥哥孩子出生了，没有分家一起过，花销也比较大，所以是他们家出首付先买，房贷我们两个一起还。于是，2016年由男方父母出首付（包括售房款和家庭积蓄），约花90万元首付购买了一套二手商品房，这套住房的总价为249.5万元，首付3成。谁出钱买房的事情双方父母还没有正式商量过，谁有钱谁出吧，我父母说会送我一辆十几万元的车，算是补偿。❶（C1 - L90 - 1）

由上可知，住房制度改革过程中，父代家庭获得住房资源的渠道是否多元，有无在住房双轨制时期获得低价的单位房，是影响父代家庭能否为子代提供住房支持的重要原因之一。这里面存在一个房价上涨引发的"住房财富效应"，即住房作为家庭的重要财富，当房价上涨时，居民的住房财富存量增加，从而直接影响人们的收入分配、消费支出和消费决策❷。当父代在住房双轨制时期以低价获得的住房财富随着房价的上涨增值以后，就可以通过在住房市场进行租赁、出售增加家庭经济收入，从而提高对子代的住房消费提供经济支持的能力，当然具体住房支持能力的强弱还得考虑区域性城市房价差异的影响。

从个案材料来看，男方父代家庭累积的住房资源中就有2套从单位获得的优惠集资房，由于早期购房成本较低，其在后期又很快地通过工资积蓄购买了商品房，从而累积了较多的住房资源。当其子代购房需要帮助时可以在确保自住需求的前提下，出售一套商品房作为子代购房的首付，还能出租另外2套住房继续积累资金，为父代家庭迁移到广州与子代生活做购房准备。然而，父代

---

❶　2016年6月11日，在访谈对象家中对夫妻二人进行的访谈，并在2016年6月18日在某餐厅进行了补充访谈。

❷　黄静. 基于30个城市非平稳面板计量的住房财富效应实证检验［J］. 管理评论，2011，23（5）：18 - 24.

家庭出售江西老家市区的一套100多平方米的商品房，在东部一线城市广州只能付一套90平方米左右住房的首付。由此可见，父代家庭住房资源累积的区域和城市的房价差异也会削弱房价增长引发的"住房财富效应"。

该个案还体现了父代住房经济支持更为偏好男性子代。一方面，女方父代家庭由于未获得单位分配的福利房，只有在老家的自建房（在住房市场的流通性较差且价格不高）和在住房市场上给儿子购买的商品房（儿子婚房无法出售），其对女儿提供住房支持的能力就比较弱。另一方面，传统父系文化中对财产继承的男性偏好依然存在，男性子代的住房需求是父代家庭首先考虑的，有剩余能力者才会考虑女性子代，用买车等其他方式进行补偿。

另外，父代住房经济支持之所以如此普遍，还与父代家庭、子代家庭对住房投资能保值、增值的乐观预测有关。因此，但凡有一定的经济支持能力，父代家庭都很乐意通过住房经济支持的方式实现家庭财富的代际转移和保值增值。

　　我们是2004年就业那一批人，广州房价刚刚起步正赶上结婚的年龄买房，现在工资增长加快以后，积累几年又有能力买二套房了。像我们身边的同学朋友，基本上都有第二套房了，有的是自住改善；有的是在郊区投资，用于出租。比如，我们房东是2000年到广州来，当时的工资也就1000多元，买的3000多元一平方米，压力也是比较大的，结婚刚需没办法。随着工资的增长和贷款的还清，2005年的时候，又在天河买了一套大的改善型住房，海珠的这一套就用来出租，收了不少租金，卖给我们的时候净赚了近200多万元。我老婆的硕士同班同学现在有二套房的不少，2006年结婚，2008年赶上房价低迷的时候又买了一套婚房。但2010年博士毕业的同学现在都是一套房，或者租房，因为现在房价比较高，刚开始的工资也不高，除非家里是本地的，就不用愁房子。像我们小区，房东和租客更新的速度就很快。最早的一批自住房东，换了更大的房子后，由于现在房子租金的上涨，房子就从自住转为出租，如此循环。目前的投资渠道有限，股票市场也不稳定，大家都预期房地产市场火热，房价会升值，所以买房、换房，然后出租的热情就很高。这是一个时间效应的问题，如果政策、经济环境好，收入、租金、房产增长了，但债务是固定的，所以买房投资不仅能保值，还能增值，算是市场化、经济改革带来的财富积累效应。尤其是在大城市，人口增加必然促进住房需求的旺盛，使得住房成为稀缺的生活资源，并产生市场分化，顺势的人就有很多房，反之只能租房，租金上涨再耗费你的积蓄，而工资的上涨却跟不上房价的上涨，再买的话只能选比较偏远的地方。❶（C9 – W70 – 2）

该个案表明，随着住房制度改革的深入，当住房价格的上涨超过工资增长时，投资购买住房越早且数量越多其晚期获得的经济回报越高。社会大众对房价增长的预期产生的旺盛住房需求对于住房供给的刺激，更是加速了这一"住房财富效应"。此外，由于住房在中国文化观念中的意义十分特殊，物质的住房与文化的家是紧密联系的，诸如日常用语中"有房才有家""成家立业"所表达的含义。在房价高涨的情况下，父代家庭迫切地帮助男性子代买房成家、结婚生子，不仅关乎家庭子嗣的传承大计，还是为子孙后代置备家庭财产的正常选择。于是，在父代家庭的住房支持下，子代更容易较早开始住房资源的积累，父子"住房财富效应"由此叠加。

我父母那一辈，买房都是靠自己，你想我父母真正有自己的第一套商品房时都快40岁了。也就是2000年15万元买的115平方米三居室，目前自住，首付5万元，贷款10万元，还款期限10年，2010年贷款才还完了。说到房改房能早一点，1991年父亲29岁时在河北某县城购买了一套60平方米左右的单位集资房，两居室，产权为父亲所有，由于我家后来举家搬迁到市区，该房目前用于出租，5000元一年。但是，1987年在他们刚结婚的时候主要是租房居住，三个单间两户人家居住，中间一个单间作为厨房，那个时候父母月收入也就五六十元钱。现在没有房改房了，商品房我们自己到了40岁这个年龄也是能买的，但是这个社会的要求变了吧，社会主流的认知就认为，结婚就得有房子住。父亲三四十岁才买得起房，之前肯定想买但是买不起呀。自己现在有能力了，我工作稳定下来，就会提前给我们买，我是独生子女嘛。未来父母老了，应该会过来一起广州定

---

❶ 2016年6月26日，在访谈对象家中对夫妻二人的访谈。

居，但尽量不一起居住，生活习惯都不一样。估计会处理老家的一套住房，留一套偶尔回去居住，然后在我们附近的小区买一套小的房子养老。❶ （C19－L80－1）

该个案很好地说明了父代为子代提供住房经济支持的时代背景和文化动因。当住房观念随着时代变迁，在住房价格高涨的现实压力下，经济支持类型的父代住房支持形式以其灵活、量力而行的特征在住房市场制时期十分流行和普遍。

二、过程分析

父代家庭对子代住房资源获得的经济支持是如何实现的呢？从其资金来源可以一探究竟，结合个案材料来看可以分为三类：一是出售住房获得售房款；二是自身储蓄；三是借款。在父代经济支持的资金来源中三种类型并不孤立，既有单独采取其中一种获得资金为子代提供经济支持的情形，也有混合多种方式筹款的情况存在。通过以上资金筹措方式，经济支持类型的父代住房支持方式得以形成。

首先，在住房市场制时期调查到的个案，涉及父母出售家庭住房的共计2个个案（C1－L90－1、C27－Y80－1），都是父代家庭出售名下的住房财产获得购房款，再加上父代家庭自己的积蓄帮助子代在广州购房的情形。

我2013年毕业工作稳定后，父母觉得我也应该成家了，买房也就提上了议事日程。本来我有员工宿舍住，上班近，租金低，挺好的。我自己没什么规划，一直觉得买房是自己的事情，家里不可能帮忙，既然自己没有条件，可以先等着，租房也没什么问题。但是，后来父母老催着，自己觉得没房结婚也是个问题，最后还是只能依靠家里吧。于是，父母就出售了珠海的一套房，获得100多万元的卖房款给我在广州买房。出售的这套房是1999年父亲单位破产后（属于赶上国企下岗潮的那一批人，后来父亲就没有找工作了），单位资产出售时员工以内部价优惠购买的100多平

---

❶ 2016年7月7日，在某餐厅对访谈对象的访谈。

方米的三居室。在父母的支持下，我在 2016 年购买了一套商品房，离工作单位步行约 10 分钟。这是 2000 年建成的楼房，前一房主居住了 5 年，110 平方米的三居室电梯房。公交车比较方便，地铁有规划中的线路。首付 200 万元，一部分是父母售房款，另一部分是他们多年的储蓄。另外，用我的公积金贷款 50 万元，公积金贷款的上限是 60 万元。其实这个贷款的利率不够高，我们家没有购房经验，应少付一点首付，将公积金贷满 60 万元，把多余的现金留出来用于其他的投资。但是，现在股市也不稳定，我也不懂，贷款多了利息也多，还款期限 15 年算下来也节约十几二十万元的利息。我选择的是等额本息的还款方式，每月递减一部分，目前月供 4000 多元。我的公积金有 2000 多元，住房补贴 1000 多元，自己再付 1000 多元，有个稳定的工作还款的压力不是很大。❶（C27 – Y80 – 1）

由上可知，住房双轨制时期，父代家庭自致的住房不平等随着房价的增长在住房市场制时期被继续扩大，这一"住房财富效应"导致了父代家庭为子代提供住房经济支持的能力差异，并直接影响了子代住房资源获得的不平等。从个案材料来看，单位国企改革资产出售的历史机遇使该父代家庭得以低价购房并积攒更多的储蓄支持子代购房，可遇而不可求。C27 – Y80 – 1 个案父代经济支持资金的来源有两种，一是出售父代家庭名下的住房财产获得 100 多万元首付款，二是自己的积蓄约 100 万元，一共凑了 200 万元首付款。从个案材料来看，这套被父代家庭出售的住房，是由于赶上国企改制倒闭固定资产低价出售的历史机遇，其父亲作为该国企员工以内部价购买的单位房。由于涉及隐私笔者并未获得具体的住房交易价格，但考虑到住房双轨制时期单位住房出售的价格低于当时住房市场的商品房，可以推测其家庭储蓄较多与早期购房支出对家庭储蓄的消耗不大存在一定关联。

历史机遇带来的"住房财富效应"，除了与所出售的住房面积和购买价格的优惠程度相关以外，还与该住房所处区域现在的住房价格相关。比如，C1 – L90 – 1 个案父代家庭出售的住房位于江西某市，房屋售价为 5000 元每平方米左右，约 160 平方米获得售房款约 80 万元。C27 – Y80 – 1 个案父代家庭

❶ 2016 年 9 月 12 日，在星巴克咖啡厅对 C27 案主的访谈。

出售的住房位于珠海，房屋售价为 10000 元每平方米左右，约 100 平方米获得售房款约 100 万元。一般而言，父代家庭在中、西部的住房远不及东部地区同一住房的增值空间大，而且同样的价格在中西部可以买一套，但在东部地区却只能付首付。因此，同样是出售住房支持子代购房，但其每平方米住房所代表的父代住房经济支持的能力并不一致。

其次，在住房市场制时期，涉及父母以自身储蓄，再加上向亲友借款支持子代购房的个案共计 2 个（C19 - L80 - 1、C15 - L80 - 1）。

> 我父亲，1962 年出生，党员，中专学历。最初是检察院的事业编制，1996 年后到河北某市私营公司做律师，工资主要是按项目给，不太稳定，有时候一个项目 4 年才做完，一次性结十几万元。按平均水平估算的话，有 15 万~20 万元的年薪吧。母亲，1966 年出生，最初为事业单位医生，停薪留职后自己开了一家医馆，年收入 8 万~10 万元吧。家中有 4 套房，1 套老家自住房，属于爷爷兄弟共有的老房，目前无人居住，因为属于家里的祖屋不能买卖，不过现在附近修机场，估计未来会被拆迁给予赔款。一套县城的单位房改房，60 平方米左右，出售房价不高，目前用于出租，5000 元一年。两套市区的商品房，一套 2000 年购买的 115 平方米三居，总价 15 万元，2010 年还完 10 万元住房贷款；一套 2003 年购买的 80 多平方米的两居室，总价 18 万元，目前母亲开中医养生馆用。2015 年的时候深圳、上海和北京房价上涨厉害，父母认为广州的迹象虽然不明显，但一线城市等它涨起来再买就很被动了，在房价没有很高的时候早买早好，我也是刚需，结婚、小孩落户都需要，父母有能力支持首付，所以就果断地买了。我在广州买的这一套商品房总价 182 万元，约 78 平方米的小三居，首付 5 成共 102 万元（包括相关购房税费支出）。贷款 80 万元，其中公积金贷款 50 万元，商贷 30 万元。首付全是父母出，20 年还款期限，我选择的等额本金还款，第一个月还 5800 元，现在降为 5500 元，扣除每月公积金还款的 1600 元部分，现在月供 3000 多元。中介费收总售房款的 0.5%，为 9000 元，按揭贷款的服务费 3000 元，公积金贷款的加急费 3000 元，税的话买家、卖家各 1 个点，都由买家承担，2 个点共计 36000 元，整体的税费花销约为 6 万元。之后，装修花了 11 万元，也是父母出

钱找装修公司，按照我未婚妻喜欢的风格装修。父母首付和装修的钱共计113万元，都是父母一辈子的存款了，另外向姑姑借了20万元，这个由父母还，我只负责还月供。❶（C19－L80－1）

从该个案来看，采取何种方式获得资金支持子代购房与其父代家庭的住房资源出售难易程度和父代家庭的家庭经济收入水平相关。由于该父代家庭从体制内单位到体制外单位转变的独特职业变迁历史，使得其在住房资源累积渠道上十分多元，除了老家的祖宅遗产外，还有单位房改房和商品房。就此而言，父代家庭完全可以出售一套住宅作为支持子代在广州购房的资金。然而，该家庭却采取储蓄和借款的形式支持子代。

从材料分析其原因有二。其一，4套住房因为各种原因没有出售。两套市区商品房，虽然市区住房价格不低，但一套自住，另一套商用，不能出售。另外一套祖宅因为其承载着家族、祖先的历史和案主父亲的生活记忆，在中国传统文化背景中很少被买卖。而且祖宅位于农村老家，为爷爷兄弟们共有，出售较难且均摊到个人的收益不大。因此，只是被动搁置，等待未来可能的拆迁赔款。最后是县城的住房，由于县城住房价格不高且该房只有60平方米，售房款较少，所以干脆直接出租。其二，该家庭住房资源累积对家庭储蓄消耗不多，且随着家庭经济收入的增加使父代家庭有较多的储蓄支持子代购房。4套房中，祖宅是无偿继承的，单位房改房出售的价格较低，而商品房由于购房时间处于住房市场制的初期，商品房价格尚未高涨，所以两套仅花费了33万元。总体来看，该家庭住房资源累积的代价不超过40万元，再结合其父母后期的职业及其经济收入来看：父亲为私企律师，按照项目分红；母亲单独经营中医养生馆，收入也不低。所以，该父代家庭采取储蓄和借款的方式为子代提供住房经济支持。

住房资源是家庭财富的重要组成部分，中国传统父系文化的财产继承习俗使得为子代提供经济支持主要是男方家庭的事情。从该个案来看，购买该房作为婚房是男性家庭主导的，当男方家庭有能力承担时，女方家庭并不参与其中。只有当男方家庭经济支持不够支付广州购房的最低首付比例时，女方家庭

---

❶ 2016年7月5日，在某餐厅对访谈对象的访谈。

才会根据自身家庭经济情况和家庭人口结构特征给予一定的经济支持。比如，C15 – L80 – 1 的情况。

公公婆婆是湖北人，都是农民，公公小学学历，婆婆文盲，在农村有一套自建房，家中有一儿一女。2011—2013 年农业收成好的时候一年能有十几万元的收入，一直存着给儿子结婚买房用。买房后，年收入不太高，再加上还首付的借款和日常生活开销，所剩不多。所以，老公姐姐以后出嫁的嫁妆钱还要由我们负责。我家也是湖北某镇的，家中独女，爸爸是高中老师，高中学历。妈妈是国企会计，初中学历。1996 年的时候妈妈分了一套福利房，后来卖掉了。1998 年爸爸单位分了一套福利房，70 多平方米，两居室，花了 5 万元，产权为父亲所有。家庭月收入 5000 ~ 7000 元。2012 年我们在广州购买了一套 95 平方米的三居室婚房，总价 131 万元，三成首付约 40 万元，等额本金还款，周期 30 年，月供 4200 元。2010 年的时候我们就已经在看房的阶段，看了亚运城、番禺洛溪板块、碧桂园、锦绣半岛、锦绣生态城等楼盘后，要么是楼间距很小，要么小孩子活动的场地很少，要么户型结构不好，要么是菱形的客厅，最后还是选择了居住条件和环境较好的亚运城。这个房子虽然远，但是居住起来还是比较满意的，房子南北通透、户型结构方正，楼间隔大、小区里孩子的活动场所比较大，幼儿园有两所，小学有一所，初高中属于市级名校，还有一所三甲医院。但是，听说亚运城当时赶工期给亚运会的运动员、媒体员工等居住，房子的质量不是很好，再加上距离远，房子的价格不是很高。现在我工作换到小区附近的学校，上班走路 15 分钟就可以。首付款主要是父母支持的，老公父母出了 29 万元，包括向亲戚借的 5 万元，2016 年已经还清了。我父母出了 5 万元，向老公姐姐借了 2 万元，剩余 4 万元是自己的存款。[1]（C15 – L80 – 1）

在该个案中，男方父代家庭职业为农民，家庭经济收入不高，且住房资源的累积是在住房市场流通性较差、流通价值不高的自建房。因此，其对子代购

---

[1] 2016 年 7 月 14 日，在介绍访谈对象的朋友家中进行的访谈。

房的经济支持只有通过自身储蓄和借款弥补的方式实现。女方为父代家庭的独女，且父母职业稳定，住房资源累积是低价的单位房，因此，在男方父代家庭支持能力不足的情况下，女方父代家庭给了适当的经济支持。多方合力，凑齐了三成首付，顺利在广州购房安家。

最后，在住房市场制时期，最为普遍的是父母使用自身储蓄支持子代在广州购房的个案，共计9个个案。第一类是父代家庭直接为子代在广州购房提供经济支持的情形，共计6个个案（C3-Y80-1、C5-L70-2、C25-Z80-0、C9-W70-2、C10-Z80-1、C20-Z80-2）。具体来看：

> 2009年在南沙区买房完全是出于投资的考虑，没有考虑自己居住，因为太远了交通不方便。我舅舅给我介绍的楼盘，我们买的都是碧桂园的。价格不高，8000元的价格，我们看重的是未来的升值空间，这里附近有幼儿园、小学，要转手卖了也容易。2008年是广州房价的低谷期，房价较低，所以2009年年初就有不少人去买房。我当时在外地，在我舅舅的建议下，我俩商量后就由我妻子自己去把合同签了。当时首付了60万元，因为我在部队已经十多年，有一定的积蓄，我父母支持了十几万元，剩余的是我和妻子的存款。我妻子虽然是2009年毕业工作的，但是她读硕士之前已经工作了几年。贷款用我妻子的住房公积金，贷了42万元的款，选择等额本金的方式还款，期限15年，月供2800元。虽然购房款主要是我和我父母出的，但是属于婚后财产，而且我还在等着升到副营级时申请单位的福利房，所以产权房的名字写的是我妻子一个人。我们父母都是农村的，家庭月收入五六万元，我家里就是一栋三层的自建房。我买房的时候，父母给了10万元的支持，加上我们的存款首付付了快6成，所以也不需要我岳父母的支持。一般都是男方出首付嘛，女方父母一般就是看心意，结合自己的经济状况给个红包祝贺一下，红包多少都无所谓。到了2011年我被升为副营级，申请分到了部队约80多平方米的单位福利房用于自住。短时内我们不会搬离现在的住房，因为儿子还要在这边上小学、中学，算是这个区最好的学校了吧。因为我家是儿子嘛，南沙的房价现在已经升值到16000元左右，涨了一倍，但是涨得还不是很快，如果涨到三四万元就考虑出手，可以在市区买一套合适的婚房。在房价涨得不高

的时候，房子一直在出租，通过中介租给了小区附近学校的几个中学老师，不过租金不高，一个月1800元。或者，等我儿子上了高中，可以卖了换个大的房子，靠近他上学的地方也方便。都是为了孩子考虑嘛。❶ (C5 - L70 - 2)

由上可知，在中国社会，为男性子代提供住房支持的传统是一个代际相连的过程。在该个案中，父代为子代提供经济支持购买住房，而子代购买该房的目的则是为了等待房产增值出售为下一代住房资源的获得累积资金，甚至直接提供实物支持。每一个父代家庭都是根据自身家庭经济情况，尽量地为子代购房提供最大限度的支持。

第二类是父代家庭早期支持子代在非广州地区购房，然后等待升值后再出售该房以在广州置换更好的住房。比如C7 - Z80 - 2、C26 - S80 - 1和C28 - X70 - 1都是这类情形。我们来看看一个因为父代家庭支持购买首套房后，两次置换新房的个案。

我们双方父母都在湖南，老公有一个妹妹，父亲是退休工人，婆婆是小学老师，事业单位，普通的工薪阶层，现在退休工资分别是2000多元和3000多元。家里有自建房，平时都是住在老家。他父母还是挺有眼光的，当时房价不高，于是就在父母的支持下买了一套商品房作为婚房。长沙的房子买于2005年，老公本科毕业以后买的，均价5000多元，140多平方米，产权是丈夫一人所有，总价70多万元，按揭贷款30年，月供3000多元。老公的父母付了三成首付，他自己还贷款。但是计划不如变化快，我在湛江读书后留校，2009年老公来到广州工作，我们就没有打算回去住了。那时候长沙的房价涨到6000多元，卖房后还完长沙房贷，剩余40多万元。2010年12月，以长沙房的售房款作为首付在广州花都区买了一套94平方米的小三居，总价70多万元，首付五成。买该房的时候主要是考虑投资，不用于自住，所以地点选在房价较低的广州郊区。但后来我换工作来到广州，到市区上班得一个多小时的车程，还是在走高速、

———————————

❶ 2016年6月18日，在某餐厅与介绍访谈对象的朋友家中进行的访谈。

不塞车的情况下。于是，2016 年我在自己单位附近贷款买了一套商品房。花都的房子本来打算卖掉买这边的房子，但价格不高，后来首付资金周转过来就暂时没卖了。首付临时周转金是找的姐姐、哥哥各借了几万元，然后找中介直接去银行做抵押贷款，什么消费贷、装修贷的，虽然利息高，但花都的房子卖了就能还上，时间就几个月，比较快速和方便。现在月供9000 多元，扣除两人的公积金外，自己工资还得付 4000 多元，还是有不小的压力。所以，花都的房子会卖掉，我们的经济情况不允许养两套房，也没有必要供这么多。如果当初我早点来广州，房价不高的话我就会直接在市区买房子，不会折腾完房子、孩子，又折腾换房，会比较麻烦。但是，幸亏老公父母给了买房的第一桶金，不然后续也无法用长沙的房子换花都的房子，花都的房子换海珠市区的房子。算是赤膊上阵来到广州打拼到现在吧，我有一个哥哥、一个姐姐，父母都是农民，因为男方有住房，所以父母提供的帮助不多。❶（C7 - Z80 - 2）

由上可知，父代家庭越早为子代提供购房的经济支持，帮助子代在住房价格较低时获得住房资源，越有利于子代后期根据职业发展和家庭需要灵活地进行住房置换。该个案的住房置换是一个循序渐进的过程，就地域而言，从中部省会城市长沙到广州市郊，再从广州市郊到广州市区。正是因为父代家庭的经济支持才使得这一系列的住房置换过程得以实现，子代才逐渐在广州获得满意的住房资源居住生活。

三、特征分析

上文对父代经济支持资金来源的个案分析表明，那些父代家庭经济收入较高以及住房资源累积丰富的家庭更容易为子代提供经济支持。在此前提下，家庭子代人口结构特征也将影响父代经济支持的意愿和能力。结合住房双轨制时期提供经济支持的 13 个个案来看，男方父代家庭提供住房经济支持的个案有 8 个之多（C1 - L90 - 1、C5 - L70 - 2、C25 - Z80 - 0、C7 - Z80 - 2、C19 - L80 - 1、C20 - Z80 - 2、C27 - Y80 - 1、C28 - X70 - 1）。笔者将以两个典型个案为

---

❶ 2016 年 6 月 22 日，在海珠区访谈对象工作单位办公室进行的访谈。

例，呈现男方父代家庭为何更容易为其男性子代提供经济支持。

我父母是贵州某市郊区的农民，父亲初中学历，母亲不识字，家中有两个儿子，家中两层约500平方米的自建房拆迁获赔5套住房。妻子父母都是初中学历的个体户，两人在山东老家经营小餐馆，家中还有一个弟弟，有一栋两层的自建房，总面积约160平方米。2013年孩子出生后，考虑到我婆婆过来带孩子，于是当年就在广州亚运城买了一套三居室的商品房。145平方米，均价12800元，首付90万元，商业贷款约96万元，还款期限20年，月供4000元。首付款有自己做生意的存款73万元，我父母支持了10万元，另外找两个朋友共借了15万元，剩余的钱买了车位。女方因为还有弟弟，家里的风俗是嫁出去的女儿就不再管了，两人属于婚后买房所以父母并未支持，她弟弟结婚购房更需要父母的支持。❶（C20-Z80-2）

老公父亲是广东韶关矿区某事业单位人事局的退休科员。妈妈是家庭主妇，家中还有一个弟弟。家里有一套房，单位分了一套房，两居室约60万元，用于自住，父母可以居住但是不能买卖，因为房子在矿上的山区，也没有买的必要，不值钱，买了也卖不出去。老公1973年出生，1995年大学毕业在广州工作并攻读在职硕士2年，1998年单位内部的房改房出售，在单位购买了一套60平方米的两居室，位于越秀区，约每平方米500元，花费了3万元。购房资金父母支持一半约15000元，另外一半是老公自己的工资存款。2000年购买了朋友的三居室住房改善居住环境，约100平方米，那会儿海珠区的房价很低，每平方米3000元，花了约30万元。因为家中还有弟弟，父母这次没有能力支持，主要是自己的工资积蓄，毕竟已经工作了15年。我自己家里有一个哥哥，父母是农村的自建房，所以不存在遗产分配的问题，自建房都是我哥哥的。❷（C28-X70-1）

---

❶ 2016年7月16日，在广州番禺访谈对象家中进行的访谈。
❷ 2016年7月17日，在介绍访谈对象的朋友办公室进行的访谈。

比较以上两个个案的家庭人口结构特征与其住房经济支持的情况可知，如果子代是男性，父代家庭无论家庭经济状况好坏都倾向于为子代购买首套房提供经济支持，只是经济支持的能力会根据家庭经济状况不同而有所差异。这与父代家庭帮助子代买房成家生子的传统家庭责任观念相关，当女性子代有哥哥或者弟弟时父代家庭会优先照顾男性子代，而"嫁出去的姑娘，泼出去的水"，已婚出嫁的女性子代往往被排除在外。正如个案材料所显示，C20 - Z80 - 2 父代家庭职业为农民，其家庭经济收入水平不高，但男性子代于 2013 年在广州首次购房时其也支持了 10 万元。而 C28 - X70 - 1 父代家庭父亲为事业单位职工，母亲无业，家庭经济收入状况一般，其子代于 1998 年在广州首次购房时也支持了 15000 元。两个个案的女方家中都有一个哥哥或者弟弟，因此女方父代家庭并未为女儿购房提供任何支持。

下面是完全由女方家庭提供住房经济支持的 2 个个案（C3 - Y80 - 1、C26 - S80 - 1）。

我们是结婚需要买房，小孩出生也得有地方住，2011 年结婚后岳父母就过来看房了。当时选房考虑的就是房子的价格问题，还有老人居住的问题，番禺区的房价较低，就选择了那里。对于房价变化和住房政策没怎么关注，因为我们是刚需嘛，需要的时候怎么都得买，就是看买得好和坏了。房屋投资的应该会关注这些，我们连首付都不够，找位置偏的买就便宜了。我们当时没那么多钱，主要是我 2009 年创业做生意至今的存款和妻子的存款，就考虑买个两居。但是老人说要买大一点的三居，我岳母主动拿了 28 万元，我们自己拿了 15 万元，首付 43 万元在广州买了一套 116 平方米的三居室，总价值 142 万元。

我父母都是农民，也没什么钱支持我买房。我老婆家条件好点，岳父母以前在国企上班，中级职称，妻子是家里的独女。后来国企破产就去了私企工作，已经退休了，现在家庭收入五六千元，在市区有一套自购商品房，3000 多元一平方米，100 多平方米，总价二十几万元，已经还完贷款没什么负担。其实，女方父母是否支持（购房），是不是独生子女很重要。其次就是父母的经济状况，像我父母都是农民就没办法支持，甚至我赚了钱还得给家里一些。我们福建有一个习惯，我赚了钱不是我一个人的，是我整个大家庭的。比如，你我是兄弟，我们两个赚了钱，都得交给父母管，结婚以后，过渡的那一段时间也是这样的，直到最后分家。家里两个孩子，我跟姐姐还没分，但是钱已经隔开用了，但是老家装修什么的我就会去付钱，我们不会分得那么清楚。

2013年孩子出生后，岳父母就搬过来和我们一起住着，也是帮忙带孩子，而且房款她也出了一些。老家的房子空着没有卖，还是要有房子的，方便以后回家。但我心里想还是要还岳母的28万元，只是时间要推迟一点，我们那边的习俗就是这样的，这个钱（岳母给的28万元）始终是别人的钱，所以我现在想的就是赶紧赚钱。先博士毕业吧，毕业后还是要和我老婆一起再重新好好开拓一下生意，一是还岳父母的借款，二是存些钱就可以提前还房贷了，这样银行利息也不会交很多年。当时为什么创业，因为很穷。研究生的时候补助1000多元，我已经27岁了，家里也没有钱，自己也没有钱。我们那里娶一个媳妇18万元，家里的房子很破，怎么也得赚钱去装修一下。当时我的同学找工作也就四五千元，如果跟他们一样，人生的大事都完成不了。所以，我决定和我的同学一起来广州创业，至少可以赚一些钱买房结婚。[1]（C3－Y80－1）

由上可知，当男方父代家庭经济收入以及住房资源累积匮乏的家庭难以为子代提供经济支持时，女方父代家庭如果为独生子女，并有稳定的家庭经济收入和一定的住房财富累积时，其更容易为已婚女儿提供住房经济支持。正如个案所示，当男方父代家庭经济状况较差，完全无法提供任何住房经济支持，甚至需要子代将工资收入回馈大家庭时，作为独生女儿且父代家庭有稳定职业收入和自住房，女方父代家庭往往更容易为子代购房提供经济支持。

受中国传统父系家族文化的影响，由女方父代家庭提供经济支持并不被视为无偿和天经地义。一方面，男方虽然在岳父母的主动经济支持下购买了住房，但其认为这是借来的，一旦自己能力许可就会尽快偿还；另一方面，为女儿出首付老人也因此获得了在新家居住养老的权利。正如个案材料显示，自2013年案主孩子出生以后，岳父母就一直居住至今帮忙带孩子。而在C26－

---

[1] 2016年6月16日，在海珠区某餐厅对访谈对象的访谈。

S80-1个案中，也出现了类似的情形。

老公2006年毕业后在IT公司做技术人员，年薪8万~10万元，2010年在老家长沙购买了一套三居室，约90平方米的商品房，均价4500元一平方米，总价40万元。首付为自己的工资存款，剩余的30万元是商业贷款。2013年我博士毕业在高校就业后，他就辞职到广州工作。目前为IT行业的项目经理，月薪2万多元，实发14个月工资，工作压力会比较大。2014年在海珠区购买了一套81平方米、总价194.4万元的两居室（后期改造为三居室）。首付77万元，其余使用女方的公积金贷款，目前月供7000多元，两个人的公积金基本够付，没什么还款的压力。首付的资金来源：2013年出售长沙住房获得50多万元的售房款，还清银行30万元贷款后剩余20多万元，用于广州购房首付的一部分，我父母支持20万元，剩余的为夫妻存款。

我爸妈都是中学老师，家庭月收入6000~7000元，有一套福利分房。我是家中独女，所以父母提供了20万元的首付支持。他们觉得我工作单位定了，就应该准备买房结婚，所以没有挑时间也没研究什么房价涨幅。刚需吧，没什么可选的，怎么都得买房，而且广州的房价远期也不会下跌，所以早买早好。父母很支持，觉得有房子才能安定下来吧，我是独生子女，爸妈以后也会过来，所以必须买个三居或者可以改造成三居的两居室。

男方父母是湖南某事业单位，矿工。家中还有一个弟弟，家里两个男孩，而且弟弟一家的经济条件没有我们两个好，又是家中的小儿子，所以他父母只负责我们结婚的费用，没有支持我们。但是老公弟弟2012年在长沙买商品房时，他们出了10万元支持。我父母有意见也没有办法，反正我们家出钱了以后来广州住就行。老公家里有一栋四层的自建房，我们分到一层，但因为就业在外，除了过年过节回去居住外其他时间都是空着的。老公也没办法，对于他来说给谁都一样，都是自己的家人吧，而且老公父母也是觉得我们条件比较好，所以没有支持。❶（C26-S80-1）

---

❶ 2016年11月4日在访谈对象家中进行的访谈。

该个案补充说明，在男方父代家庭未提供任何住房经济支持的情况下，女方父代家庭由于为独生女儿提供了部分经济支持而天然具有了与子女一起居住养老的优先居住权。然而，在传统社会中，继承父代财产为父母养老都是男性子代的权利和责任。受独生子女政策的冲击，父系社会财产继承与养老义务打破了男性子代完全垄断的局面，由此出现了上述个案中，女方父代家庭在无男性子代可选时，倾向于为女儿提供住房经济支持的特殊情况。

下面是男女双方父代家庭皆有住房经济支持的 3 个个案（C9 – W70 – 2；C10 – Z80 – 1；C15 – L80 – 1）。什么情况下，会出现男女双方父代家庭都为子代提供住房经济支持呢？结合部分个案材料来看：

> 我父母是湖南人，初中学历，做过个体户自己跑船，现在是农民。年收入 2 万 ~ 3 万元，有一栋两层的自建房。还有一个姐姐，已经结婚。2004 年我硕士毕业后到广州的一个事业单位工作，单位在广州大道附近买了一栋楼给我们当宿舍，两居室 58 平方米带阳台、有电梯的楼房。2008 年我参加政府公务员考试成为原单位的公务员，月工资 6000 多元，当时公务员的工资因改革提高了一部分。2008 年金融危机，政府财政较紧，希望将单位存量公房销售卖掉补充。当时的市场价就 8000 多元，我们买的房子也就 4000 多元。单位上工作七八年有一定存款的都买了。这套房的总价 35 万元，商业贷款 20 万元，还款期限 15 年，月供 2000 多元，自己的存款 10 万元，父母支持了 5 万元，产权是我一个人的名字。还款的时候，家里又给了 10 万元，再加上取出的住房公积金 10 万元，2009 年就一次性还清了贷款。买这个房子的都赚了，现在房价已经涨到 1 万元一平方米了。

> 我和老婆 2009 年结婚。老婆妈妈是小学老师，初级职称，中专学历，爸爸是工人。家庭年收入约 6 万元左右，家中独女，有一套自住的商品房。产权为父母所有，现在房价四五千元的样子，两居室面积 90 平方米。2011 年女儿出生后，一家三口住 58 平方米比较小，父母来也不方便。2010 年我老婆工作五六年也积累了一些资金，可以考虑住房改善的问题。于是，我们在海珠区购买了一套总价 220 万元、100 平方米的三居室，首

付约 100 万元，剩余的使用我老婆的公积金贷款和工商银行的商业贷款共计 120 万元，由于购买的是二手房，税费花销约 10 万元，装修又花了 20 万元左右。我们是广州的第二套房，首付的资金来源，女方父母给了 15 万元，剩余的是我们自己的存款，这套房子的产权是老婆的名字，之后岳母过来帮带了一段时间的小孩。因为资金基本能周转过来，所以原来居住的小房没有卖，用于出租投资，找的中介放租，月租金 4000 多元。现在也不着急卖，那边的房价已经涨到 3 万多元一平方米，如果以后价格合适的话再换一个大的用于出租，但换的还是市区房，中国的房地产泡沫大，我们不敢买郊区房，投资的话市区的房比较稳妥一点，一是风险比较小，二是生活方便。❶（C9－W70－2）

由上可知，当男方父代家庭已经支持子代购买婚房后，在第二套房的购买上独生女儿更容易获得父代家庭住房的经济支持。结合材料来看，男方家庭已经支持男方购买了一套商品房作为婚房。在两人结婚后购买第二套房时，女方家庭由于家庭经济收入稳定且有自住房居住，于是主动为女儿购房提供经济支持，并在其外孙女出生后与女儿一家居住帮忙带小孩。

然而，笔者访谈时遇到一个女方父代家庭非独生子女而获得父代经济支持的特殊个案。

我父母，河北人，农民，家庭年收入 4 万~5 万元。有一个妹妹已婚，家中为自建房。岳父母，河南人。父亲有工作，某商场的物业经理，母亲是家庭主妇，家庭年收入 7 万~8 万元，有一个弟弟一个妹妹还在读书，在郑州自购了一套商品房，总价 50 万元，首付 3 成，用弟弟的名字贷款购买了一套住房。2013 年 9 月女儿出生后，我们在广州番禺区购买了一套商品房。总价 95 万元，97 平方米三居，产权为夫妻共有。首付 30 万元，交税费一共 5 万元。其中，我父母给了 10 万元，我岳父给了 6 万元的彩礼，又加了 4 万元共 10 万元支持我们买房。找朋友借了 6 万元，我们自己有存款 9 万元。朋友还得比较快，大家都是年轻人，自己也需要

买房，就一年时间还清了。这两三年比较困难，父母支持一下，但以后我们有钱了会把钱还给他们，他们都是农民，给他们也是用来养老。孩子出生后，我母亲就过来帮忙带，我们都要上班，她一个人忙不过来。父亲冬天会过来过冬，他才60多岁，过来养老觉得比较闷，没有家里习惯。❶（C10 - Z80 - 1）

由上可知，当父代家庭经济支持的能力不足且子代刚就业无更多存款，无法凑够首付时，女方父代家庭就算非独生子女家庭，也会根据自身家庭状况给予一定的住房经济支持。从该个案来看，女方有一个弟弟，但父代家庭有稳定的工资收入，且已经为弟弟贷款购房，因此，在收到男方6万元彩礼后又加了4万元，返还给女儿买房。由于父代家庭为女性子代提供住房间接支持的前提是，家中男性子代的住房问题已经解决，因而该个案并不违背父代家中住房经济支持偏好男性子代的传统文化观念。

总的来说，在住房市场制时期，中国父代住房经济支持的偏好男性子代的情况依然十分普遍。虽然有父代家庭为独生女儿和非独生女儿提供住房经济支持的情况，但前者是无男性子代可选，后者则是在满足男性子代首套房需求之后的选择，这些特殊的情况并未对父代住房支持的性别偏好形成根本性的挑战。

四、结果分析

在住房市场制时期，父代家庭可以根据自身家庭经济收入、住房资源累积状况和家庭人口结构特征灵活地选择为子代家庭提供住房经济支持（见表4 - 2）。其中，父代家庭主要为子代购买首套房提供经济支持。只有C25 - Z80 - 0和C9 - W70 - 2例外，前者是父代家庭为子代租房提供部分经济支持，后者是父代家庭为子代首套房和第二套房的获得都提供了经济支持。

---

❶ 2016年6月27日，在访谈对象办公室进行的访谈。

表4-2 经济支持类型案主的父代住房支持状况

个案编号	经济支持					
	首套产权房				租房	
	住房总价（万元）	支持金额（万元）及其占住房总价比例（%）		首套房获得年龄（岁）	年房租总额（万元）	年支持金额（万元）
C1-L90-1	249.5	90	36.1	25	无	无
C3-Y80-1	142	28	19.7	31	无	无
C5-L70-2	102	10	0.98	31	无	无
C7-Z80-2	70	21	30.0	22	无	无
C9-W70-2	35	15	42.9	33	无	无
C10-Z80-1	95	20	21.1	31	无	无
C19-L80-1	182	102	56.0	27	无	无
C15-L80-1	131	34	26.0	27	无	无
C20-Z80-2	185.6	10	0.05	29	无	无
C25-Z80-0	无	无	无	无	3	0.5~0.75
C26-S80-1	194.4	20	1.03	29	无	无
C27-Y80-1	250	200	80.0	33	无	无
C28-X70-1	3	1.5	50.0	25	无	无

由表4-2可知，父代住房经济支持类型中比较普遍的是"购房经济支持"，其对子代住房资源获得的影响最为深远。在13个个案中，有一半个案（C1-L90-1、C7-Z80-2、C9-W70-2、C19-L80-1、C26-S80-1、C28-X70-1）父代家庭在子代购买首套房时提供了最低住房总价三成以上的首付支持，最高的甚至达到八成。这意味着以上个案案主可以在没有个人工资积蓄但有稳定还款能力的情况下，直接通过父代家庭支付最低首付获得首套房，而且父代家庭首付比例越高，子代后期还款压力越小。另外一半个案（C3-Y80-1、C5-L70-2、C10-Z80-1、C15-L80-1、C20-Z80-2、C26-S80-1）父代家庭在子代购买首套房时提供了低于住房总价三成，甚至不到一成的首付支持。这意味着以上个案案主还需要一定的存款，再加上父代家庭的经济支持，凑够三成首付才能贷款买房，而且父代家庭首付比例越接近于三成时，子代存款付部分首付的经济压力就越小。

比较购房经济支持程度不同的这两类个案，从平均年龄来看，父代经济支持程度高的案主获得首套房的平均年龄为 27.5 岁，高于父代经济支持程度次之的案主获得首套房的平均年龄（约 29.7 岁）；从还款压力来看，父代经济支持程度最高者，C27-Y80-1 个案父代家庭经济支持 200 万元，其贷款额度仅仅 50 万元，月供为 4000 多元，再加上案主住房补贴 2000 元，住房公积金 2000 元，几乎没有还款压力。而父代经济支持程度最低者，C20-Z80-2 个案父代家庭经济支持 10 万元，其自己存款至少 45.68 万元才能凑够最低三成首付，然后再贷款买房，还要自己承担后续还贷的经济压力。

经济支持类型中比较特殊的是 C25-Z80-0 个案，即在未婚子代租房时父代家庭为子代提供少量租金支持。

> 我是广州潮汕的，有一个妹妹，2011 年本科毕业后在某私营担保公司工作。与妹妹合租在海印桥附近一个电信单位员工的宿舍，这里离她上班的地点比较近，这是个两居室，有厨卫、电梯和一个阳台，70 多平方米，房龄 10 年。这个产权房是员工的，结婚后房东搬了出去，租给我们住，并交代我们如果街道办或者物业来问的话，就说我们是亲戚来住的，不能说是租的。不然的话，他就需要交税。这里是企业单位住房社区，住房环境还可以，地铁就在楼下，交通十分方便，生活配套也齐全，所以一直住在这边。我当时在某金融担保公司工作，客户助理职位，那时候这个行业是鼎盛时期。普遍是一两千万元的项目，担保费 100 万元收 3%，签成一单，客户经理提成比较多，我们客户助理一单能提到 2000 元左右，但谈判项目的周期较长，从收到客户的资料，到与银行接洽放款，大半个月到一个月的时间。一年平均下来工资收入能有 6000 多元，住房公积金较少只有三四百元，单位一比一地补，能有 800 元左右的公积金。现在虽然租房子能用公积金支付，但是也没有想过，反正存在里面以后买房提出来也是一样的。付完 2500 元的月租金，剩余的用于日常生活的消费，基本没有什么存款。做了半年，经济环境不好，担保贷款的客户都还不上银行的钱，企业周转的资金链断了。我看情况不好，坚持了半年就辞职了，换到事业单位做合同工后，工资下降了一些，月收入 5000 元左右。妹妹是一家事业单位的合同工，工资也是 4000 多元，但是她的工资有提成，

浮动会比较大，某一个月能有七八千元。妈妈一年会过来住几个月照顾我和妹妹，她来的时候房租主要是妈妈给，能有两三个月的样子，生活花销也是她负责。平时房租是我和妹妹一人给一个月。❶（C25－Z80－0）

该个案中，由于子代刚毕业工作，月收入不高基本月光，因此父代家庭在与未婚子女暂居时会提供部分的租金支持和生活支持。然而，该租金支持并未固定和持久，而且不改变子代目前的居住环境和住房资源的拥有现状。

综上所述，在住房市场制时期，父代住房支持影响子代住房资源获得的方式与该时期住房资源获得的普遍方式趋于一致，呈现经济化、市场化特征。而且，由于住房经济支持可多可少，父代家庭可以灵活地根据自身家庭经济收入、家庭人口结构特征以及住房资源累积状况等为子代购房提供程度各异的经济支持，因此经济支持类型的住房支持成为住房市场制时期父代住房支持影响子代住房资源获得的普遍方式。一般而言，父代家庭在子代购房时经济支持的程度越高，子代家庭就越容易获得首套房，而且后期的还款压力也较小，进而影响到其第二套房获得的进度，这是一个父代住房支持优势不断累积的过程。至于父代家庭为子代提供租金支持的情况，其主要是缓解子代月租压力，对子代住房资源的获得无实质性影响。

第三节　父代居住支持类型的住房优势累积

与住房市场制时期新出现的实物支持和经济支持相比，居住支持在住房双轨制时期已经普遍存在。在住房市场制时期，获得父代居住支持的个案共计2个（C4－D80－1、C14－Y80－1），同样包含了"独立自住""与父母合住"两种支持形式。

一、原因分析

为什么父代的住房支持会以居住支持的形式出现，与住房双轨制时期相比

---

❶ 2016 年 6 月 19 日，在咖啡厅对访谈对象的调查。

有什么不同呢？结合个案资料来看：

> 老公父母以前在广州做生意，有一个姐姐已经结婚嫁出国。家里在广州曾买了两室一厅90多平方米的住宅，产权为老公父母所有。父母年纪大就回南京农村老家的自建房居住了。后来房子就出租给别人住了两三年，我2007年毕业和先生结婚后就收回房子自己居住了，位于白云区，当时买的时候广州的房价不高，约3000多元一平方米，90多平方米，不到30万元买的，无住房贷款。2015年我们搬新家后就找房子附近的小区中介，接着把房子出租了，一年一签，月租金3500元，也是我们在管理和收租。我们这次新换的房子在番禺区，130多平方米的三居室，小区环境挺好，小区比较大，人口有几万人。有广东二汽和小区合作开设的楼巴，我们这一条路线直接到单位门口下车即可，不堵车的话20分钟就到，上班比较方便。另外有接驳的公交，我们小区是总站，可以直接坐到地铁站。考虑到以后生了小孩，男方父母会过来住帮忙带孩子，换房也主要是因为原来的老房太小了不够住。这次买二手大房的首付主要是自己的存款，父母就是给包了个红包，父母有问需不需要支持，我们自己的还够就没有要，以后不够再说吧。而且，现在月供8000元，两个人的公积金一个月能有6000多元，再加上老房出租的租金，正好够还住房贷款，所以后续也不需要父母的支持。我还有一个弟弟，父母都是工人，自己家买了两套商品房，按我们那边的传统都是给弟弟的，但是我弟很大方，说到时候给我一套，到时候再说吧，弟媳妇同不同意还另说呢，哈哈。❶ （C4-D80-1）

由上可知，随着社会流动的加快，出现了外省户籍人口流动在广州购房的现象，该类跨区域持有住房的现象使得居住支持突破了以往住房双轨制时期居住支持类型的户籍和地域限制。正如个案材料所示，男方父代家庭在广州和南京老家都持有住房，因此当男性子代在广州结婚成家时，父代家庭就可以到老家养老，从而将住房价格较高的大城市住房留给子代居住，为其提供独立的居

---

❶ 2016年6月17日，在访谈对象工作单位进行的访谈。

住支持。当子代买房后，父母并未将该住房回收而是继续交给子代收租，以支持其还二套房的贷款。回顾住房双轨制时期的4个居住支持个案，为子代提供居住支持的父代家庭都是广州户籍人口，且独立居住支持的个案仅有1个，还是因为父代家庭既有单位福利房，又租赁了低价的政府公租房才实现的。由于提供独立居住支持的产权并不属于父代家庭，因而没有后续的住房经济支持和可能的住房遗产馈赠。两相比较，住房市场化时期的居住支持不仅可以暂时满足已婚子代的居住需求，还可在后期出租获利，减轻子代后续住房资源获得的经济压力，住房居住支持的程度相对于住房双轨制时期有所提高。

虽然年轻一代的住房资源分配观念已经变迁，认为女性子代也能平等地继承家庭财产，但父代家庭优先为家中男性子代提供住房支持的情况依然存在。正如个案显示，女方弟弟虽然认为家中的住房资源可以分配给姐姐一套，但其前提也是家庭住房资源由其继承，然后以弟弟的名义馈赠给姐姐。而且，案主认为社会上住房资源继承的普遍观念依然是男性子代为主，未来弟媳是否认同弟弟观念并且落实依然是个问题。

二、过程和特征分析

具有哪些特质的父代家庭容易为子代提供居住支持，又是如何实现的呢？结合个案资料来看：

> 父母初中学历，家中还有一个哥哥、一个姐姐。父亲是广州某建设公司室内装修的包工头，级别为科长，母亲是家庭主妇。家庭年收入30万～40万元不等，收入多少得看工程的状况，以前好做一些，现在不行了。老家有三层的自建房，一层200平方米，两厅六室，现在无人居住。第一层建于1992年，2001年加了2层半，连装修花了30万元，今年办的产权为父亲所有。父亲在广州天河区员村和白云区各有一套住房，第一套购于2004年，三居室80多平方米，总价24万元全款购买，无贷款，宅基地证为父亲所有，一直出租给别人。2008年哥哥结婚后，该房收回由父母和哥哥一起居住，阳台改装为卧室，我和姐姐都自己租房住或者住公司宿舍。2010年我结婚后搬到员村和父母居住，哥哥一家搬出去租房居住，2011年孩子出生。这时候我在荔湾区某企业做司机，专科生嘛，月工资

不高才 3500 元，其实我 2007 年毕业后已经换过三份工作，还自主创业一次，但是没成功。2012 年后我又换了一份工作，在新港区做皮带机检修员，月工资 3500~5000 元，看团队的提成，无住房公积金，工作了一年。2013 年到某民营房地产企业，总经理助理，工作至今，月收入 7000 多元，住房公积金 200 多元，到公司上班步行 10 分钟。由于工作不稳定，收入不高，还得养家，只能和父母一起居住。2014 年父亲全款在白云区购买了一套住房和商铺，总价 28 万元。房子 84 平方米，商铺 35 平方米，电梯房，2012 年建，两居室改装为三居室，无产权只有宅基地证，哥哥一家和父母都搬了过去。员村的房子现在是我们一家三口住。父母会一直和哥哥住吧，因为一楼有个小院子可以种菜，我母亲不习惯住员村，一天闷在屋子里不自由。我老婆觉得房子是父母的，不是自己的房子改动也不方便，住在一起生活习惯也不适应，于是，2016 年 3 月我们自己在广州和清远交界的地方购买了一套 65.8 平方米的一手商品房，总价 46 万元。首付 16 万元，父母想支持买房，但我自己不想要，因为我创业时没结婚父母已经出资 10 万元，可惜生意没做起来，而且我还有一个哥哥，他创业的时候家里生意不好，所以父母没有投入多少，我买房的话就靠自己了，不然以后哥哥买房父母拿不出钱来就没办法了。当时去看了萝岗，1 万多元一平方米，我付不出来那么多首付，最后只能买远一点的、便宜的，用距离来换价钱。妻子家中有两个弟弟，父亲已经过世，母亲在私营服装厂工作，2010 年家中在县城首付 16 万元，贷款买了一套商品房，我们支持了 1 万元，剩余的首付款是舅舅、哥哥、弟弟出的，为妈妈和在老家的弟弟居住，产权为妈妈所有。❶（C14 - Y80 -1）

由上可知，当子代自致获得住房资源的能力不强需要父代家庭的支持，而父代家庭的住房支持能力也不强时，最容易发生居住支持类型的父代住房支持。从个案材料来看，案主职业经历十分丰富，前后换过五份工作，有一次创业经历，由于专科学历不高在就业市场的竞争力不强，案主职业稳定性较差。再加上结婚、孩子出生和为女方母亲购房提供经济支持的压力，只能与父代家

---

❶ 2016 年 7 月 4 日，在天河区某村访谈对象家中进行的调查。

庭同住暂时解决居住需求。而父代家庭虽不是广州户籍人口，但长期在广州居住生活，有一定的住房资源累积，有能力为子代提供一定的住房支持。

至于为什么只能是居住支持，而不是实物支持、经济支持呢？家庭子代人口结构特征以及男性子代的婚姻状况是影响子代获得居住支持的重要因素。在该个案中，父代家庭有两个男性子代，父代住房资源累积无法同时满足男性子代和自己居住的需求，只能与已婚子代合住。因此，当第一个男性子代结婚成家时优先将仅有的一套住房资源与其分享。到了第二个男性子代结婚成家时，哥哥一家搬出，弟弟一家搬入与父代家庭一起居住。2014 年，父代家庭获得第二套住房资源时，哥哥一家又获得了父代家庭的居住支持，弟弟一家则单独居住在父代家庭的住房中。当弟弟靠自己的能力在外购房后，父代家庭由于经济能力有限，无法先后同等支持家中两位男性子代购房，因而并未给予弟弟经济支持。在整个父代家庭的住房支持行为中并未出现姐姐的身影。在多子女家庭中，父代家庭的首要责任是解决家中男性子代结婚成家的婚房，至于姐姐早晚出嫁夫家，不用自己操心太多。像 C4 - D80 - 1 个案那样，家中男性子代只有一个，且父代家庭在广州买房后又回老家居住的情况十分稀少。

三、结果分析

与住房双轨制时期国家和市场共同分配住房资源的状况相比，住房市场制时期，随着住房获得的市场渠道完全取代国家—单位分配渠道成为个体住房资源获得的唯一方式，父代家庭被完全地卷入了子代住房资源的获得过程中来。一般而言，父代家庭往往根据自身的住房资源获得状况和家庭经济实力为子代购房提供实物支持和经济支持，正如第一、二节所示。然而，当家中男性子代众多，住房资源不够均分，或家庭经济实力无法支持子代购房时，父代家庭通过暂时让渡出其住房的部分空间，提供给已婚的男性子代家庭居住，暂时缓解其居住压力。

结合个案来看，C4 - D80 - 1 属于"独立自住"形式的居住支持。当父代家庭住房财富的累积足够在男性子代和父代家庭均分时，"独立自住"形式的居住支持最为普遍，且支持程度高于"与父母合住"的居住支持形式。具体而言，该案主是唯一的男性子代，仅有一个出嫁移居国外的姐姐，父代家庭跨区域获得的住房资源正好可以兼顾父代家庭和已婚子代家庭的住房居住需求。

此后,子代贷款购房,该住房又被出租还贷。而且,从长远来看,该住房资源极有可能作为住房遗产从父代家庭完全流动到家中男性子代中。

C14－Y80－1个案,早期属于"与父母合住"形式的居住支持,后期由于父代住房资源获得的增加,又获得了"独立自住"形式的居住支持。当父代家庭住房资源的获得数量不够在男性子代和父代家庭均分时,子代家庭有更大的可能性获得"与父母合住"的居住支持。由于父代家庭目前获得的住房资源尚不够同时满足父代家庭和两个男性子代家庭的住房需求,因而并未直接将住房资源均分,只在男性子代结婚时,轮流与男性子代家庭合住。此后,随着住房资源累积的增加,一个男性子代仍然与父代家庭合住,另一个则自己独立居住。

综上所述,无论是"独立自住"还是"与父母合住"的居住支持,父代家庭都只是暂时让渡出全部或者部分住房空间,为子代住房资源的获得提供缓冲的时间和空间。就这一微弱的父代住房支持优势而言,"独立自住"大于"与父母合住"的案主,但他们都不如同时期获得实物支持和经济支持案主的父代住房支持优势明显。

第四节　父代无支持类型的住房劣势累积

和居住支持类型一样,无支持类型在住房双轨制时期已经普遍存在。在住房市场制时期,无支持类型同样包含了"永久无支持"和"暂时无支持"两种形式。前者表现为父代家庭目前无支持,将来也无能力支持子代住房资源的获得,比如C24－T80－0个案。后者则是父代家庭目前无支持,但未来子代购房时有一定的父代住房支持能力或者计划,C22－H80－0、C23－D80－0和C21－N70－0个案都可归入这一类。

一、原因分析

住房市场制时期的"暂时无支持"主要是因为子代处于租房过渡期,自己工资足以支付租金而不需要父代家庭帮助,并不代表父代家庭无住房支持的能力和计划。结合个案材料来看:

　　2014 年 7 月毕业以后，正好男友（已订婚）单位免费提供的住房结束了，我们就和朋友合租了一个三居室的商品房，在越秀区，整栋 28 层，电梯房，98 平方米、有阳台，楼龄 10 年左右。租金第一年 3800 元/月，第二年 4000 元/月。这个房子的房东是我老公的同事，所以租金比较优惠，我和男友住一个大的套间，男友的另外一个同事住一个小单间，另外一间小房子做书房，偶尔有朋友过来住，大房子 1500 元，中房子 1300元，小房子 1000 元。最初我是在天河北某公司工作，从 2014 年 4 月至2015 年 1 月，每月拿到手上的工资快 7000 元，公积金大概每月有 300 元吧。我男友 2011 年本科毕业就在中国移动工作了，现在月工资加交通、吃饭等各类补贴 1 万多元，住房公积金每月 2000 多元。两个人的工资足够支付租房的开销，之所以合租是想降低租房成本存钱买房。2015 年换工作到另一个区的博物馆后，一年的试用期，工资下降到 4000 元/月，2016 年转正后有 6000 多元/月，住房公积金 1160 元/月，住房补贴还没有发，问了一下一个月能有一两千元左右，加起来能有 3000 元不到。考虑到租房成本增加，我们就在豆瓣网上找了一个合租的女生，这一年应房东妻子的强烈要求，房租每月涨了 200 元，其实还是很便宜的，周围一样的套房租金一个月怎么也得 4500～5000 元，这一年各房间的租金调整为：大房间 1600 元/月，中房间男友同事 1350 元/月，小房间豆瓣网友 1050元/月。我俩婚期定在今年十一假期，婚后会等手头宽裕一点考虑在广州买房安家。有时候和男朋友发生争吵，觉得房价一直上涨会无家可归，女孩子会想有家才有稳定的感觉，借一点款买也可以。可是我们目前的存款还不够首付，需要双方父母的帮忙，我父母也愿意支持，我们家自有一套120 多平方米的商品房。爸爸在家做点小生意这几年赚了点钱，妈妈是小学老师，因为工龄比较长，30 多年的工龄，各类补贴也多，工资和我差不多，6000 元左右。家庭年收入约十五六万元，算是小康，父母身体健康，我自己也不用管，他们说能支持我 10 万元，但个人也不太想麻烦父母。因为我还有一个弟弟，他在深圳工作，我们家庭也比较传统，父母以后会跟着儿子生活，大部分积蓄都会帮弟弟买房，所以我们还是愿意靠自己多一些，深圳房价太贵，父母给我出的话也是养老钱，我不太想这样。我男友的父母都是农民，男友有一个姐姐、一个妹妹，家里 2014 年在县城买房，他前两年工作积蓄五六万元都投进去了吧，亲戚借了 5 万元，没有利息，算是人情吧，这些也是他在还，幸好现在已经还清。这个房子 110 平方米，房价 3000 元左右，产权是父母的名字，如果写他的名字，我们在广州买就属于二套房，担心贷款的问题，全款买房就是不想动用他的公积金贷款。如果我们买房的话，他父母说能支持五六万元的样子，因为之前的积蓄已经在县城买房，剩余的不多。❶（C22 – H80 – 0）

由上可知，在子代住房资源的获得过程中，父代家庭有无住房支持，一方面由父代家庭的能力所决定，另一方面则要看子代有无住房支持的需求。从该个案来看，案主与其未婚夫毕业后工作，收入足以支持两人在外租房，而且，通过豆瓣招租还分担了两人的租金压力。在租金支持方面不仅不需要父代家庭支持，相反，比案主工作年限更长的男友反而为父代家庭购房提供部分经济支持。因此，在笔者调查时呈现出暂时无任何父代住房支持的情形。

就谁提供住房支持而言，父系财产继承的传统依然默认男方父代住房支持帮助子代获得住房资源的文化合理性。从案主介绍的情况来看，男方父代家庭虽然经济收入水平不高，但未来仍有为家中男性子代提供购房经济支持的计划。女方父代家庭虽然还要兼顾弟弟的买房需求，但对于女儿购房也有明确的经济支持计划，只是受中国传统社会盛行父系财产继承的习俗影响，案主本身并不愿意接受，更倾向于依靠自己和男方父代家庭解决。

在住房市场化时期，"住房"等同于"家"的文化观念依然浓厚。案主自己仍然觉得无房就无家，没有扎根一个城市安稳生活的感觉，这使其对是否要接受父母的经济支持十分矛盾，由此也反映出男性子代继承家庭财产规则使得新一代知识女性受到潜移默化。

另一类是"永久无支持"个案，为什么这类父代家庭无法为子代租房或者购房提供任何住房支持呢？

我从 2014 年毕业至今，有过 5 段租房经历，还是比较曲折的，租房就是这样，不稳定。现在的房子是和另外一个朋友合租的，两室一厅的商

---

❶ 2016 年 6 月 28 日，在越秀区访谈对象工作单位会议室进行的访谈。

品房，70 多平方米，主要是考虑租金价格能否接受，不然我是考虑找一个单间自己住，自由一些，交通的话只要靠近地铁站上班也方便。没有找中介，中介虽然快一点，但是得花半个月的租金，又多出一笔费用来。所以，我是在同城、赶集网或者去毕业院校的 BBS 发帖寻租，还有豆瓣上的租房小组也行。我朋友曾经介绍了一个她同事的房源，房租便宜，就 1000 多元，但在南沙区而且不靠地铁，通勤时间一个多小时太累人。现在找的这个上班坐地铁半小时，还可以接受，房租 1500 元。租房的费用都是自己出的，谁还向爸妈要钱呀，都已经工作了，给也不好意思要。工作两年工资就五六千元，付完房租，广州的物价你也知道的，除了房租外，每月吃饭、公交、网费、话费、物业费都是固定的开销，也存不下来，自己的工资一般只够自己花，属于月光族。但是因为这份工作我比较喜欢，是我想做的事情，先做着吧。我和男友父母都是农村的，男友还在部队当兵，父母离异，家中有一个弟弟。他父亲 2013 年在县城买房，他们兄弟俩还出了一部分，他拿了四五万元，之前在部队虽然花销不大，但存起来的钱都已经给他父亲了，现在存了两年能有 5 万元吧，因为在部队不用什么钱，日常生活部队都能满足，出去消费的地方也不多，很容易存到钱。我家的话，还有弟弟，父母的积蓄已经给弟弟建房了，所以也不可能支持我们。我父母也没有给他压力，他们说看我自己，男友有房子最好呀，没有房子怎么办呢，如果人好的话两个人自己奋斗，有钱再买吧，他们还是比较开明的。我也是想得比较开的人，没有要求结婚一定得有房子。我们计划三年后男友转业回来创业。如果转业工作的话，工资要买房也不够用，所以他倾向于创业赚钱。结婚有房当然好，但是没有的话也不强求，选的是人不是房子。两个人合适的话，没有房子可以先租，以后有钱了再买吧，没有想那么多。❶（C24 – T80 – 0）

由上可知，永久性的无支持个案中，男女双方父代家庭都因为家庭经济收入有限而无法为子代租房或者买房提供任何支持。家庭人口结构的特征虽然偏好于男性子代，但其前提是父代家庭有为子代提供住房支持的能力。与上一个

---

❶ 2016 年 6 月 18 日，在天河区朋友家中进行的访谈。

个案很不同,传统"有房才能结婚成家"的住房观念受到了挑战,居住需求的满足除了购买产权房以外还可以灵活地根据自身及家庭情况选择租房。从个案材料来看,无论是现实被迫的无奈,还是住房观念随时代变迁的更新,女方及其父代家庭都已经能接受租房结婚成家。相反,由于中国社会中,男方父代家庭为子代买房结婚的观念十分普遍,男方更为在乎有没有房,于是寄希望于未来创业成功可以早日实现购房目标。也就是说,在住房观念的更新上,男性及其父代家庭比女方面临的文化压力更大。

二、过程和特征分析

那些"无支持"类型的父代家庭和子代家庭分别具有什么特征呢?结合个案材料来看:

> 我老家是江西的,2015年结婚,2016年博士毕业后到广州某单位做研究助理,月收入6000元左右,公积金1000元左右,住房补贴也有1000元。单位提供一室一厅60平方米的房子居住,这个廉租房好像是单位和政府申请的员工福利,17元一平方米,月租1000多元吧。然后单位出一部分租金,在市场上的话要找到在天河区离单位近、生活和交通便利的小套房不容易,月租怎么也得2000元以上,所以房子小点旧点也是可以接受的,我们也还没有小孩嘛。现在有单位房子住也不着急买,因为我刚出来工作,积蓄还是不太够,广州房价较贵,基本上靠自己是买不起的。老公是山东人,2012年硕士毕业后,在某央企广州分公司工作,业务经理,2015年从广州暂时借调到深圳分公司工作,月工资8000多元,公积金750元,单位向政府申请了"人才公寓",三室一厅,三个人住,月租金约2000元。两个人每月扣除租金后,除去日常花销,还能存个五六千元钱,计划未来三年之内在广州买房。我们父母都是农民,能支持我们的不多,主要是靠我们自己。买房的话,首付主要是我们的工资存款,剩余的和双方的亲戚再借一部分。老公父母的话,到时候有多少支持多少吧。我爸妈已经给我弟弟建房了,花得差不多,只能跟我姐姐借一点,看能借到多少。借钱买房大家都知道是个长期的事情,我们还有贷款一下也还不了,家里也没什么有钱的亲戚,看能借多少吧,这三年我们两个工作也可

以再存一些。❶（C23 – D80 – 0）

由上可知，当前暂时无法获得父代家庭任何住房支持的案主一般都具有较高的受教育水平、有稳定的家庭经济收入，并获得了单位的租房福利等特征，这使得其一方面以低租金消费获得住房资源，另一方面还可以存款买房，暂时不需要父代家庭任何的住房支持。该个案中，夫妻二人都分别居住在单位向政府申请的优惠房中，一个是廉租房，另外一个是人才公寓。这些政策性住房都是政府吸引、奖励人才的优惠措施之一，教育水平较高者才能享受。因为这类案主的自致能力较强，其在暂时不购房时还会为父代家庭提供经济支持。

老公父母都是农民，家里有四个孩子，有一个哥哥、一个弟弟、一个妹妹。现在我们还要管父母，以前工资比较低，每个月给父母400元，现在能给1000多元。家在农村的话花钱的地方不多，现在会多考虑我们以后买房的问题，少给一些多存一点。我家是三姐妹，两个妹妹都已经结婚成家，也有自己的房子住。我们以后买房的话，我家条件好一点，会支持一部分吧。我父母都在新疆某市的国企工作，普通职工已经退休，月收入能有8000元左右。有一套自购的商品房，小三居，80多平方米，房价不高，消费水平也较低，房子是1992年买的，不到10万元就买下来了。到时候我们买房有困难的话，能支持我们10万元左右，多了也没有，还得养老，我们也不忍心。我目前住学校的两居室，60多平方米，月租金主要是自己的博士后收入支付，另外，孩子和我的生活也是由这个负担。现在博士后的年薪12万元，税收比较高，一个月1500元左右，2015年房租2500元，2016年房租涨为3500元一个月，住房补贴900多元，住房公积金也900多元。所以不少没孩子的博士后都从两居室换为一居室，像我们这个年龄都是上有老下有小的人，压力还是挺大的。我因为带孩子在这边上小学，只能接着住两居室。老公还在部队，2006年我们结婚就申请了部队的家属楼，从集体宿舍搬到了一室一厅的住宅，现在两室一厅了。由于是应急作战部队，部队所在地远离市区，十分偏远，住房不是什么稀缺

---

❶ 2016年6月29日，在介绍访谈对象的朋友办公室进行的访谈。

资源，也没有产权，租金也就几百元钱。原来有想过每月计划存 5000 元，但两边跑来跑去，再加上回各家探亲的花销，执行起来比较困难。所以，实际情况就是老公的工资（现在每月约 8000 元）用于我们往来的交通费，剩余的都存起来，部队边远也没什么花销，在部队吃住都有保障。等到我明年博士后出站，工作后可以获得一笔安家费。老公属于团级干部转业过来，能拿到的转业费和现金住房补贴加起来约 30 万元，加上他以前的存款，能凑一些首付，然后用公积金贷款买一套房。都结婚这么多年，孩子也大了，还没有个自己的家也挺郁闷的。❶（C21 - N70 - 0）

该个案包含了"子代无支持"和"暂时无支持"两种情况，从案主丈夫及其父代家庭来看，属于"永久无支持"类型个案父代家庭经济状况较差，收入水平不高且家庭子代众多，不仅无法支持子代，还需要子代的经济支持。个案材料中，男性工资除了支付自己的住房租金以外，还每月固定支出部分收入给父代家庭使用。从案主及其父代家庭来看，属于暂时无支持类形。父代家庭经济状况较好，有一定的住房支持能力，只是因为子代目前还不需要而呈现暂时无支持的情形。从个案材料来看，女方父母收入稳定，也有自住房，两个妹妹已婚有房。因此，父代家庭能够在子代购房时提供部分经济支持。至于目前未提供任何住房支持，是因为女儿一直在上学有学校宿舍居住，假期则和女婿居住在部队家属楼，读博士后虽然租金较高，但其自己的工资也足够支付，还有老公分担部分花销。

综上所述，在 C21 - N70 - 0 个案中，两种无支持类型的情况兼而有之，在子代住房资源的获得过程中，男方父代家庭属于永久的无支持类型，女方父代家庭则是暂时的无支持类型。

三、结果分析

总体而言，与住房双轨制时期的无支持类型个案相比，住房市场化时期的无支持类型个案被观察到的住房资源累积时段相对较短。具体而言，住房双轨制时期，笔者调查到的案主正处于住房资源累积的晚期，其住房资源的累积状

---

❶ 2016 年 6 月 23 日，在访谈对象办公室进行的访谈。

况已基本固定，有3个个案都获得了产权房，只有一个个案一直处于租房居住阶段。通过对其住房资源获得过程的追溯，很容易对其父代家庭是暂时还是永久性的无住房支持进行分类，并分析其对子代住房资源获得的不同影响。住房市场制时期，笔者调查到的案主正处于住房资源累积的早期，4个无支持类型的案主都尚处于租房居住阶段，并未拥有产权房。幸而，个案材料补充了父代家庭未来为子代提供住房支持的计划和能力，使笔者得以区分出"暂时无支持"和"永久无支持"两种形式的无支持个案情况，在此基础上才能探讨其对子代住房资源获得的不同影响。

首先是"暂时无支持"个案，案主目前正处于租房居住并存款买房的过渡阶段，通过自己家庭的工资收入和单位的住房福利（从以上个案材料来看，主要以住房公积金和住房补贴为主，少数有实物配租的单位宿舍或者政策优惠房居住）完全可以支付租金支出，因而不需要父代家庭的住房支持，但这并不代表其父代家庭无住房支持能力。相反，一旦案主未来买房，其双方的父代家庭往往会根据其家庭经济状况、住房资源累积状况以及家庭人口结构特征为子代住房资源的获得提供不同的住房支持。这种情况在笔者调查的个案中十分普遍，在无支持的4个个案中，有3个个案（C22 - H80 - 0、C23 - D80 - 0、C21 - N70 - 0）都属于该类型，这也从另一侧面论证了住房市场化时期父代家庭为子代购房提供住房支持的普遍性。暂时来看，与那些已经获得父代住房支持拥有自己产权房的个案相比，暂时无支持类型的个案既承担着租金的支出，又面临着房价日益高涨使其住房购买力相对下降的危险。但是，从长远来看，与永久的无支持类型个案相比，暂时的无支持类型个案的父代家庭对未来子代住房资源获得将会产生积极影响。

其次是真正处于住房累积劣势的"永久无支持"案主，其毕生住房资源获得的过程中都无法获得父代家庭提供的任何帮助。本研究调查到的个案仅有C24 - T80 - 0。在住房市场化时期普遍的父代住房支持背景下，永久性的无父代住房支持的案主不仅需要克服父代住房支持能力的不足，还需要与有父代住房支持的案主在住房市场竞争，在住房资源获得的起点上处于劣势地位。

第五节 扩大的优势/劣势累积与先赋性住房不平等

一、特征分析：多样化的父代住房支持

与住房双轨制时期父代住房支持影响子代住房资源获得的单一方式相比，住房市场化时期的个案资料显示，该阶段父代住房支持对子代住房资源获得的影响方式十分多样化（详见表4-3）。

表4-3 父代家庭影响子代住房资源获得的具体方式

个案编号	住房支持类型	住房支持来源		是否独生子女（男/女）
		男方父代家庭	女方父代家庭	
C1-L90-1	经济支持	√	无	是（男）
C3-Y80-1	经济支持	无	√	是（女）
C22-H80-0	无支持	无	无	否
C4-D80-1	居住支持	√	无	否
C23-D80-0	无支持	无	无	是（男）
C5-L70-2	经济支持	√	无	是（男）
C24-T80-0	无支持	无	无	否
C25-Z80-0	经济支持	√	未婚	否
C7-Z80-2	经济支持	√	无	是（男）
C21-N70-0	无支持	无	无	否
C9-W70-2	经济支持	√	√	是（女）
C10-Z80-1	经济支持	√	√	否
C11-Y80-1	实物支持	√	无	否
C14-Y80-1	居住支持	√	无	否
C19-L80-1	经济支持	√	无	是（男）
C15-L80-1	经济支持	√	无	是（女）
C20-Z80-2	实物/经济支持	√	无	否
C26-S80-1	经济支持	无	√	是（女）
C27-Y80-1	实物支持	√	无	是（男/女）
C28-X70-1	经济支持	√	无	否
C30-X80-1	实物支持	√	无	是（女）

由表 4-3 可知，住房市场制时期，随着市场渠道获取住房资源的普遍化，父代家庭作为子代形成购房竞争力的主要动员对象，被广泛裹挟到子代的住房资源获得过程中来，父代住房支持可以对子代住房资源获得产生直接而较大的影响，此乃住房制度的机会差异造成的。笔者调查到的这类个案多达 21 个，且父代住房支持形式十分多样化。究其原因，一方面是因为笔者调查时正处于住房市场制时期，十分容易接触到不同类型的更多的住房个案。另一方面是因为住房双轨制时期，父代自致的住房不平等成为住房市场化时期子代住房资源累积的起点，普遍的"住房财富效应"更是使得这一住房不平等不仅在代际之间延续还在随着住房价格的增长而扩大，这使得父代住房支持十分普遍而易调查。

在诸多的父代住房支持形式中，实物支持和经济支持是住房市场制时期独有的，且后者最为普遍。住房市场竞争以经济实力而论之，这也使得该时期父代住房支持的方式呈现经济化特征，所以不难理解经济支持个案在 21 个个案中占据了一半以上，实物支持个案则只有 4 个。居住支持（2 个）和无支持（4 个）都不是新增的父代住房支持方式。然而，与住房双轨制时期相比，由于社会流动的频繁，非广州户籍的家庭也可能为子代提供居住支持（C4-D80-1；C14-Y80-1）。同时，住房市场制时期，笔者观察到的无支持类型案主大多数都是因为处于早期租房阶段而不需要父代家庭的住房支持，这并不代表未来父代家庭无住房支持的能力。这与住房双轨制时期，那些住房资源累积处于晚期、父代家庭无住房支持能力的永久无支持案主不一样。

从父代住房支持的来源来看，男方父代家庭、女方父代家庭、男女双方父代家庭皆有，但受中国传统父系财产继承文化的性别偏好影响，以上三种来源中以男方父代家庭最为普遍，多达 15 个案例，这一点与住房双轨制时期父代家庭提供住房支持的男性子代偏好情况一致。比较特殊的是，受中国独生子女政策的影响，当子代为独生子女时，如果父代家庭条件允许，无论子代性别如何都能获得父代家庭的住房支持。其中，独生女儿获得父代住房支持的个案有 6 个。甚至，还出现了女方父代家庭在为家中男性子代提供住房支持的前提下，为女性子代提供适当购房经济支持的情况（C10-Z80-1）。这表明，中国传统父系财产继承文化的性别偏好虽然根深蒂固，但特殊的松动已经出现。

二、机制分析：累积机制与扩大的先赋性住房不平等

住房市场制时期，父代住房支持对个体住房资源获得的影响扩大，这表现为多样化的父代住房支持方式且呈现经济化特征。为了衡量不同父代住房支持方式对个体住房资源获得的优势、劣势程度，笔者将 21 个个案的父代住房支持方式，按照住房市场的房价或者租金价格转换为量化的支持额度（见表4-4）。

表4-4 父代住房支持程度的量化

个案编号	住房支持类型	支持额度	获得首套产权房年龄（岁）
C1 - L90 - 1	购房经济支持	90 万元	24
C3 - Y80 - 1	购房经济支持	28 元万	31
C22 - H80 - 0	暂时无支持	0 元	0
C4 - D80 - 1	独立自住的居住支持	约2.5 万元	32
C23 - D80 - 0	暂时无支持	0 元	0
C5 - L70 - 2	购房经济支持	10 万元	31
C24 - T80 - 0	永久无支持	0 元	0
C25 - Z80 - 0	租房经济支持	0.5 万元	0
C7 - Z80 - 2	购房经济支持	21 万元	26
C21 - N70 - 0	暂时无支持	0 元	0
C9 - W70 - 2	购房经济支持	15 万元、15 万元	33
C10 - Z80 - 1	购房经济支持	10 万元、10 万元	31
C11 - Y80 - 1	非广州实物支持	约40 万元	25
C14 - Y80 - 1	早期合住，晚期独住的居住支持	约1.5 万元	30
C19 - L80 - 1	购房经济支持	102 万元	27
C15 - L80 - 1	购房经济支持	29 万元、5 万元	27
C20 - Z80 - 2	非广州实物支持/购房经济支持	33 万元、10 万元	29
C26 - S80 - 1	购房经济支持	20 万元	29
C27 - Y80 - 1	非广州实物支持	约100 万元	33
C28 - X70 - 1	购房经济支持	1.5 万元	25
C30 - X80 - 1	广州实物支持	400 多万元	25

备注：C9 - W70 - 2、C10 - Z80 - 1、C15 - L80 - 1 这 3 个个案都有两笔住房支持额度，第一笔来自男方父代家庭，第二笔来自女方父代家庭。其余案主皆为男方父代家庭提供住房支持的情况，其中，C20 - Z80 - 2 个案的男方父代家庭前后提供了两次住房支持。

　　由表4－4可知，实物支持中，由于房价的区域性差异，住房位于广州还是非广州决定了父代住房支持额度的高低。那些实物支持地点为广州的案主（C30－X80－1），其代际住房优势最高，直接跨越了住房租赁阶段，在住房资源的起点处已经成为有产权房阶级；那些住房支持地点非广州的案主，其代际住房优势次之，案主通过出租或者出售该住房获得在广州购房的资金。也就是说，父代家庭的实物支持在未来可以间接地转换为帮助子代在广州获得住房资源的经济实力。

　　经济支持类型则分为两种类型：一是购房经济支持，这是最为普遍的方式。该类案主的代际住房优势与非广州的实物支持类型个案一样处于次要地位，其通过减轻子女购房或者还款的经济压力，使得子代居住权属转变的时间提前并影响其后续的住房资源累积。经济支持的程度高低皆有，其支持金额的多少与父代家庭的住房资源累积状况、家庭经济收入水平和家庭人口结构特征相关，父代家庭往往使用自身储蓄、出售家庭住房或者向亲属借款等方式支持子代购房。在笔者调查的经济支持个案中，经济支持高于50万元以上的有三个，其中有两个个案都有出售父代家庭住房而在短期内筹集大量现金支持子代购房（C1－L90－1；C27－Y80－1）。另外，还有通过早期父代住房经济支持获得住房，然后待房价上涨后出售，间接获得大量换房资金的情况，比如C7－Z80－2、C26－S80－1、C28－X70－1三个个案。虽然早期父代的住房支持金额不多，但由于购房时间较早，子代在住房价格便宜时获得了一套产权房，待住房价格上涨时又出售该房获得更多的资金换房。这就存在一个"住房财富效应"的问题，当住房价格上涨后低价获得的住房资源就随之增值，早期父代家庭住房资源累积的优势得以通过以上两种直接或者间接的方式被子代延续和扩大，此即代际优势累积的过程。二是租房经济支持（C25－Z80－0），属于极端特殊个案。由于该个案中租金支出主要还是以子代为主，父代家庭的租金支持并不改变子代获得住房资源的方式，只是减轻了子代租房的小部分经济压力。因此，租房经济支持的代际累积优势最低。

　　居住支持可分为"独立自住"和"与父母合住"两种形式。与父代家庭合住或者单独自住都只能缓解案主暂时的购房压力，并省去其另外租房居住的支出，并不改变子代住房资源获得的方式。然而，与租房经济支持相比，其对子代租金压力的缓解更为固定、持久，代际住房累积优势高于租房经济支持，而低于第一位的广州类实物支持、并列第二位的购房经济支持和位居第三的非广州实物支持。

无支持类型包含了暂时无支持和永久无支持两种形式。由于住房市场化时期观察到的个案处于住房资源累积的早期，处于租房过渡阶段而无须父代家庭的任何帮助。暂时无支持并不能代表未来父代无住房支持能力，相反，这些父代家庭都有明确的支持子代购房的经济支持计划，属于暂时的代际住房劣势群体。只有那些永久性的无支持类型个案（C24 - T80 - 0）才是完全的无支持类型，与该时期普遍具有父代住房支持优势的案主相比，他们既需要克服父代的住房累积劣势，还需要与有父代住房优势的案主进行竞争，处于代际住房支持的劣势地位。

综上所述，获得父代家庭实物支持、经济支持、居住支持的个案都处于不同程度的父代住房支持优势中，无支持类型案主则相对处于父代住房支持劣势中。克拉克曾指出，个体住房生涯被定为这样一种系列发展的住房状态，即随着家庭地位和就业市场的发展，个体及其家庭成员不断地忙于获得占有住房不动产，或者居住在更高住房质量或者住房价格的住所❶。

由此可知，个体住房资源累积在住房产权、住房价格和住房质量上存在由低到高、阶梯性上升的基本特征。因此，那些具有父代住房支持优势的案主，在住房资源获得的初始位置上具有累积起点高、累积时间早的优势。同时，受房价不断增长带来的"住房财富效应"影响，住房不平等不仅在代际之间延续，还在代际之间不断扩大，此即个体住房资源获得过程中的优势累积路径。区别只在于，实物支持、经济支持和居住支持所代表的父代住房支持优势不同而已。这些住房优势阶层可以"合理"地利用市场机制排斥劣势住房群体，实现住房阶级地位的再生产，使得住房阶级分化体系日益固化，缺乏合理社会流动的机会。更麻烦的是，住房阶层分化还会与家庭社会经济地位分化相互强化，使得处于社会分层中、上层家庭的优势地位不断累积扩大。社会下层家庭的劣势情况则进入恶性循环的怪圈。相反，无支持类型案主则在住房资源获得的初始位置上处于累积起点低、累积时间晚的劣势循环中，而且，随着房价的

---

❶ Clark W A V, Deurloo M C, Dieleman F M. Housing Careers in the United States, 1968 - 93: Modelling the Sequencing of Housing States [J]. Urban Studies, 2003, 40 (1): 143 - 160.

增长，其未来获得住房资源的经济压力日益增大，实现住房权属转换也日益困难，此即代际劣势累积的过程。与住房双轨制时期相比，父代住房支持方式差异导致的先赋性住房不平等日益扩大。

比如，与住房双轨制时期子代获得首套产权房的平均年龄（38岁）相比，住房市场制时期的平均年龄约为28.7岁，差不多提前了10年之多。究其原因，除了自致人力资本经济回报的提高以外，父代住房支持的普遍性和支持程度的增大也是关键影响因素。结合父代住房支持优势由高到低变化的个案来看，实物支持、经济支持和居住支持类型案主（在笔者调查期间未获得首套产权房的无支持类型案主，不计入比较）获得首套房的平均年龄分别为28.25岁、28.45岁和31岁。与住房市场制时期子代平均在28.7岁获得首套房的平均年龄相比，父代住房支持优势越高，其子代获得住房资源的年龄越低于平均水平。反之，父代住房支持优势越低，其子代获得住房资源的年龄越高于平均水平。

需要指出的是，由于住房市场制时期笔者所观察到的个案往往处于住房资源累积的早期。因此，这里所指的父代住房支持优势和劣势只是对当前个体住房资源获得过程中所获得父代住房支持状况而言的，并未包含未来的住房遗产馈赠以及其他可能发生的父代住房支持状况。

第五章　累积过程的干预与先赋性住房不平等的改善

第一节　劣势调整：自致因素与累积过程的向上波动

上文主要探讨了父代住房支持差异引发的先赋性住房不平等。然而，在这一住房不平等代际累积的过程中，父代住房优势/劣势被子代继承后是不断扩大还是缩小是受诸多因素影响的。如果能厘清各类影响因素及其作用，即可通过对累积过程的一定干预，调整原有的父代住房累积劣势，或者限制父代住房累积优势的无限扩大，达到改善先赋性住房不平等的目的。结合个案材料，住房双轨制时期和住房市场化时期，因为父代无住房支持而处于住房累积劣势的个案共计 8 个（C6 - C40 - 2；C8 - J60 - 1；C13 - T60 - 3；C17 - L60 - 0；C22 - H80 - 0；C23 - D80 - 0；C24 - T80 - 0；C21 - N70 - 0）。以此为典型案例发现，自致因素在促进个体克服父代住房累积劣势，实现累积过程的向上波动上发挥着关键作用。而且，这一关键作用在不同住房制度时期呈现出差异化表现。

1）住房双轨制时期，同处于父代住房累积劣势时，案主后天自致的教育程度越高，其住房阶级地位就越高。具体表现为专科学历的 C6 - C40 - 2 和 C13 - T60 - 3 案主都属于多产权房阶级；高中学历的 C8 - J60 - 1 个案案主属于有产权房阶级；初中肄业的 C17 - L60 - 0 案主为无产权房阶级。结合个案材料来看：

老公是福建人，1968 年北京铁道学院本科毕业后分配到广州工作，我同年中专毕业后分配到贵州工作。1996 年，由单位付了 100 多万元的港币给侨民，然后我们以 6 万元的价格从单位买到一套三居室福利房，约110 平方米，位于石牌街。当时分房是按照学历、工龄和职称等打分排名的，排名靠前就得较大的房子，我们夫妻都在一个单位，中专学历算是当时比较高的，老公是处级干部，我又有中级技术职称，所以分的房子较大。我们那个年代的人买房完全是看单位，单位什么时候建，你就什么时候买，而且能不能买，买多大的房子，还要根据你的工龄、行政级别等排队。那时候工资水平不高，自己也没有钱去买商品房，没有想过自己买，体制内的都是等着单位分，自己花的钱不多。2003 年退休后，我依靠自己的学历和技术职称，应聘到某私企做营养师，后来老公也一起去帮忙，两人各有两份收入。所以，2006 年我们又全款 56 万元从市场上购买了一套环境安静的三居室养老，约 109 平方米，购房资金来源：同学借款 20万元，退休后提取的单位住房公积金 5 万元，夫妻存款 31 万元。❶（C6 -C40 - 2）

由上可知，夫妻受教育水平越高，其不仅能从单位获得低价的福利房，还有能力保存家庭经济实力，参与后续的住房市场竞争获得商品房，由此成为多产权房阶级。就首套房的获得来看，在住房双轨制时期，工作单位的获得除了父子顶替以外，大学分配也是重要途径之一。案主夫妻一个本科学历，一个专科学历，属于当时受教育水平较高的群体，因而顺利分配到工作单位，由此获得了国家住房福利再分配的资格。而且，分房排队时，学历因素又成为夫妻二人的重要加分项之一。于是，案主以较低的住房价格优先获得了一套面积较大的产权房，有效地保存该家庭后续住房消费的经济能力。就二套房的获得来看，学历和所学技能的技术优势，使得案主夫妻在退休后再次就业获得额外的经济收入。再加上受教育期间建立的同学关系，得以在购买商品房时进行融资借款，一跃成为多产权房阶级。

❶ 2016 年 6 月 21 日，笔者在自己的学生宿舍对 C6 访谈对象进行访谈，后面通过微信和电话进行了补充调查。

再来看看 C13 - T60 - 3 个案的情况，该案主拥有三套产权房。

我于 1966 年出生在广州，大专学历，广州某事业单位的公务员，副处级干部，党员。妻子 1967 年生，也是广州人，大专学历，广州某国企下属公司的会计，中级职称，现家庭年收入约 50 万元。2002 年购买了单位在天河区的集资房，130 平方米四居室的一手商品房。按照学历、副处级级别、工龄等计算，达到多少平方米就可以享受单位内部优惠价购房，即市场价的一半，其余的按照市场价购买，购房资金都由我们自己多年工作的存款付。由于购买第一套房时总价不高，还没有贷款，再加上后来工资增长较快，我们的家庭经济收入还可以，所以 2015 年 3 月，我们贷款在我家附近新楼盘购买了一套 120 平方米的三居室，首付 6 成，288 万元，均价 4 万元，还款期限 15 年，总价 480 万元。大楼内设有健身会所，可以办会员卡健身，是送给独生女儿结婚用的，产权登记在女儿一人名下。我们用家庭存款交完首付后，月供 12000 元左右也是我们给女儿还，她刚毕业工作两三年，没什么积蓄，又属于花销比较大的月光族，挣的钱主要是自己花。因为我们夫妻都有稳定的工作单位，两个人的住房公积金和住房补贴加在一起基本够还月供。第三套住房在增城，购于 2016 年的一个大型商品房住宅小区，180 平方米，五居室的电梯房，靠近某职业技术院校，生活配套还可以，1 万元一平方米，总价约 200 万元，全款付的，这一套房主要是当作投资和养老用。增城区域未来地铁 21 号线能开通，而且撤市设区后发展潜力不错，也没有限购政策，周末可以过去，环境安静，小区绿化不错，空气也好，适合养老。❶（C13 - T60 - 3）

同为高学历案主，为何 C13 案主比 C6 案主多获得一套住房呢？这与案主的出生世代及其经历住房市场制时期的工作时长相关。C6 案主为"40 后"的出生世代，其住房资源累积的时间绝大部分处于住房双轨制时期，经历住房市

---

❶ 2016 年 7 月 3 日，因为被访谈对象较忙无法见面，笔者在宿舍与其女儿进行了电话访谈，事后用微信对细节和遗漏之处进行核实。为叙述方便，资料的讲述者按访谈对象口吻处理其女儿转述的资料。

场制时期已经是退休之后，其购买二套房养老时，只能依靠自身家庭的储蓄和私人关系的融资。C13 案主为"60 后"出生世代，其住房资源累积的时间一半处于住房双轨制时期，另一半处于住房市场化时期。案主不仅可以低价获得单位房改房，在购买二套商品房给女儿结婚时，还可以依赖工作单位的住房补贴和公积金政策大大缓解购房后的还款压力。近年来随着工资收入的不断提高，其还可以动用家庭积蓄购买位于郊区的商品房养老。

2）住房市场制时期，同处于父代住房累积劣势时，案主后天自致的教育程度越高，在其住房资源获得的早期反而起暂时性的阻碍作用，后期则存在一定后发优势。具体而言，C21 – N70 – 0 和 C23 – D80 – 0 案主为博士学历，C22 – H80 – 0 和 C24 – T80 – 0 案主为硕士学历，都因为学业推迟了就业、结婚的年龄，购房事宜也因此搁置，在房价不断上涨的背景下，购房时间越晚其面对的住房市场竞争压力相对于购房时间早的压力越大。结合个案材料来看：

> 我虽然已经结婚生子，但早期由于一直读书未确定未来定居地点，错过了低价购买商品房的时机，后期想购房时又遭遇了房价的快速上涨，老公工资收入主要用于养育儿子、租房、养老和日常生活，与同龄人相比迟迟未能购买首套房，目前租住在学校一套两居室的公寓内，月租金 3500 元。[1]（C21 – N70 – 0）

与住房双轨制时期案主相比，随着 1999 年以来高等教育的扩招，新一代青年的受教育水平普遍提高[2]。然而，该案主的情况表明，受教育程度最高并不意味着案主能够最早获得住房资源，成为有产权房阶级。在住房价格高涨时，父代无法提供住房支持的家庭，子代的受教育年限过长对其住房资源的获得会产生一定的、暂时的负面影响。当然，从长远来看：当房价上涨的空间越来越有限时，较高的教育水平对应的人力资本优势有利于提高案主在住房市场的可持续竞争力，从而获得住房资源。因此，该个案并不能否认教育因素从内

---

[1] 2016 年 6 月 23 日，在访谈对象办公室进行的访谈。
[2] 叶晓阳，丁延庆. 扩张的中国高等教育：教育质量与社会分层 [J]. 社会，2015，35（3）：193 – 220.

部提高个体住房市场竞争力，进而克服父代住房支持劣势，实现累积向上波动和住房阶级地位上升的积极作用。

结合 2010 年第六次人口普查数据资料来看，初中以上学历的城市户主，受教育程度越高，其家庭人均住房建筑面积和人均住房间数越高，两者基本呈现正相关关系（详见表 5 - 1）。这说明在住房市场化过程中，自致教育因素对个体住房资源的获得普遍起较大作用。

表 5 - 1　全国按户主受教育程度划分的家庭户住房状况（城市）

受教育程度	户数（户）	人数（人）	平均每户住房间数（间/户）	人均住房建筑面积（平方米/人）	人均住房间数（间/人）
总计	126081930	343938311	2.38	29.02	0.87
未上过学	2757229	6856656	2.40	29.34	0.96
小学	17011593	49839910	2.58	27.82	0.88
初中	49240484	137048877	2.31	26.19	0.83
高中	30545026	81889708	2.30	28.95	0.86
大学专科	14577008	37776770	2.42	34.10	0.93
大学本科	10620653	27167981	2.49	37.26	0.97
研究生	1329937	3358409	2.50	39.35	0.99

数据来源：中华人民共和国国家统计局 . 2010 年第六次人口普查数据 ［EB］. http：// www.stats.gov.cn/.

综上所述：自致因素是个体改变父代住房累积劣势的方向，实现累积向上波动，即住房资源优势累积的关键因素，有利于案主住房阶级地位的上升和先赋性住房不平等的改善。在住房双轨制时期，自致性的教育因素是个体从住房市场获得住房资源的关键因素，其不仅有利于个体住房资源获得途径的多样性，还影响着个体后续的住房消费能力。同时，出生世代较晚的高学历群体，早期既能从单位获得低价福利房，后期由于国家住房货币补贴制度、公积金制度的完善和人力资本回报的提高，其住房资源累积的后发优势更为明显。到了住房市场制时期，自致的教育因素虽然存在"教育回报的迟滞效应"，暂时阻碍了案主尽早、尽快地从无产权房阶级转变为有产权房阶级。但就普遍个案情况和长期效果而言，教育回报的经济优势依然大量存在，案主住房资源累积的后发优势依然明显。

第二节　劣势调整：政策因素与累积过程的向上波动

除了自致因素以外，笔者还在上述 8 个个案材料中发现，政策因素也是缓解案主父代住房资源累积劣势程度的重要因素。结合个案资料来看：

> 2015 年结婚后，因为还在读博，所以和老公是分居的，自己住学校宿舍，老公住单位的宿舍。2016 年博士毕业，就低价租住在单位提供的廉租房里。这个优惠我们三年内可以享受，反正房价那么贵，上班也方便，买房也买不起嘛。房价再怎么涨也涨不到哪里去，估计就是这样了。有三年我就住三年，三年满了以后也许租金就会涨了，那样就不划算了。现在有单位宿舍住也不着急买，因为我刚出来工作，如果要买近一点的、靠近我在天河区的单位，那里的二手房少的也要 2 万多元，位置和朝向好的要 3 万多元，我老公虽然已经工作几年，但是积蓄还是不太够，父母也支持不了，基本上买不起，只能慢慢存够了首付，再加上两人的住房公积金使用银行贷款买了。❶（C23 - D80 - 0）

由此可见，高房价时期，住房福利的再分配政策是缓解案主父代住房支持劣势、暂时满足案主夫妻居住需求的方式之一。一方面，远低于市场租金价格的政府廉租房和单位宿舍房，使得案主可以节约租金支出，增加日后购房首付的经济能力。需要指出的是，住房市场制时期，住房福利再分配的现象已经很少见，案主夫妻之所以能享受到这一待遇，是政府和单位吸引、留住高学历人才的需要。而那些自致能力较弱的案主，其又是如何获得政府住房优惠政策照顾的呢？

> C17 的案主，初中肄业生。父母是某铜材厂工人，父母都有肝、肺方面的职业病，家里孩子较多（6 男 1 女），租住在荔湾区单位宿舍。1992

---

❶ 2016 年 6 月 19 日，在介绍访谈对象的朋友办公室进行的访谈。

年结婚后，我就自己租房住了。荔湾区一室一厅的要五六百元一个月，我们租不起，这个房是朋友给介绍的，价格比较低，200元一月，15平方米的单间。只是，周围的环境比较恶劣，一栋楼住了十几户，三天两头打架、吵闹，都已经习惯了，没办法，我每天从白云区坐公交一个多小时到荔湾区上班。2008年申请廉租房没排上队，因为我女儿情况特殊，家庭经济状况是真的困难，街道办也向上面反映，2013年终于申请到了政府的公租房，月租金200元，约60平方米的两室一厅，住房环境获得改善。没想过买房的事儿，广州房价低的时候，我刚结婚的时候没钱，后来女儿（1992年出生）上小学后又发现有智力问题，有点闲钱都用来看病买药了，没什么积蓄，连搬回荔湾区租房也不敢想了，哪儿房租便宜就往哪儿搬。现在申请到郊区的公租房住就很满足了，比脏乱差的城中村强，也算有个稳定的住所，房租还便宜。❶（C17 – L60 – 0）

由上可知，与C23个案相比，C17案主不仅处于父代住房支持的劣势，由于个体受教育水平较低，无正式、稳定的工作，也无改变租房现状的自致能力。在这一双重困境下，就连租房居住也只能挑选租金便宜、居住环境和住房质量较差的城乡接合部。再加上独生女儿突然罹患精神类疾病所带来的经济负担，加速了案主的住房劣势累积速度。对于这类案主，政府的住房保障制度是其改善住房困难状况的唯一希望。政府的住房福利政策虽然无法从根本上改变其住房劣势地位，但其在改善住房质量、居住环境等方面发挥着降低住房劣势累积的积极作用。

从案主住房经历来看，1992年结婚后租房居住16年。2008年提交廉租房申请，但因为政府住房资源有限，"僧多粥少"没排上队，继续租房居住5年。直到2013年，才申请到了政府的公租房。与C17案主一毕业工作就享受政府的廉租房相比，C23案主获得政府公租房的过程相对漫长和曲折。前者由于自致能力较高，政府的廉租房政策只是在3年内为吸引高学历人才工作而设，暂时满足案主的居住需求，相对容易获得。后者由于自致能力较差，无论是当前还是未来的住房问题都依赖于政府解决，很难短期内全部满足这类弱

---

❶ 2016年7月11日，在某茶餐厅对C17访谈对象的访谈。

势、困难群体的住房需求。

总的来看，住房福利再分配政策虽然可以暂时缓解个体住房资源累积的劣势程度，防止其无限、快速地扩大，但子代能否实现累积向上波动，与其自致能力的高低密切相关。外在的政策因素并不能直接改变案主住房资源累积的方向，对先赋性住房不平等的改善作用也不明显。再加上政府住房保障面临着"僧多粥少"的局面，如何促进政府住房保障政策朝着更快、更好、更多地满足住房困难群体基本的居住需求方向发展依然任重道远。

第三节　优势限制：偶然因素与累积过程的向下波动

住房是个体家庭生活必备的生活资料，个体住房资源累积的长期目标都是获得更多、更好的住房，实现住房资源的优势累积。因此，除非有突发、意外事件发生，个体住房资源累积才会朝着向下波动的方向发展，甚至出现极端的累积断裂，所以这类个案在调查时碰到的较少。

本研究调查到的个案中，因为偶然因素影响造成住房资源累积向下波动，甚至出现累积断裂的个案分别有 2 个（C29 - M50 - 0；C17 - L60 - 0）。

父亲 1950 年出生，初中学历，广州某长途运输公司的员工，家中一儿一女，共同居住在老家，和爷爷奶奶共住。1979 年父亲带着哥哥来广州工作。1981 年，我和母亲来广州投靠父亲。1986 年，父亲花了两三万元购买了单位两室两厅 80 多平方米的集资房。到了 2004 年，父亲生病没钱治病就把房子卖了，找中介卖了 60 多万元，钱都给父亲治病了没剩多少。父亲过世以后，妈妈住在单位的公租房里面，租金约 3000 元，以前比较便宜。妈妈住的地方离我孩子的学校距离很近，孩子上学的时候，为方便照顾，我和儿子就一起在妈妈的公租房里居住，老公嫌这个房子比较破旧没来住。由于房子小，三口人住不开，妈妈又在广州市郊区的鼎湖山附近用退休金租了一个房子，她很多朋友都在那里，有伴、环境又好，比较适

合养老。不过，妈妈过世后，单位就会收回住房，我们就不能接着租住了。❶（C29 - M50 - 0）

由上可知，个体生命历程中不可预知的突发性事件，比如重大疾病导致的死亡是引发个体住房资源累积向下波动，甚至是累积断裂的重要因素。结合个案材料来看，案主在老家时获得了父代居住支持，虽然父代居住支持对子代住房资源获得的优势不明显，但其为子代最初结婚、生子提供了缓冲的空间。此后，一家人因为父亲工作稳定后移居广州。由于就职于国企单位，还以较低的住房价格获得了单位分配的集资房居住，实现了从无产权房阶级到有产权房阶级的转变。然而，到了其住房资源累积的晚期，由于案主突发重大疾病，耗尽家中存款后，只能出售家中唯一的住房治病。受此偶然、突发因素影响，该家庭瞬间从有产权房阶级跌入无产权房阶级，发生了父代住房累积优势的向下波动。当案主父亲最终因病去世后，该家庭的住房资源累积就被突然中断了，已退休的母亲的退休金只够租房和维持养老生活。

至于 C17 个案，上一节已经详述其累积向下波动的情况。如果从其女儿的住房资源累积状况来看，则可以发现累积断裂的情形。她因为自身疾病特殊，无法正常结婚、就业，也无法进入住房资源累积的起点，子代住房资源的累积还没开始就已经中断了。除了此类偶然因素引发的累积断裂以外，笔者调查时还曾遇到因为个体婚姻解体、家庭住房财富重新分配使得个体原有的住房优势累积过程向下波动的情况或累积断裂的情况。然而，案主因为离婚事宜涉及个人情感隐私最终只愿推荐其他类型的个案而拒绝了调查。这也是本节可分析内容和材料较少的原因。

综上所述，个体生命历程中的偶然因素（包括重大疾病、死亡、离婚等突发事件），可以通过暂缓甚至中断个体住房资源累积的优势，限制个体住房优势增长的速度或者直接使得个体住房资源累积跌入劣势累积的路径中。由于此类累积向下波动和累积断裂情况，极端、偶然且不可预知、不可逆转，对个体住房资源获得的消极影响较大，并不适宜采用该方法来改善住房不平等。相

---

❶ 2016 年 7 月 10 日，在推荐人的办公室与 C29 的访谈。该个案父亲已经生病去世，母亲不愿回忆往事，因此只能间接通过采访其女儿来了解该家庭的住房故事，不清晰的地方再通过女儿与母亲核对。

反，当个体因为累积向下波动甚至累积断裂而跌入住房累积劣势时，还需要完善的住房福利再分配政策和社会医疗保障政策降低其消极影响，维持个体基本的居住权利和居住需求，促进累积过程的向上波动。

第六章　结论与讨论

第一节　父代住房支持差异与子代住房资源获得

一、父代住房支持出现差异的根本原因

中国不同住房制度时期，父代家庭影响子代住房资源获得的机会差异是决定父代住房支持呈现结构性差异的根本原因。先赋性家庭因素（父代住房支持）对个体住房资源获得的影响经历了由间接影响到直接影响，且直接影响作用由小变大的历史过程（见图6-1）。

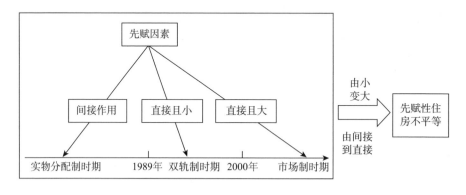

图6-1　不同住房制度时期的先赋因素与住房不平等

在住房实物分配制时期，国家和单位的住房福利再分配是广州城市居民获得住房资源的主要渠道。其中，受国家政治庇护，工人、农民身份比地主、富农等家庭阶级出身的个体在入学、就业、结婚、住房资源分配上更具优势。因

此，虽然父代家庭无法直接干预子代住房资源的获得，但可间接通过家庭阶级出身起作用。

在住房双轨制时期，个体住房资源的获得渠道中市场和单位并行。市场渠道的住房资源供给与分配遵循的是市场竞争中的效率逻辑，住房价格除了成本价外，还将随着供求关系的变化不断调整，住房价格较高。理论上，父代家庭可以通过提高个体在住房市场的竞争力而直接影响子代住房资源的获得。然而，在实践过程中，受单位住房资源获得渠道的排斥和父代家庭长期处于低工资—高住房福利体系的影响，体制内的城市居民更偏好选择等待单位较低价格的住房分配而不是从住房市场上购买高价的商品房，父代可以通过提供居住支持直接影响对子代住房资源获得，但影响较小。

在住房市场制时期，个体住房资源的获得以市场渠道为主，个体依据自致能力的高低参与住房市场的竞争。然而，本研究的实证研究发现，中、西方文化对个体与家庭的理解大不相同。丘海雄等人的研究认为，中国传统文化中的家庭中心主义，可能使中国人理性行动的单位与西方相比更多的是家庭而不是个人❶。因此，在中国传统社会结构和家庭主义文化的影响下，个体住房资源的获得并非个体一人之事，为子代买房帮助其结婚成家是父母，甚至是其他核心家庭成员的事情。父代家庭被子代动员并卷入住房市场的竞争中来，对子代住房资源的获得产生直接且较大的影响。

总体而言，中国住房制度改革是在确保体制内单位员工既得住房优势的前提下自上而下推动的，这有利于社会稳定和减少住房制度改革的阻力，有利于改善国家和人民的住房困境。然而，从长远来看，城市居民住房资源的两极分化即是随着住房制度改革开始的。住房双轨制时期，那些既有体制内优势，又有市场化资源的城市居民往往多渠道获得住房资源。反之，那些既处于体制外，又无市场优势的城市居民既难以获得国家住房福利庇护，又无法参与住房市场竞争获得优质住房资源。到了住房市场化时期，住房价格上涨带来的"住房财富效应"使得这一住房分化结果成为其子代在住房市场制时期的先赋性住房不平等，住房不平等在代际之间延续和扩大，并部分地消解了自致因素

---

❶ 丘海雄，张应祥．理性选择理论述评［J］．中山大学学报（社会科学版），1998（1）：118 - 125.

对子代住房资源获得的积极意义。

除了以上结构性的制度机会差异以外，住房价格的地域差异和文化偏好的性别差异也是分别影响父代住房支持呈现地域性不平等和群体性不平等的关键因素。笔者将在下一部分讨论父代住房支持的类型差异时，通过个案资料予以澄清。

二、父代住房支持的差异

在笔者调查到的个案中，父代住房支持的差异可以通过类型化的支持方式来体现，包含了实物支持、经济支持、居住支持和无支持四个类型，不同的住房支持形式代表了不同的父代住房支持能力。在中国住房制度变迁给父代住房支持带来的结构性机会差异背景之下，住房价格的地域差异如何影响父代住房支持能力的大小？文化偏好的性别差异如何决定父代住房支持的子代顺序？每一类型的父代住房支持又包含了哪些具体的分类，并通过什么方式分别实现？笔者将在下文分别进行分析：

1. 实物支持类型

实物支持是指已婚子女组建了新的家庭后，由父代家庭提供住房居住且产权也归子代所有的父代住房支持类型，包含了"广州实物支持"和"非广州实物支持"两种形式，是住房市场制时期独有的父代住房支持类型。究其原因：一方面，住房市场制时期快速增长的住房价格使得个体十分需要父代家庭的住房支持；另一方面，改革开放以来个体工资水平的不断提高，以及父代家庭早期低价累积的住房资源在住房市场制时期增值以后，父代家庭也有能力为子代提供住房实物支持。据《2010 年广州统计年鉴》数据显示，广州商品房平均价格为 4200 元/平方米❶。到了 2017 年，广州市住房和城乡建设委员会的最新数据显示：2017 年 1 月新建商品房网上签约信息中，11 区住宅商品房的平均价格约为 25724 元/平方米❷。7 年时间，房价相差 6 倍之高，这就产生了一个"住房财富效应"。案主购房时间越早住房购买的价格就越低，随着房价

---

❶ 广州统计局.2000 年统计年鉴［M］.北京：中国统计出版社，2001.

❷ 根据广州市住房和城乡建设委员会（http：//www.gzcc.gov.cn/）行业数据中的新建商品房网上签约信息的数据计算（包含了 11 个新的行政区划，只计算各区的住宅商品房价格）。

的不断上涨低价购买的住房日益增值，个体住房资产在产权数量不变的情况下，自动实现了住房财富的迅速增值。同时，在改革开放前的 1952 年（平均387 元/年）到 1978 年（平均 615 元/年），广东职工平均工资提高十分缓慢，26 年来只增加了 228 元，年均增加 8.8 元。改革开放以来，广东职工平均工资增加到 2007 年的 29443 元，年均增加 994 元❶。家庭工资水平的普遍提高，使得其在支付日常生活费用以后得以储蓄。由此可见，父代家庭随着住房财富和工资财富的双重累积，使其有能力为子代提供最高支持程度的住房实物支持。

根据所处区域不同造成的住房价格差异，同一类型的父代住房支持对子代在广州住房资源获得的影响不同。根据前文的个案材料总结：受区域住房价格差异的影响，实物支持住房的市场价值呈现自东部地区（C27 - Y80 - 1、C30 - X80 - 1）、中部地区（C11 - Y80 - 1）向西部地区（C20 - Z80 - 2）逐渐递减的趋势。一般而言，实物支持住房位于广州，且住房资源获得时间越早时，其住房市场价值越高，子代已经从无产权房阶级直接转变为有产权房阶级。反之，实物支持住房非广州的话，在广州落户工作的子代依然处于无产权房居住的租房阶段。实物支持仅仅意味着一定的租金收入或者可以转换为经济财富的固定资产，可以对子代在广州获得住房资源提供一定的经济帮助。

在此基础上，文化偏好的性别差异决定了父代住房实物支持的子代顺序，在有男性子代的家庭中普遍以男性已婚子代优先。比如，C20 - Z80 - 2 个案资料显示，案主妻子因为还有一个弟弟，因此在其结婚购房时并未获得自身父代家庭的支持，只能完全依靠男方父代家庭提供。然而，在独生子女家庭和无男性子代的多女家庭中，因为不具有性别偏好的选择空间，出现了父代家庭为女性子代提供住房实物支持的情况。在本研究调查的 C30 - X80 - 1 个案中，案主妻子为家中的独生女，在其尚未结婚时父代家庭就已将一套三层半、商住两用楼房的一半产权登记为其女名下。由此可见，受中国传统社会财产继承文化的父系偏好影响，有能力为子代提供住房实物支持的家庭，往往优先选择其男性子代。虽然也有父代家庭为女性子代提供实物支持的情况，然而这只是在无男性子代可选择的情况下观察到的结果，很大程度是由于国家计划生育政策造

❶ 张长生.改革开放以来广东职工工资总额及平均工资增长研析［J］.南方经济，2009（1）：64 - 73.

成的特殊家庭人口结构特征引起的群体性现象。随着 2016 年 1 月 1 日《广东省人口与计划生育条例》开始实施，"提倡一对夫妻生育两个子女"的第十八条规定标志着政策性的独生子女家庭将逐渐减少。可以预见，在住房实物支持上，这一性别文化偏好所受到的政策影响将越来越弱。

至此，当子代"望房兴叹"需要父代家庭支持而父代家庭又有支持能力时，实物支持才得以产生，并呈现出男性子代优先的特征。那么，实物支持类型是通过何种方式得以实现的呢？从材料来看：一是直接将个体低价获得的福利房（C27 - Y80 - 1），或者政府拆迁赔付的政策房（C11 - Y80 - 1、C20 - Z80 - 2）直接传递给子代；二是通过抛售股票、动用家庭储蓄等方式筹集资金为子代购买住房，然后直接将产权登记为子代所有的情形（C30 - X80 - 1）。由此可以概括出两类实物支持的形式：一类是结构性政策因素引发的实物支持，它们的共同特点是都以低于当时住房市场的价格获得了住房资源，从而可以为子代提供实物支持；另一类是与单位体制和市场经济体制都有亲和性的父代家庭更容易为子代提供住房实物支持。

2. 经济支持类型

经济支持是指已婚子女组建新的家庭后，由父代家庭为子女住房资源获得部分出资的父代住房支持类型，包含了"购房经济支持"和"租房经济支持"两种形式，因为其灵活性而普遍盛行于住房市场化时期。理论上，住房双轨制时期，住房市场渠道的拓宽，使得父代家庭也可以为子代提供住房经济支持。然而，在笔者的调查中，住房双轨制时期的个案中并未出现父代家庭为子代提供住房经济支持的情况。究其原因，需要考虑以下因素，即父代住房经济支持的前提必须是父代家庭有一定的经济财富累积。考虑到住房双轨制时期（1989—2000 年）的案主，其父代家庭全部生活于住房实物分配制时期，低工资—高住房福利的社会制度使得父代家庭的储蓄不高。程兰芳在研究中国城镇居民家庭经济结构时也指出，计划经济体制下，居民收入分配和消费都是按计划发放或者定量配给的，居民家庭收入除了满足基本生活消费支出外，几乎无法进行储蓄投资，即使有也是消费后的强迫剩余或者是从家庭基本消费中节省而来的❶。因此，当住房市场初步开放时，有能力进行住房消费的父代家庭在

---

❶ 程兰芳. 中国城镇居民家庭经济结构研究 [D]. 北京：首都经济贸易大学，2004：24.

满足自身住房需求之后，普遍不具备为子代提供住房经济支持的能力。需要指出的是，由于本研究能够调查到的个案有限，并不排除住房双轨制时期存在获得父代住房经济支持的特殊个案。

到了住房市场制时期（2000 年至今），随着改革开放的深入和工资制度改革的完成，父代家庭一方面可以通过体制内外不同渠道多方累积住房资源，另一方面还可以获得更多的工资储蓄，从而具备为处于住房市场制时期的子代提供住房经济支持，甚至是实物支持的能力。同时，由于住房市场价格的高涨远远超过了个体工资增长的正常幅度，子代十分需要父代家庭提供经济支持以早日获得首套房为结婚、生育子女做准备。社会上普遍出现了父代家庭付首付、夫妻还房贷的"代际合作购房"模式。父代家庭可以灵活地根据其家庭经济收入水平和财富累积状况为子代提供支持程度高低各异的经济支持，这也是住房市场制时期父代住房经济支持十分普遍的制度原因和现实原因。从个案父代住房支持方式的数量来看，在住房市场制时期的 21 个个案中，经济支持的个案多达 13 个。

除了受以上住房制度的结构性影响外，与实物住房支持一致，住房价格的地域差异和文化偏好的性别差异也同样影响了父代家庭为子代购房提供经济支持的能力大小和父代经济支持的优先顺序。具体来看，其一，同样是出售父代家庭住房为子代购房提供经济支持，但是鉴于每平方米住房价格的东、中、西区域差异，那些父代家庭所出售住房位于东部地区（C27 – Y80 – 1）时，其为子代提供经济支持的能力最强，中部（C1 – L90 – 1）次之，西部最弱。同时，受区域家庭经济收入—消费水平高低不等的影响，中、西部父代家庭的经济支持还需要克服广州高消费、高物价的限制，其实际的住房购买力与父代家庭所在地比较相对降低。其二，父代家庭为子代获得住房资源提供的经济支持中依然存在普遍的男性文化偏好。在笔者调查到的 13 个经济支持个案中，男方父代家庭提供经济支持的个案数为 10 个；女方父代家庭提供经济支持的个案数为 2 个，其女儿皆为家中独生子女（C3 – Y80 – 1、C26 – S80 – 1）；男女双方父代家庭都提供经济支持的为 1 个（C15 – L80 – 1），从经济支持的金额来看，男方父代家庭支持了 29 万元，由于不够三成首付，女方（独生女儿）父代家庭又支持了 5 万元。由此可知，家庭人口结构特征是影响经济支持由谁提供的关键因素。总的来看，无论是在由谁提供经济支持的选择上，还是在支持金额的比例上，都呈现男方父代家庭为主的文化偏好，除非独生女儿家庭无男性子代可选择时才会出现例外。

最后，笔者将总结个案材料中经济支持的实现方式，探讨哪些特质的父代家庭更容易为子代提供住房经济支持。这得结合具体的经济支持类型来看，出资金额的不同对父代家庭资本多少的要求不同，对子代住房资源获得的影响程度也不同。在笔者调查到的 13 个经济支持个案中，包含了"购房经济支持"和"租房经济支持"两种形式。其中，为子代购房提供经济支持最为普遍和常见，共计 12 个个案，这与住房价格高涨、子代购房强烈需要父代住房支持的意愿相关。租房的经济支持十分稀少，只调查到一个个案（C25 - Z80 - 0），这是因为租房所需要的经济支出与购房所需要的经济支出相比，子代普遍能够应付。该父代家庭之所以为子代提供住房经济支持并不是因为子代无法负担自身的租金，而是因为一儿一女都共同居住在出租房内，母亲到出租房照顾子女时顺带交付租金以减轻子女租房负担，这一支持行为十分随机且影响较小。

然而，购房经济支持类型的个案，由于购房经济支持对父代住房支持的要求较高，父代家庭往往需要多方集资，通过出售其原有住房（2 个个案）、提供家庭储蓄（9 个个案）、父母提供家庭储蓄并向亲属借款（2 个个案）等方式帮助子代获得住房资源。从材料来看，无论是通过哪种方式实现对子代的住房经济支持，那些从多渠道（市场、单位和父代家庭）获得住房资源的家庭，由于住房财富积累较多且经历住房价格增长带来的"住房财富效应"影响，其为子代提供住房经济支持的可能性和能力较高。

3. 居住支持类型

居住支持是指已婚子女组建新的家庭后，由父代家庭提供住房居住而住房产权仍为父母所有的父代住房支持类型。它包含了"独立自住""与父母合住"两种支持形式，其普遍存在于各个住房制度时期。一般而言，那些父代家庭为广州户籍人口且在广州拥有一定的住房资源时，更容易为子代提供居住支持。

在住房双轨制时期，父代住房支持对子代住房资源获得的影响以居住支持为主。8 个个案中，有一半个案是居住支持类型（C2 - Z60 - 1；C16 - C60 - 3；C18 - W50 - 1；C29 - M50 - 0）。究其原因，这与该时期特殊的住房制度特征息息相关。魏万青（2015）指出："单位存量房改革与住房金融市场的发展并存是住房双轨制时期的重要住房制度改革措施。"当个体从市场渠道获得住房时，住房资源按照个体市场经济能力分配，父代住房支持成为个体动员、提高其购房经济能力的重要对象，这使得父代家庭可以通过经济支持甚至是实物支持等方式直接影响子代住房资源的获得；当个体从单位渠道获得住房时，体制内的单位员工需要时间申请、排队，等待国家有限的住房资源分配，父代住房支持无法直接干预子代住房资源的获得，但可以通过为子代提供居住支持，为子代赢得等待单位住房福利分配的时间。

　　父代家庭的居住支持如此普遍一方面是市场房和单位房的巨大价格差异造成的。结合个案资料来看：C2 - Z60 - 1 个案案主在 2000 年仅花 4 万元就购买到了约 60 平方米的单位住房，每平方米住房约为 667 元。同年，广州商品房价格为 4200 元/平方米[1]，为公房销售价格的 6 倍之多。其余案主也多以低价获得单位福利房，且购买单位住房的时间越早，其住房购买的均价就越低。比如，C16 - C60 - 3 案主，1995 年仅花 2 万元就购买了一套 56 平方米的住房，每平方米住房价格为 357 元；C18 - W50 - 1 案主，1986 年花 2 万多元就购买到了一套约 80 平方米的单位住房，每平方米住房价格为 300 元左右。由于不同住房资源获得渠道的住房价格的巨大差异，以上三个处于体制内单位的案主往往优先选择与父母居住等待购买低价的单位房。而 C29 - M50 - 0 案主则是在 1999 年国企破产无法从单位渠道获得住房资源后，于 2002 年从住房市场购买了高价的商品房（36 万元，约 80 平方米，住房均价为 4500 元/平方米）、背负较多贷款后，选择与父母居住、出租商品房收取租金用于还款。另一方面，父代住房状况对子代产生的"社会化效应"[2]也使得案主们更偏好与父代家庭居住，等待单位福利房分配。C2 - Z60 - 1 案主将这种"社会化效应"解释为每一代人的住房风俗差异。父辈的住房资源获得都是等待单位分配住房，而其子代则处于父代家庭帮助购买住房结婚的社会风俗中，这是住房制度改革以来住房观念代际更迭的具体体现。从住房实物分配制时期到住房双轨制时期，由于住房资源获得的单位渠道一直畅通，受父辈依靠单位分房的经历影响，子代倾向于先与父母暂时居住等待单位分房，而不是购买价格较高的市场

---

❶　广州统计局. 2000 年统计年鉴［M］. 北京：中国统计出版社，2001.

❷　Philip P M Lersch, Luijkx R. Intergenerational transmission of homeownership in Europe: revisiting the socialisation hypothesis［J］. Social Science Research, 2015（49）: 327 - 342.

商品房。然而,随着住房制度改革结束了以往福利分房的历史,父代住房资源获得的经验将不再适用于新的住房制度时期。C2案主的子代已经无法参考、模仿父代获得住房资源的方式了,要想结婚就得依靠父母,尤其是男方父母支持购买住房。

到了住房市场化时期,由于父代家庭主要为子代购房提供经济支持,获得父代居住支持的个案相对减少,只有2个(C4-D80-1、C14-Y80-1)。随着社会流动的频繁和加速,住房市场制时期为子代提供居住支持已经突破了户籍、地域的限制。比如,C4-D80-1案主的父代家庭就是早期流动到广州经商购置住房,年老后回老家居住,将广州住房全部留给在广州的儿子工作、结婚使用。但这毕竟不是普遍现象,与中、西部的父代家庭相比,东部区域城市作为年轻一代社会流动的主要目的地,父代家庭处于这片区域时更容易为子代提供居住支持。至于居住支持程度的高低,则与父代家庭住房资源的累积状况相关。当父代家庭住房资源累积达到2套以上时,不仅可以满足自住的需求,还可全部让渡出另一套住房的使用价值供子代独立自住。同那些父代家庭只有一套住房、"与父母合住"的案主相比,前者获得居住支持的程度更高。

此外,无论是住房双轨制时期,还是住房市场制时期,中国传统父系文化偏好的性别差异依然存在。在笔者调查到的6个居住支持个案中,全部为父代家庭为已婚男性子代提供居住支持的情况。

4. 无支持类型

无支持是指子代没有获得任何来自父代家庭的住房支持,其住房需求的满足完全依靠自己,包含了"永久无支持"和"暂时无支持"两种形式。与居住支持一样,无支持类型也普遍存在于各个住房制度时期。在住房双轨制时期,8个个案中有一半属于无支持类型个案(C6-C40-2、C8-J60-1、C13-T60-3、C17-L60-0)。为何父代家庭无法为子代提供任何的住房支持呢?首先,不同出生世代的案主经历住房双轨制的时机不同,使得父代住房支持影响子代住房资源获得的可能性不同。比如,C6-C40-2个案案主出生于20世纪40年代,其进入住房双轨制的时机处于个体生命历程的晚期,此时父代家庭由于年龄原因生老病死,已经不可能为子代住房资源的获得提供居住支持。

父代家庭住房资源累积状况和家庭人口特征也是限制父代家庭提供住房支持的关键因素。比如出生于20世纪60年代的C17-L60-0个案案主,其进入住房双轨制的时机正处于个体生命历程的早期，此时父代家庭尚在，有为子代住房资源获得提供居住支持的理论空间。然而，该案主的父代家庭虽然户籍地位于广州，但其最终未获得单位住房的合法产权而只有员工的毕生居住权，且家庭子代人口众多，所以无法为子代住房资源的获得提供住房支持。而另一个情况类似的C8－J60－1案主，虽然父代家庭在广州有单位分配的产权房，但由于家庭子代人口，尤其是男性子代人口众多，父代家庭只能为最小的男性子代提供居住支持。

除了以上因为出生世代的支持机会差异和父代住房支持能力不足而造成的"永久无支持"类型以外，还有少数"暂时无支持"类型的存在。比如，本研究调查到的C13－T60－3个案即为此种情形，因为子代家庭经济收入水平较高，且位于体制内单位，既能从单位渠道获得低价福利房，又能依靠家庭储蓄和住房金融手段从住房市场购买商品房。由此可见，当子代家庭的自致能力较高时，会呈现出子代家庭暂时无支持的特征，但这并不意味着父代家庭无住房支持能力。

到了住房市场制时期，在笔者调查到的21个个案中，未获得父代居住支持的个案共计4个（C22－H80－0、C23－D80－0、C21－N70－0、C24－T80－0），且"暂时无支持"案主较多。这些案主都处于住房资源累积的早期，由于广州住房价格高昂，新入职工作、无较多储蓄的年轻案主无法一毕业就完全依赖于父代家庭的支持购房。因此，更多的案主选择租房居住而呈现暂时无支持的特征。他们为何能自付租金而不需要父代家庭的帮助呢？结合个案材料来看，C22－H80－0个案，案主在广州某事业单位工作，收入稳定且住房福利高。丈夫在广州某国企工作，收入稳定且绩效工资和奖金收入丰厚。夫妻二人还通过豆瓣合租方式分担租金压力。这使得其不仅暂时不需要父代家庭提供租房支持，还可以为后续购房储蓄一定的家庭财富，缓解未来父代住房支持的压力。C23－D80－0个案，则是因为夫妻二人一个在事业单位，一个在央企，单位通过提供低租金的宿舍和申请政府人才公寓的方式为员工提供住房福利，暂缓了其购房的压力并节约了租房居住的资金。C21－N70－0的情况也类似，由于男方所在部队的特殊性质，有低租金的两室一厅居住，而女方还在读博士后，希望租住在学校的公寓方便工作、生活，因而两人目前暂时不需要父代家庭提供住房支持。

然而，未来一旦购房，这些案主的父代家庭都有一定的住房支持能力，或者已经有明确的父代住房支持计划。比如，C22-H80-0案主，女方父代家庭计划支持 10 万元左右，但女方因为还有一个弟弟，还是希望不给父母增加经济负担，偏好选择依靠自己和男方父代家庭购房。而男方父代家庭虽然家庭经济状况不佳，甚至 2014 年家里在县城买房时还需要子代提供经济支持，但如果子代未来购房其也会提供五六万元的经济支持。由此可见，父代家庭住房支持计划依然有男性偏好，但也出现了女方父代家庭为女性子代提供住房支持计划的松动。

另外 C24-T80-0 个案，则是"永久无支持"类型。无论是女方还是其未婚男友，双方父代家庭都因为家庭经济收入有限而无法为子代租房或者买房提供任何支持。因此，两人及其双方的父代家庭觉得租房结婚也是不错的选择，不一定有产权房才有家。尽管有现实的无奈，但这毕竟是中国传统住房权属选择观念变迁的起点。

三、父代住房支持差异及其导致的住房不平等

(一) 住房双轨制时期的先赋性住房不平等

父代住房支持的有无和多少形成了子代住房资源获得的初始不平等，并影响其后续住房资源的获得，此即父代住房优势/劣势在代际之间传递和扩大的过程，先赋性住房不平等由此产生。结合个案材料来看，在住房双轨制时期，父代住房支持的形式十分单一，居住支持和无支持类型个案各占一半。其中，居住支持包含了 1 个"独立自住"和 3 个"与父母合住"个案；无支持包含了 3 个"永久无支持"和 1 个"暂时无支持"个案 (详见表 6-1)。

表 6-1 住房双轨制时期父代住房支持方式的分类

主要类型	居住支持		无支持	
具体分类	独立自住	与父母合住	永久	暂时
合计	1	3	3	1

居住支持的父代住房支持优势主要体现为提供部分或者全部住房空间供子代居住，帮助其节约租金支出。住房双轨制时期，无父代住房支持的案主既可

以租赁单位和政府提供的公有住房，又可以从市场上租赁个人私房。租赁渠道不同，租赁价格也不同。据《广州市住房制度改革调查报告》资料显示：广州市于 1990 年开始统一公房租金标准，每月平均 0.27 元/平方米。同时由承租人所在单位根据广东省规定的住房标准，在标准面积内按实际租住面积的租金额的 40% 发住房补贴。自 1991 年开始逐步提高公房租金为 1.61 元/平方米的水平，然后向商品租金逐步过渡❶。2000 年，国家计委办公厅、建设部办公厅关于 2000 年全国公有住房租金改革情况的通报显示，广州公有住房租金达到 3.00 元/平方米❷。公有住房租金经历了从福利租金到商品租金的转变，每平方米月租金价格不断提高。但由于早期公房租金普遍较低，且提租后又有单位发放的租金补贴，因此有单位的职工就算父代无居住支持，其租住公有住房的租金支出压力并不大。

在笔者调查的 4 个无支持个案中，3 位案主早期都是租住在价格较低的公有住房中，这是十分普遍的情况。唯有 C22 - L69 - 0 案主，因为没有工作单位，只能从私人手中租赁住房，每平方米租赁价格约为 13 元，租金价格远高于公有住房的租金价格，且面临着年年不断上涨、无单位租赁补贴的压力。由上可知，住房双轨制时期，有无父代住房支持对子代住房资源获得的影响要依据有无工作单位来分析。当无支持案主为单位职工时，其虽处于父代住房支持的劣势，却因为获得单位租房福利而减缓了这一代际住房资源累积起点的差异。当无支持案主非单位职工时，案主需要支付更多的租金从私人手中租房居住，父代住房支持差异会导致一定的先赋性住房不平等。然而，考虑到居住支持并不直接改变个体所处住房阶级地位，上述先赋性住房不平等主要体现为租金支出对后续购房款的消耗上。因此，有无父代住房支持对子代住房资源获得的影响不大，父代住房支持差异引发的先赋性住房不平等十分有限。

（二）住房市场制时期的先赋性住房不平等

住房市场制时期，市场成为个体住房资源获得的主要渠道。父代家庭被个

---

❶　国家物价局物价研究所城镇住房价格调查组. 广州市住房制度改革调查报告 ［J］. 中国物价，1991（3）：25 - 30.

❷　国家计委办公厅，建设部办公厅. 国家计委办公厅、建设部办公厅关于 2000 年全国公有住房租金改革情况的通报 ［J］. 中国房地产，2001（8）：4 - 6.

体广泛动员参与到子代住房资源获得的经济竞争中来，父代家庭对子代住房支持的方式日益多样化且十分普遍，其对子代住房不平等的影响也日渐凸显。结合个案资料来看，在笔者调查到的21个个案中，除了住房双轨制时期的居住支持（2个）和无支持类型（4个）个案以外，还出现了实物支持（4个）、经济支持（13个）等父代住房支持程度较高的个案类型。其中，有2个个案（C20-Z80-2、C27-Y80-1）为双重父代住房支持的情况（详见表6-2）。

表6-2　住房市场制时期父代住房支持方式的分类

主要类型	实物支持		经济支持		居住支持		无支持	
具体分类	广州	非广州	购房	租房	独立自住	与父母合住	永久	暂时
个案数	1	3	12	1	2	无	1	3
合计	4		13		2		4	

由此可见，在住房市场制时期，父代为子代提供住房支持十分普遍，父代住房支持优势/劣势引发的先赋性住房不平等十分明显。

父代住房支持优势最高的是"广州实物支持"类型，住房资产累积起点较高且有效的累积时间较长。与广州同龄人相比，由于父代家庭直接在广州购房并馈赠给子代，他们直接跨越租房阶段较早成为有产权房阶级。同时，由于个体住房资源累积的时间有限，且住房价格随着时间的推移不断高涨，较早成为有产权房阶级又不消耗子代家庭的经济能力，有利于案主后续住房资源的累积。

比父代住房支持优势次之的是"购房经济支持"案主和"非广州实物支持"案主。就前者而言，通过父代家庭的经济支持，子代得以较早筹够首付在广州获得首套产权房，实现住房阶级地位的转变。而且，当父代家庭的经济支持较高时，子代后续的还款时间和月还款金额较低，这有利于案主尽快成为多产权房阶级。就后者而言，由于父代家庭的实物支持不在广州，父代家庭提供的住房通常采取出租或出售的方式获利，帮助在广州工作生活的子代家庭储蓄在广州购房的资金，或者减轻购房后的还款压力。此即父代家庭为子代广州住房资源获得变相提供的经济支持，且受住房价格的影响，同等住房面积下中部地区实物支持的支持程度高于西部地区。

父代住房支持优势最低的是"居住支持"和"租房经济支持"案主。就前者而言，无论是"独立自住"还是"与父母合住"，除了在居住面积、环境和质量上有所差别外，两者都在不改变子代住房阶级地位的基础上，帮助其节约租金支出，增加购房的资金储蓄。就后者而言，父代家庭的租金支持同样无法改变子代目前所处的租房阶段，只是减轻其租房的经济压力。两者殊途同归，都不同程度地减轻了子代在广州租房的经济负担却不改变子代在广州所处的无产权房状态，子代住房资源累积的起点依然是无产权房阶级。

处于父代住房劣势的则是永久性无支持案主。唯一一个永久无支持的个案是 C24 – T80 – 0，因为双方父代家庭皆无能力而无法为子代提供任何住房支持。子代家庭不仅需要自己支付租金，还要储存积蓄以备未来购房。其余 3 个"暂时无支持"案主，虽然目前处于无父代住房支持阶段，但未来购房时父代家庭都有相应的经济支持计划。因此，并不将其纳入当前有关父代住房支持优势、劣势的讨论中。

由上可知，在住房市场制时期，有无父代住房支持对子代住房资源的获得影响巨大。有父代住房支持优势者，或者住房资源累积的初始阶级地位较高，或者住房阶级地位转换的时间相对减少。而父代住房支持劣势者，则需要克服父代住房支持劣势，并长期处于无产权阶级阶段。与住房双轨制时期相比，父代住房支持差异所引发的先赋性住房不平等十分明显。再加上住房市场制时期，大城市优质住房资源稀缺，住房价格不断上涨带来的"住房财富效应"更是加剧了这一住房资源优势累积的效应。闵学勤运用 CGSS2005 数据说明，中国城市青年在完成学业踏入社会后不久，便自觉不自觉地卷入汹涌的房地产市场，并携同父辈、祖辈以及自己的下半辈子与远高出收入的住房捆绑在一起，这种飞蛾扑火般的住房消费模式已经完全陷入了拜物逻辑❶。父代住房支持累积机制和高房价的相互作用，使得有房者越有房，无房者越难购房，住房不平等在代际之间延续并扩大。

（三）降低先赋性住房不平等的方法

父代住房支持对子代住房资源获得的影响是先赋性的，个体无法选择和改

---

❶ 闵学勤. 空间拜物：城市青年住房消费的仪式化倾向 ［J］. 中国青年研究，2011（1）：36 – 41.

变。然而，如果我们能干预父代住房累积优势和劣势的形成过程，改变其原有的累积程度或者累积方向，将有利于防止先赋性住房不平等的代际延续和扩大。第五章对累积过程的个案研究也表明，累积过程中优势/劣势累积机制的发展趋势并非稳定不变，累积波动的存在为我们预留了改善先赋性住房不平等程度的理论空间。笔者认为，个体住房资源累积过程的波动可划分为两种类型：一是累积向上波动的情形；二是累积向下波动的情形，甚至发生累积断裂❶（见表6-3）。

表6-3　累积过程的波动及其对先赋性住房不平等的影响

累积过程的波动方式	影响累积波动的因素	作用方式	先赋性住房不平等的影响
向上波动	教育因素	内部促进	改变累积劣势方向
	政策因素	外部促进	改善累积劣势程度
向下波动	偶然因素	有内有外	改变原有累积方向

由表6-3可知，不同方向的累积波动对个体住房资源获得结果的影响不同。教育因素是从内部促进个体克服父代住房支持劣势（无支持类型个案案主）的路径依赖，实现个体住房资源优势累积，甚至获得较高住房阶级地位（多产权房阶级）的根本性因素，此即累积向上波动的情形（C6 - C40 - 2、C13 - T60 - 3）。正是受教育程度的提高带来了工资性收入的增长，增强了个体购房的经济竞争力，这使得个体具备了克服父代住房支持的劣势，甚至实现住房资源优势累积的可能性。通过对中国社会转型与社会分层的研究，倪志伟等学者提出了人力资本回报逐渐上升的假设❷。1990—1999年，我国城镇的个人教育收益率是逐年递增和上升的。同时，通过对就业途径的选择，教育得以

---

❶　累积过程波动的研究参考了史密斯（Jeffrey A. Smith）和法瑞斯（Robert Faris）（2015：139 - 153）对成人地位分层的研究，其发现了传统优势累积模型中，存在不影响累积结果的累积趋势变化过程。另外，李均鹏在探讨生命历程研究中的重大问题时认为，吸纳断裂因素是对累积研究进行改进的方向之一。本研究对累积断裂的分析受到此文启发。（Jeffrey A Smith, Robert Fairs. Movement without mobility: Adolescent status hierarchies and the contextual limits of cumulative advantage [J]. Social Networks, 2015 (40): 139 - 153; 李钧鹏. 生命历程研究中的若干问题 [J]. 济南大学学报（社会科学版），2011, 21 (3): 63 - 66.）

❷　Victor Nee. A Theory of Market Transition: From Redistribution to Markets in State Socialism [J]. American Sociological Review, 1989, 54 (5): 663 - 681.

促进个人收入的直接增长❶。在《论人力资本投资》一书中，舒尔茨指出："近几十年来，受教育的程度以及依靠这种形式的人力资本所增加的收入，可能已经成为使个人收入分配发生变化的主要因素。同时，人力资本理论把每个人的健康状况都当作一种资本的储备，即健康资本，预期寿命的延长和成年人健康的改善提高了劳动力的素质和劳动生产力❷。"因此，不难理解，在住房双轨制时期和住房市场化时期，自致的教育因素会成为改善先赋性住房不平等的关键因素。

奥兰德的研究也有类似的观点。他认为，个体生命历程中早期的经济困难可以通过干预资源的累积，尤其是教育资源，实现劣势的调整和补偿，这一过程开始的时间越早，初期的差异越不容易造成严重的社会分化❸。在给定社会不平等程度的情况下，最重要而且最有效的国家干涉是对教育制度的干涉，这可以促进中国社会中良性代际流动模式的形成❹。2014年一篇最新的研究论文也论证了人力资本与家庭住房支付能力的密切关联，该研究指出人力资本较高（高教育程度、更加健康和长寿）意味着他们拥有较高的住房支付能力和有效的住房需求。相反，人力资本较低（低教育程度、治疗疾病的消费）则会对住房消费产生负面影响❺。所以，当父代住房劣势已经形成时，可以通过对教育公平的干预补偿既有的代际住房累积劣势，从源头上提高个体的住房市场竞争力，防止先赋性住房不平等无限扩大。

除了教育因素对先赋性住房不平等的积极改善以外，政策因素导致的累积向上波动作为补充手段，只能从外部改善案主父代住房累积的劣势程度，而无法直接改变劣势累积的方向和结果。至于偶然因素，尤其是重大疾病和意外死亡导致累积向下波动和累积断裂发生时，政府的住房再分配政策还应适当照顾此类住房困难群体。由此可见，政府在缓解先赋性住房不平等上不可或缺。一

---

❶ 李实，丁赛. 中国城镇教育收益率的长期变动趋势［J］. 中国社会科学，2003（6）：58－72.

❷ ［美］西奥多·W. 舒尔茨. 论人力资本投资［M］. 吴珠华，译. 北京：北京经济学院出版社，1990：1－27，211－239.

❸ O'Rand A M. Cumulative Advantage Theory in Life Course Research［J］. Annual Review of Gerontology & Geriatrics，2002，22（1）：14－30.

❹ 李煜. 代际流动的模式：理论理想型与中国现实［J］. 社会，2009，29（6）：60－84.

❺ Piet Eichholtz，Thies Lindenthal. Demographics，human capital，and the demand for housing［J］. Journal of Housing Economics，2014（26）：19－32.

方面，住房不平等产生以后，政府为城市中的弱势群体提供住房保障，"让居者有其屋"是责无旁贷的事情，这不仅事关社会民生问题的妥善解决，还是人民共享改革开放发展成果的必然要求；另一方面，公平的社会医疗保障制度可以减少个体维持健康或者治疗疾病的经济压力，最低限度地降低医疗消费对个体住房支付能力和既有住房财富的消耗（C29 - M50 - 0）。

第二节　代际累积机制所解释的先赋性住房不平等

一、代际累积机制解释先赋性住房不平等的逻辑图

借鉴以往研究中使用代际累积机制解释社会不平等的理论框架，笔者结合广州的个案材料，提炼出中国住房制度改革以来先赋性住房不平等形成的原因、过程机制和结果。具体如图 6-2 所示。

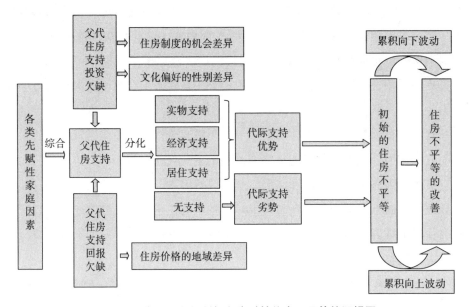

图 6-2　代际累积机制解释先赋性住房不平等的逻辑图

首先，笔者将影响子代住房资源获得的各类先赋性家庭因素概念化为父代住房支持。与单一的某一家庭层次因素只解释某一部分的住房资源获得差异相比，该复合概念可以直接分类考察不同父代住房支持方式对子代住房资源获得

的不同影响，具有更高的解释力度。其中，住房制度的机会差异、文化偏好的性别差异导致父代住房支持的投资欠缺，住房价格的地域差异则导致对父代住房支持的回报欠缺，他们是决定父代住房支持对子代住房资源获得的影响有无和大小的主要原因。结合材料具体分析：其一，住房制度的机会差异使父代住房支持投资欠缺呈现结构性的世代差异。中国住房制度改革的历史过程即是父代住房支持影响子代住房资源获得由间接到直接，且作用由小变大的历史过程。因此，不同出生世代因为经历住房制度改革的时机不同，其获得父代住房支持的制度空间和影响大小也不同。其二，文化偏好的性别差异使得父代住房支持投资欠缺呈现群体性差异。它是中国住房不平等研究区别于西方的特殊之处。长期以来，中国父系财产继承文化对男性子代的偏好，使得住房不平等在男性子代和女性子代之间存在巨大的差异。其三，住房价格的地域差异使父代住房支持回报差异呈现阶梯性特征。由于住房市场发展的地域性差异，同等父代住房支持对子代住房资源获得的影响，东部最大，中部次之，西部则最小。比如，当父代家庭的住房实物支持处于住房价格较高的东部地区时，其与那些实物支持处于住房价格次之或者较低的中、西部地区相比，对子代住房资源获得的影响更大。

其次，从父代住房支持影响子代住房资源获得不平等的过程或者中间环节来看：父代住房支持能力的高低不同，使得其在为子代提供住房支持时选择的方式也不同。实物支持、经济支持、居住支持和无支持类型中，前三者都属于有父代住房支持优势的情形，区别只在于具体的优势程度不同。后者由于父代未提供任何类型的住房支持而相对处于父代住房支持劣势中。中国住房制度改革以来，父代家庭逐渐被动员并日益普遍地参与到子代的住房市场竞争中来。而且，住房市场改革带来的住房价格上涨，在增加父代家庭住房财富的同时，直接地提高了父代家庭为子代住房支持的经济实力。大城市高昂的住房价格也使得住房市场制时期的子代比以往任何一个住房制度时期，更需要父代家庭的住房支持。因此，从住房双轨制时期到住房市场制时期，父代住房支持方式从单一走向多样化，父代住房支持的优势、劣势差距也由小变大，先赋性住房不平等日益凸显。

最后，从父代住房支持影响子代住房资源获得不平等的结果来看：父代住房支持优势/劣势累积形成了子代住房资源获得的初始不平等，导致住房不平等在代际之间不断延续和扩大。然而,在累积趋势发展的过程中,如果能较早地进行内部干预促进父代住房累积劣势者向上波动,或者通过外部干预的方法降低个体受到偶然因素引发的累积向下波动和累积断裂,可以在一定程度上改善先赋性住房不平等。

二、代际累积机制解释先赋性住房不平等的理论意义

社会学的住房不平等研究源远流长,前后相继,分别形成了"阶级分析""市场转型"和"个体生命历程"三大研究视角。最早的"阶级分析"视角通过对宏观住房分层体系和阶级结构的研究,澄清了具体历史时期住房不平等的截面情况;中期的"市场转型"视角通过对宏观住房供给—分配机制和住房制度改革历史的研究,澄清了住房不平等产生的宏观原因;较晚的"个体生命历程"视角则在宏观的社会历史背景下,探讨了微观个体行动如何导致个体命运迥异的住房轨迹。据此,可以发现解决住房不平等问题的能动空间。本研究延续个体生命历程视角理论的住房不平等研究,参考个体生命历程理论中出现的优势/劣势累积概念,并借鉴了以往"累积机制"解释社会不平等的理论框架。通过广州个案材料的分析,将代内累积研究扩展到代际领域,从中提炼出代际累积机制解释先赋性住房不平等的理论框架。研究结果表明:"代际之间的累积机制"对住房不平等的因果解释力是随着中国住房制度历史变迁从间接到直接,由小变大的。当父代住房支持差异引发的先赋性住房不平等问题日益凸显时,对累积波动的过程研究则表明,可以通过干预累积波动的发展方向改善住房不平等的代际延续。

然而,作为解释住房不平等的诸多研究视角之一,本研究个体生命历程视角的累积研究,仅仅是在宏观住房制度改革的历史背景中,集中探讨了微观家庭因素对个体住房资源获得产生影响的原因、过程和结果。其优势在于为我们揭示了父代住房支持差异与个体住房资源获得不平等的因果关联中,存在一个优势/劣势在代际之间不断累积、延续和扩大的过程。而且,这一代际累积机制解释先赋性住房不平等问题能成立的基本前提有以下几点。

首先,中国住房市场化改革以来,住房价格不断上涨带来的"住房财富效应"会持续存在,足以强化全民投资住房实现家庭财富保值增值的意愿。截至笔者调查,广州个案研究的经验证明了这一点。其人口众多,优质住房资

源稀缺，住房价格自住房市场化改革以来不断增长，住房领域的资本投资收益率逐渐大于个体工资收入的增长率，这使得父代住房支持差异引发的住房不平等随着住房财富的不断增值被逐渐扩大。一方面，有父代住房支持优势且优势程度较高者，个体住房资源累积的起点较高，后期住房资源累积的有效时间较长，且住房财富投资—回报进入良性循环中。另一方面，无父代住房支持优势者，不仅需要与有父代住房支持优势者竞争，还需要克服父代住房支持的劣势，陷入恶性循环的怪圈。在那些人口稀少、住房资源相对充裕、住房价格增长幅度不大的非一线城市和农村，累积机制解释先赋性住房不平等如何复制与扩大的解释力就相对降低了。

其次，中国传统社会结构中对于"个体与家庭"关系的理解，以及中国传统文化对于"住房与家"的看法，也决定了累积机制解释先赋性住房不平等的有效性。"住房财富效应"虽然提高了父代家庭有住房支持的能力，并迫使子代受高昂住房价格的影响十分需要父代家庭的住房支持。但是，父代住房支持意愿和能力要转换为有效的父代住房支持行动，中国传统社会结构和文化发挥了重大的催化作用。费孝通先生在分析乡土中国的社会结构时，曾指出西洋社会是一个团体格局的社会，就像我们在田里捆柴，几根稻草束成一把，几把束一扎，几扎束成一挑。每一根柴在整个挑里都属于一定的捆、扎、把。每一根柴也都可以找到同把、同扎、同捆的柴，分扎得清楚不会乱的。而中国社会则是一个差序格局的社会，由内向外，从个体、家庭、家族，一直外推到国家，这好像是一把石头丢在水面上所发生的一圈圈推出去的波纹❶。也就是说，在西方社会个体是独立于团体的，而中国社会，在代际相连的父系阶序关系中，家庭与个体相互交织在一起，你中有我，我中有你。而且，由于住房资源是个体结婚成家、养育子女的重要场所，这使得住房成为兼具父系血脉延续和家庭财富代际传承的文化意义的家。因此，当住房价格上涨子代购房困难时，父代家庭成为个体动员参与其购房行为的关键主体。买房不仅是个体子代家庭的事情，还是夫妻双方父代家庭的事情，帮助子代购房不仅事关父代家庭能否完成抚育子代结婚成家的伦理责任，还关乎着父系血脉的香火不断和家庭财富的代际传承。

---

❶ 费孝通. 乡土中国［M］. 北京：北京大学出版社，1998：13－17.

三、代际累积机制解释先赋性住房不平等的实践意义

托马斯·皮凯蒂（Thomas Piketty，2014）在《21 世纪资本论》中指出，一个 50～60 岁的人，不管财富是自己挣的还是从家庭继承的，只要财富超过了相应的界限，资本就会不断自我复制并开始加速累积，而且他的财富还可以转交给下一代继续增长，这意味着"食利者"❶ 社会将会出现❷。当经济增长率放缓使得其社会成员的收入难以像高增长率时期一样依靠现有人口的工资收入积累时，从祖上继承的遗产和财富的比例将逐渐上升，财富分配以及相应资本收入的分配将比劳动收入的分配更加集中，社会不平等主要由资本所有权的不平等引发。

就中国社会而言，经济结构转型以及社会人口的老龄化使得经济增长率逐渐放缓，资本所有权差异引发的不平等高于工资收入引发的社会不平等，尤其是在住房领域。具体来看，在当前的中国社会中，住房不仅是满足个体和家庭生活不可或缺的社会公共品，还是可以出租、出售、投资获利的商品。与股票、债券等金融市场投资相比，由于低风险、高回报、稳定收益，住房投资成为中国家庭财富配置的重要组成部分。再加上中国传统父系家庭财富传承的文化观念影响，出于社会文化责任和经济投资的双重考虑，父代家庭财富正通过住房渠道提前、快速地传递到子代，住房财富的收益率将大于个体的工资收入。比如，2016 年10 月，广州杨箕村的千桌宴引发了全国人民热议。起初是"城中村改造摆千桌宴庆贺，村民坐拥千万房产"图文并茂的新闻报道，然后相关的新闻评论扑面而来，"杨箕村的万人宴，是打在所有奋斗者脸上的耳光""杨箕村不过是最底层的食腐者""失去奋斗，房产再多我们也将无家可归"。这正是资本收益大于工资收益的典型案例，引发了我们对于社会公平的思考。

考虑到当前农村空心化❸、中小城市和城镇对人口吸引力不足的情况❹，

❶ 指靠利息、股息收入而不是工资收入为生的社会群体。

❷ ［法］托马斯·皮凯蒂. 21 世纪资本论［M］. 巴曙松，译. 北京：中信出版社，2014：337.

❸ 杨忍，刘彦随，陈秧分. 中国农村空心化综合测度与分区［J］. 地理研究，2012，31（9）：1697－1706.

❹ 辜胜阻，郑超，曹誉波. 大力发展中小城市推进均衡城镇化的战略思考［J］. 人口研究，2014，38（4）：19－26.

未来人口聚集的大城市住房资源在一定时期内依然是稀缺的资源，价高者得。因此，从代际的"累积机制"探讨父代住房支持差异与住房不平等的关联十分必要和紧迫，兼具理论和现实意义。

第三节 "中国社会趋于开放还是封闭"的讨论

一、争论起源和各方观点

关于"社会趋于开放还是封闭"的讨论最早源于布劳·邓肯（Blau Peter O. D. Duncan，1967）的《美国职业结构》一书。他们将先赋性因素、自致性因素作为自变量，个体社会地位为因变量，从职业地位获得的视角探讨了社会流动与开放的程度❶。当个体职业地位的获得主要受家庭社会经济地位和父代初职地位等先赋性的家庭因素影响时，个体社会地位的获得依靠先天继承为主，社会分层体系趋于封闭，这是传统农业社会中社会分层与流动的主要特征。相反，当个体职业地位的获得主要依靠教育这一自致因素获得时，个体社会地位获得依靠后天努力为主，社会分层体系趋于开放，这是现代工业社会中社会分层与流动的主要特征。边燕杰等人认为，自20世纪60年代开始，布劳·邓肯的"工业化逻辑"成为西方社会分层和流动研究的主流理论。然而，从20世纪70年代特别是80年代以来，这个经典理论受到来自资本主义和社会主义现状的两方面的严峻挑战。❷

与西方社会分层与流动机制诞生于比较稳定的现代工业社会不同，中国的社会分层与流动机制研究需要考虑中国社会制度、政策剧烈变迁的宏观制度背景，和传统农业社会到工业社会转型过渡的基本特征。因此，中国从社会主义再分配体制到市场化经济体制转型的独特经验，成为中、西方社会分层与流动关注的焦点，并在20世纪80年代引发了以"市场转型理论"为核心的学术争论。

---

❶ Blau P M O D Duncan. The American occupational structure [M]. New York：Wiley, 1967, 33 (2)：296.

❷ 边燕杰，李路路，李煜，等. 结构壁垒、体制转型与地位资源含量 [J]. 中国社会科学，2006 (5)：100 – 109.

　　首先是关于中国社会转型以来，社会逐渐趋于开放的观点。以倪志伟为典型代表的研究者认为，随着中国社会市场经济体制的建立，人力资本回报的上升、政治资本回报下降，社会分层的标准从计划经济时期的政治分层转变为市场体制时期的自由竞争为主的经济分层❶。当个体主要通过后天自致的教育因素提高人力资本并在市场竞争中自由地实现地位流动时，意味着中国社会分层体系趋于开放。虽然，该阶段并不排除精英再生产逻辑的运作，但是有数据分析表明，在市场转型的前 20 年里，精英阶层的固化程度还不足以影响社会流动机制的正常运行❷。在中国社会市场转型初期，得益于人力资本回报的提高，以及市场化自由竞争机制的建立，中国社会趋于开放，社会不平等程度有所降低。

　　与之相反的观点则认为，改革开放使得中国从一个相对平均的社会，快速转变为一个收入差距巨大、社会不平等急剧上升的国家。这场由中国政府自上而下推行的渐进式改革，虽然在早期打破了原有的政治分层规则，但是在政权稳定的大背景下，政治资本的回报在经历早期的下降后又不断回升。宋时歌将其解释为"权力转换的延迟效应"，他认为随着这个延迟期造成的干部权力真空结束，新兴的经济精英将越来越多地来自干部群体，"精英再生"将是主要潮流。因此，中国的市场改革并不是像有些理论所描述的那样是减少由再分配体制产生的社会不平等的过程。恰恰相反，市场改革提供了一种干部权力转换的机制，通过这个机制，在社会主义再分配制度下有限的、受到特定意识形态严格限制的社会不平等，转化为自由市场条件下不受任何约束和限制的、绝对的不平等❸。李强则从户籍、人事等的制度性入手，分析了劳动力市场的不完善、单位体制的制约，以及身份制会阻碍个体依靠后天的努力实现社会流动❹。类似的主张还有

　　❶ Victor Nee. The Emergence of a Market Society: Changing Mechanisms of Stratification in China [J]. American Journal of Sociology, 1996, 101 (4): 908 - 949; Victor Nee. A Theory of Market Transition: From Redistribution to Markets in State Socialism [J]. American Sociological Review, 1989, 54 (5): 663 - 681.

　　❷ 张乐, 张翼. 精英阶层再生产与阶层固化程度——以青年的职业地位获得为例 [J]. 青年研究, 2012 (1): 1 - 12.

　　❸ 宋时歌. 权力转换的延迟效应——对社会主义国家向市场转变过程中的精英再生与循环的一种解释 [J]. 社会学研究, 1998 (3): 26 - 36.

　　❹ 李强. 改革开放 30 年来中国社会分层结构的变迁 [J]. 北京社会科学, 2008 (5): 14 - 18.

"权力衍生论"❶ "精英阶层再生产论"❷，他们分别从权力在市场上的寻租行为和政治、经济等精英阶层的再生产机制等入手，探讨了政治资本回报延续甚至上升的原因，以及政治精英再生产导致社会阶层固化的后果。由此可见，至少在政治精英的再生产层面，社会流动的机制受到了阻碍，社会不平等程度有所上升。同时，"随着中国的改革开放和经济转型，教育机会分配的不平等程度逐步加强，家庭背景及制度因素对教育获得的影响不断上升❸"。也就是说，教育为主的自致因素对降低社会不平等的积极影响受到削弱。综上所述，在中国社会转型的后期，随着人力资本回报对改善个体初始社会经济地位的作用下降与政治资本回报延续性上升导致的精英阶层复制和再生产，社会发展趋于封闭。

最后是一种比较折中的观点，认为中国社会"一部分开放、另一部分封闭"或者"早期趋于开放，晚期逐渐封闭"。李春玲从社会流动机制变迁的视角研究后认为，我们发现很难简单地依据流动情况，判断经济改革之前或之后的社会结构哪一个更开放或更封闭，因为，在某些方面社会变得更加开放，而同时在另一些方面社会封闭性又有所发展。这两个方向的变化同时发生，使当前的社会结构变迁表现出复杂性特征❹。张翼对中国人社会地位获得的"阶级继承"和"代内流动"情况的比较分析证明了这一社会开放与封闭并存的复杂状况，其研究结论不仅在于发现中国社会正在走向开放型社会，而且还在于证明"父亲职业地位"仍然具有影响力——"先赋性因素具有显著性"❺。李煜则在区分各阶层社会流动机制的基础上，将中国社会流动机制进一步概括

❶ 刘欣. 当前中国社会阶层分化的多元动力基础——一种权力衍生论的解释 [J]. 中国社会科学, 2005 (4): 101 – 114; 刘欣. 当前中国社会阶层分化的制度基础 [J]. 社会学研究, 2005 (5): 1 – 25.

❷ 郑辉, 李路路. 中国城市的精英代际转化与阶层再生产 [J]. 社会学研究, 2009 (6): 65 – 86; 吕鹏, 范晓光. 中国精英地位代际再生产的双轨路径 (1978—2010) [J]. 社会学研究, 2016 (5): 114 – 138.

❸ 李春玲. 社会政治变迁与教育机会不平等——家庭背景及制度因素对教育获得的影响 (1940—2001) [J]. 中国社会科学, 2003 (3): 86 – 98; 叶晓阳, 丁延庆. 扩张的中国高等教育: 教育质量与社会分层 [J]. 社会, 2015, 35 (3): 193 – 220.

❹ 李春玲. 断裂与碎片: 当代中国社会阶层分化实证分析 [M]. 北京: 社会科学文献出版社, 2005: 402.

❺ 张翼. 中国人社会地位的获得——阶级继承和代内流动 [J]. 社会科学文摘, 2004 (9): 59.

为：市场化和再生产"双重流动机制"下的菱形结构模式，即上层的精英阶层和社会底层多表现为家庭地位继承的流动模式，向上或向下的机会都不多，而处于中间阶层的大量普通社会成员受益于市场化进程所带来的社会开放性，其流动模式趋向自由竞争模式，他们会拥有较多的流动机会[1]。李路路、朱斌利用三次中国综合社会调查数据，分析 60 余年中国社会阶层代际流动发现：随着社会经济体制的转型，社会排斥的主要机制从"体制排斥"转向"市场排斥"，总体社会流动率逐步提升，社会开放性呈波浪式变化，然而代际继承在各个时期都是代际流动的主导模式，如果社会优势阶层利用市场排斥机制实现阶层再生产，则未来中国社会仍然存在阶层固化的可能性[2]。以上研究从不同视角解读了中国社会开放性和封闭性并存的复杂性。

二、基于先赋性住房不平等研究的回应

目前学术界主要从职业获得、教育获得、政治精英再生产的地位获得研究等方面分析个体地位获得，并从中提炼出相对成型的机制或者模式解释中国社会分层与流动的历史变迁过程。李强也指出，一般而言，个人或群体社会地位的变化主要有以下几种途径，包含了职业的改变、经济上的成败、政治上的成败、教育成就、权力的控制和婚姻途径[3]。然而，"考虑到在中国的经济结构转型和体制转轨过程中，由于分配领域中双轨制和隐性收入的广泛存在，职业和收入作为社会分层的主要指标具有很大的局限性，而消费结构成为更能反映真实情况的分层指标"[4]。因此，笔者从住房消费视角分析先赋性因素和自致性因素对住房分层、流动机制和住房不平等的具体影响，可对有关"中国社会趋于开放还是封闭"做出真实、具体的回应。

住房实物分配制时期（新中国成立后—1989 年）：个体住房资源的获得遵循国家主导的单位筛选与排斥机制，属于社会主义国家计划经济体制下的住房供给—分配模式。无论是个体"职业""学历"等自致因素，还是"家庭阶级

❶ 李煜. 代际流动的模式：理论理想型与中国现实 [J]. 社会，2009，29（6）：60 – 84.
❷ 李路路，朱斌. 当代中国的代际流动模式及其变迁 [J]. 中国社会科学，2015（5）：40 – 58.
❸ 李强. 当代中国社会分层与流动 [M]. 北京：当代中国经济出版社，1993：6 – 7.
❹ 李培林，张翼. 消费分层：启动经济的一个重要视点 [J]. 中国社会科学，2000（1）：52 – 61.

出身""父辈职业状况"等先赋性因素,只有在国家政治制度、意识形态等政治因素的偏好框架下,才能在个体住房资源的获得上发挥作用。根据历史资料,辅以个案调查发现:先赋性因素对个体住房资源获得的影响大于自致性因素的作用。前者决定了个体有无住房福利分配的资格。比如,家庭阶级出身较好的工农阶级更容易在教育、就业方面受到照顾成为体制内单位的一员,从而获得住房福利分配资格。后者则影响着个体住房福利分配的时间早晚和质量高低等。考虑到改革开放前,中国工人和农民众多且无住房或住房条件恶劣的情况下,国家庇护有助于打破原有的住房分层与代际流动模式,更加平均地进行住房资源的统筹分配,住房分层与流动体系趋于开放。只是到了后期,由于国家住房供需矛盾明显,财政负担严重,全民住房问题突出,住房制度改革才势在必行。

住房双轨制时期(1989—2000年):住房资源的供给和分配呈现国家—单位渠道和住房市场渠道双轨并行的特征。住房分层与流动在遵循"单位排斥原则"的前提下,逐渐以遵循住房市场的"自由竞争原则"为主,住房产权私有化成为家庭固定资产,并可以出售获利成为投资增值的商品而不仅仅是以往的福利品。结合上文的8个个案研究发现,随着住房市场化改革的开始,个体可以通过后天的努力或者动员父代家庭提供住房支持的方式提高其在住房市场的购买力。也就是说,自致因素和先赋性因素都能够影响子代住房资源的获得。然而,从实际调查的个案来看,受历史经济原因和现实购房成本比较的影响,父代家庭为子代提供住房支持的能力不高,以居住支持为主,且子代更倾向于以内部员工的优惠价购买单位住房。因此,有无父代住房支持对子代住房资源获得结果的影响不大,个体受教育水平的高低导致的人力资本差异才是影响子代能否多渠道获得住房资源的关键因素,住房分层与流动体系趋于开放。

住房市场化时期(2000年以后):个体住房资源的获得遵循"自由竞争"原则,属于中国特色社会主义市场经济体制下的住房供给—分配模式。结合上文的21个个案研究来看,一方面,住房价格上升带来的"住房财富效应"提高了父代住房支持的能力,出现了较高支持能力的实物支持和经济支持,前者可以直接帮助子代跨越无产权房阶段,处于较高的住房阶级地位起点。后者则可以较早地帮助子代从无产权房阶段进入有产权房阶段,甚至可以减缓子代后续住房资源累积的经济压力。原有的居住支持在缓解子代住房经济压力上,由于大城市租金价格的上涨也显得十分重要，因此，有无父代住房支持，父代住房支持能力的高低，对子代住房资源的获得，尤其是首套房的获得影响巨大，甚至出现了个体住房阶级地位的获得与其当前家庭经济收入分层不匹配的 "错位" 情况。这表明，传统社会中主导阶级流动的先赋性因素决定了所处的住房阶级地位的起点和后续住房阶级地位流动的空间，高昂的房价、代际住房阶层固化，消解了个体奋斗的意义。另一方面，随着教育扩招导致个体受教育程度的普遍提高，教育因素依然是影响个体住房资源获得的关键因素。然而，面对十分高昂的住房价格，那些较高教育水平的个体仅仅依靠初职工资收入也无法满足购房结婚生子的刚性住房需求。而且，个案研究还发现，受教育水平高并不意味着最先获得住房资源。个体受教育时间越长，自然推迟了结婚和就业的年龄，反而容易错过在住房价格低速增长时期购房的历史机遇。因此，该阶段子代住房资源的获得，尤其是首套房的获得上十分需要父代家庭的住房支持，再加上中国传统社会结构和家族文化的催化，父代家庭帮助子代购房的现象十分普遍。当然，长远来看，随着住房价格上涨的空间缩小，以及个体后期高教育水平的人力资本回报效应凸显，教育因素依然是个体住房资源获得，尤其是二套房以上住房资源获得的关键因素。该阶段，个体早期住房资源的获得和初始住房阶级地位的改变，受先赋性家庭因素的影响较为明显，自致因素虽然也是影响子代住房资源获得的关键因素，但却存在早期劣势和滞后效应，住房分层与流动体系既有开放的一面，也有趋于封闭的发展趋势。

而且，与西方社会相比，中国独特的社会结构和父系财富继承文化使得高房价时期，父代住房支持优势、劣势差异累积对子代住房资源获得结果的影响更为普遍。一方面，影响个体住房资源或者住房阶级地位获得的初始地位效应巨大，而 "初始地位的效应越大，机会分布就会越不平等"❶。另一方面，住房价格上涨如果基于社会大众认可的市场机制（比如：效率机制、供求机制等），由此造成的结果不平等是可以接受的。然而，现代社会流动的频繁以及不同地区、省份市场发展程度的差异交织在一起，使得市场机制决定的住房价格，牵涉住房市场和地区发展程度等结构性的潜在机会不平等。因此，那些住

---

❶ 边燕杰、吴晓刚，李路路. 社会分层与流动：国外学者对中国研究的新进展 [M]. 北京：中国人民大学出版社，2008：1-29.

房资源稀缺和社会流动剧烈的大城市的居民，对于住房不平等的差异化感受更为明显，对于住房不平等的认知程度更为深入。综上所述，正是先赋性的家庭因素和结构性市场差异相互交织，共同给广州城市居民带来了住房领域的机会不平等体验。相较于结果不平等而言，机会的不平等代表的个体或者家庭超越所处住房阶级的可能性的降低让社会大众更加难以接受。一个有社会活力和开放的现代社会，出于社会激励的需要，一定范围内的住房资源获得结果不平等在某种程度上是合理和必需的，同时，也需要尽可能地实现让个体或者家庭住房资源获得的机会维持公平的社会理想。

综上所述，一方面，广州住房制度改革的历史过程，即是广州住房分层与流动机制逐渐趋于开放的历史过程，自致性的教育因素直接影响着个体住房资源的获得，且影响作用由小变大，住房不平等程度逐渐降低。另一方面，先赋性家庭因素对个体住房资源获得的影响经历了由间接影响到直接影响，且直接影响作用由小变大，住房不平等程度逐渐上升的过程，广州住房分层与流动机制有趋于封闭的发展趋势。由此可见，广州住房分层与流动体系开放性和封闭性并存，且存在开放性为主、有封闭性发展趋势的特征。本研究的结论虽然存在广州个案的特殊性，然而在中国社会转型和住房制度改革的层面上，其与那些同样房价高、人口多、优质住房资源稀缺的大城市一样存在共通之处，可以在一定程度上反映出中国社会如何在住房领域走向开放，又出现封闭性发展苗头。

最后，需要注意并反思的是，当前中国社会，尤其是优质住房资源紧张的大城市，蓬勃的住房消费市场是以无数个父代家庭，甚至祖父代家庭共同牺牲个体毕生储蓄，并冒着降低未来老年生活质量的风险，为子代缓解住房压力的结果。然而，住房不仅是普通的商品，它还是满足人类繁衍、生活和再生产的特殊物质资料，具有公共福利品的特殊属性。无论是中国还是西方，住房问题从来就不是一个人，或者一两个家庭可以全部承担的，这应该是个人、家庭、社会和国家共同助力解决的社会民生问题。子代住房阶级地位和其家庭经济收入水平的错位背后，是先赋性住房不平等日益扩大的结果。未来，如何实现住房公平，降低中国社会不平等的程度，我们任重而道远。

参 考 文 献

[1] [美] G. H. 埃尔德. 大萧条的孩子们 [M]. 田禾, 译. 南京: 译林出版社, 2002.

[2] 毕建国, 林成策. 分配不均——城市住房紧张的重要原因 [J]. 社会, 1988 (12).

[3] 边燕杰, 吴晓刚, 李路路. 社会分层与流动: 国外学者对中国研究的新进展 [M]. 北京: 中国人民大学出版社, 2008.

[4] 边燕杰, 刘勇利. 社会分层、住房产权与居住质量——对中国"五普"数据的分析 [J]. 社会学研究, 2005 (3).

[5] 边燕杰, 约翰·罗根, 卢汉龙, 潘允康, 关颖. 单位制与城市住房商品化 [J]. 社会学研究, 1996 (1).

[6] 边燕杰, 李路路, 李煜, 郝大海. 结构壁垒、体制转型与地位资源含量 [J]. 中国社会科学, 2006 (5).

[7] 蔡禾, 黄建宏. 谁拥有第二套房? 市场转型与城市住房分化 [J]. 吉林大学 (社会科学学报), 2013 (4).

[8] 蔡禾. 城市社会学: 理论与视野 [M]. 广州: 中山大学出版社, 2003.

[9] 曹尔阶. 关于低工资供给制分配方式和总需求膨胀的初步研究 [J]. 经济研究, 1988 (10).

[10] 程兰芳. 中国城镇居民家庭经济结构研究 [D]. 北京: 首都经济贸易大学, 2004: 24.

[11] 陈那波. 海外关于中国市场转型论争十五年文献述评 [J]. 社会学研究, 2006 (5).

[12] 陈向明. 质性研究的新发展及其对社会科学研究的意义 [J]. 教育研究与实验, 2008 (2).

[13] 陈向明. 质性研究: 反思与评论 [M]. 重庆: 重庆大学出版社, 2008.

[14] 陈向明. 质的研究方法与社会科学研究 [M]. 北京: 教育科学出版社, 2003.

[15] 城乡建设环境保护部. 国家统计局的第一次全国城镇房屋普查成果新闻公报 [R].

1986 – 12 – 2：566.

［16］［美］戴维·格伦斯基．社会分层［M］．北京：华夏出版社，2006.

［17］邓国彬．论高等教育领域中城乡不平等的代际延续——基于累积优势的理论视角［J］．湖北社会科学，2012（6）.

［18］杜本峰，黄剑焜．城市青年住房分层形成机制研究——基于先赋因素和自致因素的分析［J］．北京社会科学，2014（9）.

［19］［德］恩格斯．论住宅问题［M］．北京：人民出版社，1956.

［20］［德］恩格斯．英国工人阶级状况［M］．北京：人民出版社，1951.

［21］方长春．体制分割与中国城镇居民的住房差异［J］．社会，2014（3）.

［22］费孝通．家庭结构变动中的老年赡养问题［J］．北京大学学报（哲学社会科学版），1983（3）.

［23］费孝通．乡土中国 生育制度［M］．北京：北京大学出版社，1998.

［24］范伟达．现代社会研究方法［M］．上海：复旦大学出版社，2004.

［25］［美］格伦斯基．社会分层［M］．2版．北京：华夏出版社，2005.

［26］辜胜阻，李正友．住房双轨制改革与住宅市场启动［J］．社会学研究，1998（6）.

［27］辜胜阻，郑超，曹誉波．大力发展中小城市推进均衡城镇化的战略思考［J］．人口研究，2014，38（4）.

［28］广东省地方史志编纂委员会．广东省志，城乡建设志［M］．广州：广东人民出版社，2006.

［29］广东省基本建设委员会．房产文件汇编（内部文件）．广州：广东省基本建设委员会，1978.

［30］广州统计局.2000年统计年鉴［M］．北京：中国统计出版社，2001.

［31］广州市地方志编纂委员会．广州市志（卷三）［M］．广州：广州出版社，1995.

［32］广州市地方志编纂委员会．广州市志：1991—2000［M］．广州：广州出版社，2009.

［33］广州市国土局，房地产管理局．土地、房产文件汇编（1988—1993.5）［R］．1993（5）.

［34］国家经济体制改革委员会．中国经济体制改革年鉴［M］．北京：改革出版社，1993.

［35］国家人口计划生育委员会人口服务管理司．中国流动人口发展报告（2010）［M］．北京：中国人口出版社，2011.

［36］国家物价局物价研究所城镇住房价格调查组．广州市住房制度改革调查报告［J］．中国物价，1991（3）：25 – 30.

［37］国家计委办公厅，建设部办公厅．国家计委办公厅、建设部办公厅关于2000年全国

公有住房租金改革情况的通报 [J]. 中国房地产, 2001 (8): 4 – 6.

[38] 贺寨平. 社会经济地位、社会支持网与农村老年人身心状况 [J]. 中国社会科学, 2002 (3).

[39] 胡蓉. 中国城镇住房资源阶层分化研究 [D]. 广州: 中山大学, 2010.

[40] 胡薇. 累积的异质性——生命历程视角下的老年人分化 [J]. 社会, 2009, 29 (2).

[41] 黄静. 基于30个城市非平稳面板计量的住房财富效应实证检验 [J]. 管理评论, 2011, 23 (5).

[42] [英] 凯西·卡麦兹. 建构扎根理论: 质性研究实践指南 [M]. 重庆: 重庆大学出版社, 2009: 238.

[43] 李斌. 分化的住房政策: 一项对住房改革的评估性研究 [M]. 北京: 社会科学文献出版社, 2009.

[44] 李春玲. 断裂与碎片: 当代中国社会阶层分化实证分析 [M]. 北京: 社会科学文献出版社, 2005.

[45] 李春玲. 社会政治变迁与教育机会不平等——家庭背景及制度因素对教育获得的影响 (1940—2001) [J]. 中国社会科学, 2003 (3).

[46] 李路路. 再生产与统治——社会流动机制的再思考 [J]. 社会学研究, 2006 (2).

[47] 李路路, 秦广强. 当代中国的阶层结构分析 [M]. 北京: 中国人民大学出版社, 2016.

[48] 李路路, 朱斌. 当代中国的代际流动模式及其变迁 [J]. 中国社会科学, 2015 (5).

[49] 李培林, 张翼. 消费分层: 启动经济的一个重要视点 [J]. 中国社会科学, 2000 (1).

[50] 李强. 转型时期城市"住房地位群体"[J]. 江苏社会科学, 2009 (4).

[51] 李强, 王美琴. 住房体制改革与基于财产的社会分层秩序之建立 [J]. 学术界, 2009 (4).

[52] 李强. 当代中国社会分层与流动 [M]. 北京: 中国经济出版社, 1993.

[53] 李强. 改革开放30年来中国社会分层结构的变迁 [J]. 北京社会科学, 2008 (5).

[54] 李实, 丁赛. 中国城镇教育收益率的长期变动趋势 [J]. 中国社会科学, 2003 (6).

[55] 李晓. 财产性收入的马太效应研究 [D]. 临汾: 山西师范大学, 2005.

[56] 李亦园. 台湾汉族家庭的传统与现代适应 [M] //乔健. 中国家庭及其变迁. 香港中文大学, 1991: 60.

[57] 李实, 丁赛. 中国城镇教育收益率的长期变动趋势 [J]. 中国社会科学, 2003 (6): 58 – 72.

[58] 李煜. 代际流动的模式：理论理想型与中国现实 [J]. 社会，2009（6）.

[59] 李煜，郝大海. 结构壁垒、体制转型与地位资源含量 [J]. 中国社会科学，2006（5）.

[60] 李钧鹏. 生命历程刍议 [J]. 华东理工大学学报（社会科学版），2011，26（2）：1－7.

[61] 林双凤. 城市居民的住房资源获得研究——以广州市S大学为研究案例 [D]. 广州：中山大学，2012.

[62] 林成策，毕建国. 分配不均——城市住房紧张的重要原因 [J]. 社会，1988（12）：24－24.

[63] 刘精明，李路路. 阶层化：居住空间、生活方式、社会交往与阶层认同——我国城镇社会阶层化问题的实证研究 [J]. 社会学研究，2005（3）.

[64] 刘望保，闫小培. 国外生命历程理论与居住选择研究回顾与展望 [J]. 世界地理研究，2006，15（2）.

[65] 刘望保，闫小培，曹小曙. 转型时期中国城镇居民住房类型分化及其影响因素——基于CGSS（2005）的分析 [J]. 地理学报，2010，65（8）.

[66] 刘欣. 当前中国社会阶层分化的多元动力基础——一种权力衍生论的解释 [J]. 中国社会科学，2005（4）.

[67] 刘欣. 当前中国社会阶层分化的制度基础 [J]. 社会学研究，2005（5）.

[68] 刘祖云，毛小平. 中国城市住房分层：基于2010年广州市千户问卷调查 [J]. 中国社会科学，2012（2）：94－109.

[69] 刘祖云，戴洁. 生活资源与社会分层——一项对中国中部城市的社会分层研究 [J]. 江苏社会科学，2005（1）.

[70] 刘祖云，胡蓉. 城市住房的阶层分化：基于CGSS2006调查数据的分析 [J]. 社会，2010（5）.

[71] 刘祖云. 穗港住房保障研究 [M]. 北京：中国社会科学出版社，2013.

[72] 卢晖临，李雪. 如何走出个案——从个案研究到扩展个案研究 [J]. 中国社会科学，2007（1）.

[73] 陆学艺. 当代中国社会流动 [M]. 北京：社会科学文献出版社，2004.

[74] 陆学艺. 当代中国社会阶层研究报告 [M]. 北京：社会科学文献出版社，2002.

[75] [美] 罗伯特·K. 殷. 案例研究：设计与方法 [M]. 周海涛，李永贤，李虔，译. 重庆：重庆大学出版社，2010.

[76] [美] 罗伯特·K. 莫顿，马亭亭，林聚任. 科学界的优势和劣势累积 [J]. 贵州社

会科学，2010（11）.

[77] 吕朝贤. 贫困动态及其成因——从生命周期到生命历程［J］. 台湾大学社会工作期刊，2006（14）.

[78] 吕鹏，范晓光. 中国精英地位代际再生产的双轨路径（1978—2010）［J］. 社会学研究，2016（5）.

[79] ［荷］马特·G. M. 范德普尔. 个人支持网概述［J］. 国外社会，1994（4）.

[80] 麻国庆. 社会结合和文化传统——费孝通社会人类学思想述评［J］. 广西民族大学学报（哲学社会科学版），2005（3）：30 – 39.

[81] 麻国庆. 家与中国社会结构［M］. 北京：文物出版社，1999.

[82] ［美］迈尔斯·休伯曼. 质性资料的分析：方法与实践［M］. 张芬芬，译. 重庆：重庆大学出版社，2008.

[83] 闵学勤. 空间拜物：城市青年住房消费的仪式化倾向［J］. 中国青年研究，2011（1）：36 – 41.

[84] 毛小平. 市场分割、家庭资本与住房分化［J］. 兰州学刊，2010（12）.

[85] 毛小平. 购房：制度变迁下的住房分层与自我选择性流动［J］. 社会，2014，34（2）：118 – 139.

[86] ［美］米尔斯. 社会学的想象力［M］. 陈强，张永强，译. 北京：生活·读书·新知三联书店，2001.

[87] 潘允康，林南. 中国现代家庭模式［J］. 社会学研究，1987（3）.

[88] 丘海雄，张应详. 理性选择理论述评［J］. 中山大学学报（社会科学版），1988（1）.

[89] 阮曾媛琪. 社会支持网络与社区照顾［M］. 北京：北京大学出版社，1996.

[90] 宋时歌. 权力转换的延迟效应——对社会主义国家向市场转变过程中的精英再生与循环的一种解释［J］. 社会学研究，1998（3）.

[91] 孙晓娥. 深度访谈研究方法的实证论析［J］. 西安交通大学学报（社会科学版），2012，32（3）：101 – 106.

[92] ［法］托马斯·皮凯蒂. 21 世纪资本论［M］. 巴曙松，译. 北京：中信出版社，2014：337.

[93] 孙明. 家庭背景与干部地位的获得（1950—2003）［J］. 社会，2011（5）.

[94] 孙秀林，周飞舟. 财政与分税制：一个实证解释［J］. 中国社会科学，2013（4）.

[95] ［美］托马斯·库恩，等. 科学革命的结构［M］. 金吾伦，胡新和，译. 北京：北京大学出版社，2012.

[96] 王海涛，任强，蒋耒文．中国四大城市住房市场化程度及社会人口学因素——以北京、上海、广州和重庆为例［J］．市场与人口分析，2004，10（2）．

[97] 王磊．谁能进入体制？——单位制的分化与单位地位的"蜂窝式再生产"［J］．北京社会科学，2016（1）．

[98] 王宁．代表性还是典型性？——个案的属性与个案研究方法的逻辑基础［J］．社会学研究，2002（5）．

[99] 王宁．个案研究的代表性问题与抽样逻辑［J］．甘肃社会科学，2007（5）．

[100] 王宁．消费制度、劳动激励与合法性资源——围绕城镇职工消费生活与劳动动机的制度安排及转型逻辑［J］．社会学研究，2007（3）．

[101] 王宁．住房竞争与社会不平等［J］．中国房地产评论，2006（5）．

[102] 王宁，陈胜．中国城市住房产权分化机制的变迁——基于广州市（1980—2009）的实证研究［J］．兰州大学学报（社会科学版），2013，41（4）．

[103] 王宁，张杨波．住房获得与融资方式［J］．广东社会科学，2008（1）．

[104] 王星．调控失灵与社会的生产：以房地产业为个案及拓展［J］．社会，2008，28（5）．

[105] 王艳．基于人口转变视角的中国城镇住房需求变化研究［M］．成都：西南财经大学出版社，2014．

[106] 魏万青．社会转型背景下的城市居民住房问题研究——住房阶层理论的视角［M］．武汉：华中科技大学出版社，2015．

[107] 文军，蒋逸民．质性研究概论［M］．北京：北京大学出版社，2010．

[108] 吴开泽．生命历程与住房资源获得研究：基于2010年广州千户问卷调查［D］．广州：中山大学，2014．

[109] 吴开泽．生命历程视角的城市居民与二套房获得［J］．社会，2016（1）．

[110] 吴维平，王汉生．寄居大都市：京沪两地流动人口住房现状分析［J］．社会学研究，2002（3）．

[111] 武中哲．制度变迁的交互作用及其分层效应——基于单位制度和住房制度改革的分析［J］．社会科学，2010（1）．

[112] 肖鸿．试析当代社会网研究的若干进展［J］．社会学研究，1999（3）．

[113] 徐洁，李树茁．生命历程视角下女性老年人健康劣势及累积机制分析［J］．西安交通大学学报（社会科学版），2014，34（4）．

[114] 徐静，徐永德．生命历程理论视域下的老年贫困［J］．社会学研究，2009（6）．

[115] ［美］西奥多·W. 舒尔茨．论人力资本投资［M］．吴珠华，译．北京：北京经济

学院出版社, 1990: 1 – 27, 211 – 239.

[116] 许琅光. 祖荫下:中国乡村的亲属、人格与社会流动 [J]. 王芃, 徐隆德, 译. 台北:南天书局, 2001.

[117] 杨忍, 刘彦随, 陈秧分. 中国农村空心化综合测度和分区 [J]. 地理研究, 2012, (319).

[118] 杨善华, 孙飞宇. 作为意义探究的深度访谈 [J]. 社会学研究, 2005 (5).

[119] 杨中超. 教育扩招促进了代际流动? [J]. 社会, 2016 (6).

[120] 叶晓阳, 丁延庆. 扩张的中国高等教育:教育质量与社会分层 [J]. 社会, 2015, 35 (3).

[121] 易成栋. 中国城市家庭住房选择的时空变动和社会分化研究 [M]. 北京:北京大学出版社, 2012.

[122] [美] 泽林尼, 科斯泰罗. 关于市场转型的争论:走向综合? [M] //边燕杰. 市场转型与社会分层——美国社会学者分析中国. 北京:生活·读书·新知三联书店, 2002: 570 – 589.

[123] 张乐, 张翼. 精英阶层再生产与阶层固化程度——以青年的职业地位获得为例 [J]. 青年研究, 2012 (1).

[124] 张琪. 美国、德国、新加坡住房保障制度建设经验与启示 [J]. 社会科学战线, 2009 (12).

[125] 张长生. 改革开放以来广东职工工资总额及平均工资增长研析 [J]. 南方经济, 2009 (1): 64 – 73.

[126] 张文宏, 阮丹青. 城乡居民的社会支持网 [J]. 社会学研究, 1999 (3).

[127] 张杨波. 城市"消费品"与社会不平等 [J]. 中国房地产评论, 2006 (5).

[128] 张翼. 中国人社会地位的获得——阶级继承和代内流动 [J]. 社会学研究, 2009 (4).

[129] 张丽. 我国城市居民住房支付能力研究 [D]. 大连:东北财经大学, 2005: 1 – 7.

[130] 张友琴. 老年人社会支持网的城乡比较研究——厦门市个案研究 [J]. 社会学研究, 2001 (4).

[131] 朱迪. "80 后"青年的住房拥有状况研究——以 985 高校毕业生为例 [J]. 江苏社会科学, 2012 (3): 63 – 68.

[132] 郑辉, 李路路. 中国城市的精英代际转化与阶层再生产 [J]. 社会学研究, 2009 (6).

[133] 中共中央马克思 恩格斯 列宁 斯大林著作编译局. 马克思恩格斯选集·第 3 卷

［M］. 北京：人民出版社，1995.

［134］周飞舟. 生财有道：土地开发和转让中的政府和农民 ［J］. 社会学研究，2007（1）.

［135］周运清，向静林. 住房改革理论与实践：一个文献综述 ［J］. 社会与人口，2009（4）.

［136］Akos Rona-Tas. The First Shall Be Last? Entrepreneurship and Communist Cadres in the Transition from Socialism ［J］. American Journal of Sociology，1994，100（1）：40 – 69.

［137］Amanda Helderman，Clara Mulder. Intergenerational Transmission of Homeownership：The Roles of Gifts and Continuities in Housing Market Characteristics ［J］. Urban studies，2007，44（2）：231 – 247.

［138］Andrea E Willson，Kim M Shuey，Glen H Elder，Jr. Cumulative Advantage Processes as Mechanisms of Inequality in Life Course Health ［J］. American Journal of Sociology，2007，112（6）：1886 – 1924.

［139］Andrew G Walder. Local Goverments as Industrial Firms：An Organization Analysis of China's Transitional Economy ［J］. The American Journal of Sociology，1995，101（2）：263 – 301.

［140］Barney G Glaser，Anselm L Strauss. The Discovery of Grounded Theory：Strategies for Qualitative Research ［M］. Chicago：Aldine，1967.

［141］Bernard H R. Unstructured and Semi-structured Interviewing：Research Methods in Culture Anthropology ［M］. New bury Park：Sage，1988.

［142］Bian yanjie，John Logan. Market Transition and the Persistence of Power ：the Changing Stratification System in Urban China ［J］. American Sociology Review，1996（61）：739 – 759.

［143］Bitter C，Plane D A. Housing Markets，the Life Course，and Migration Up and Down the Urban Hierarchy ［M］//Clapham D F，Clark W A V，Gibb（Edit），K. The SAGE Handbook of Housing Studies. SAGE Publications Ltd，2012：295 – 312.

［144］Blau P M O D Duncan. The American Occupational Structure ［M］. New York：Wiley，1967.

［145］Castells M. City，Class and power ［M］. New York，MacMillan：St. Martins Press，1978.

［146］Chevan A. The growth of home ownership：1940 – 1980 ［J］. Demography，1989（2）：249 – 266.

[147] Clark W A V, Deurloo M C, Dieleman F M. Housing careers in the United States, 1968, 93: Modelling the sequencing of housing states [J]. Urban Studies, 2003, 40 (1): 143 – 160.

[148] Clark W A V, Deurloo M C, Dieleman F M. Tenure changes in the context of micro level family and macro level economic shifts [J]. Urban Studies, 1994, 31 (1): 137 – 154.

[149] Daichun Yi, Yuhong Huang, Gang-Zhi Fan. Social Capital and Housing Affordability: Evidence from China [J]. Emerging Markets Finance & Trade, 2016, 52 (8): 1728 – 1743.

[150] Dannefer D. Aging as Intracohort Differentiation: Accentuation, the Matthew Effect and the Life Course [J]. Sociological Forum, 1987, 2 (2): 211 – 236.

[151] Elder G H. Life course dynamics: trajectories and transitions 1968 – 1980 [M]. Ithaca, New York: Cornell University Press, 1985: 345.

[152] Elder G H, Johnson M K, Crosnoe R. The Emergence and Development of Life Course Theory [M]. Handbook of Life Course. Springer US, 2003.

[153] Erik Olin Wright. The shadow of exploitation in Weber's class analysis [J]. American Sociology Review, 2002, 67 (6): 832 – 853.

[154] Edgington E S. Review of The Discovery of Grounded Theory: Strategies for Qualitative Research. [J]. Canadian Psychologist Psychologie Canadienne, 1967, 8a (4): 360.

[155] Gerring, John. Case Study Research: Principles and Practices [M]. Cambridge: Cambridge University Press, 2007.

[156] Goldthorpe, Johnh. Progress in Sociology: The Case of Social Mobility Research [M] // Stefan Svallfors. Analyzing Inequality: Life Chances and Social Mobility in Comparative Perspective (Ch2), Palo Alto: Stanford University Press, 2005.

[157] Hall A, Wellman B. Social networks and social support [M] //Cohen S, Syem SL. Social Support and Health. Orlando, FL: Academic Press, 1995.

[158] Haurin D R, Hendershott P H, Wachter S M. Wealth accumulation and households: an exploratory investigation [J]. Journal of Housing Research, 1966, 7 (1): 33 – 57.

[159] Hout, Michael. Social Mobility and Inequality: A Review and an Agenda [M] // Kathryn Neckerman. Ch. 26 in Social Inequality. New York: Russell Sage Foundation, 2004.

[160] Jeffrey A Smith, Robert Faris. Movement without Mobility: Adolescent Status Hierarchies and the Contextual Limits of Cumulative Advantage [J]. Social Networks, 2015 (40): 139 – 153.

[161] Lai GW, LinN, Leung S. Network resources, contact resources, and status attainment [J]. Soc. Networks, 1998, 20 (2): 159 – 178.

[162] Lenski, Gernard. Power and Privilege [M]. New York: MaGraw-Hil, 1966.

[163] Liu Zuyun, Mao Xiaoping. Housing Stratification in Urban China: A Study Based on a Guangzhou Household Questionnaire Survey [J]. Social Sciences in China, 2012, 33 (4): 5 – 27.

[164] Louis Wirth. Housing as a Field of Sociology [J]. American Sociology Review, 1947, 12 (2): 137 – 143.

[165] Mayer K U, U Schoepflin. The State and the Life Course [J]. Annual Review of Sociology, 1989, 15 (15): 187 – 209.

[166] Merton R K. The Matthew Effect in Science: the reward and communication systems of science are considered [J]. Science, 1968, 159 (3810): 56 – 63.

[167] Michael Burawoy. The Extended Case Method, Ethnography Unbound [M]. Berkeley: University of California Press, 1991.

[168] Mulder C H, Smits J. First-Time Home-Ownership of Couples The Effect of inner-Generational Transmission [J]. European Sociology Review, 1999, 15 (3): 323 – 337.

[169] Mulder C H. Home-ownership and family formation [J]. Journal of Housing and Built Environment, 2006 (3): 281 – 289.

[170] Myers D, Megbolugbe I, Lee S W. Cohort estimation of homeownership attainment among native-born and immigrant population [J]. Journal of Housing Research, 1988 (2): 237 – 269.

[171] Myers Dowell. Cohort Longitudinal Estimation of Housing Careers [J]. Housing Studies, 1999, 14 (2): 473 – 490.

[172] Nan Lin. Local Market Socialism: Local Corporation in Action in Rural China [J]. Theory and Society, 1995, 24 (3): 301 – 354.

[173] Lu X. Danwei: The Changing Chinese Workplace in Historical and Comparative Perspective [J]. Contemporary Sociology, 1997, 28 (41): 56.

[174] O'Rand Angela M. Cumulative Advantage Theory in life Course Research [J]. Annual Review of Gerontology and Geriatrics, 2002, 22 (1): 14 – 30.

[175] Paul D Allison, John A Stewart. Productivity Differences among Scientists: Evidence for Accumulative Advantage [J]. American Sociological Review, 1974, 39 (4): 596 – 606.

[176] Peter Saunders, Peter Siminski. Home Ownership and Inequality: Imputed Rent and In-

come Distribution in Australia [J]. Economic Papers, 2005, 24 (4): 346 – 367.

[177] Peter Saunder. Beyond housing classes: the sociological significance of private property rights in means of consumption [J]. Internal Journal Urban and Regional Research, 1984, 8 (2): 202 – 277.

[178] Philip M Lersch, Ruud Luijkx. Intergenerational Transmission of Home ownership in Europe: Revisiting the Socialisation Hypothesis [J]. Social Science Research, 2015 (49): 327 – 342.

[179] Piet Eichholtz , Thies Lindenthal. Demographics, human capital, and the demand for housing [J]. Journal of Housing Economics, 2014 (26): 19 – 32.

[180] Raymond W Mack. Housing as a Index of Social Class [J]. Social Forces, 1951, 29 (4): 391 – 400.

[181] Rex J, Moore R. Race Community and Conflict [M]. London: Oxford University Press, 1967.

[182] Rindfuss R R, Swicegood C G, Rodenfeld R A. Disorder in the life course: How common and does it matter? [J]. American Social Review, 1987, 52 (6): 785 – 801.

[183] Cowgill R B D O. Why families move: a study in the social psychology of urban residential mobility [J]. American Sociological Review, 1956, 21 (3): 395 – 396.

[184] Shaw V N. Urban Housing reform in China [J]. Habitat International, 1997, 21 (2): 199 – 212.

[185] Szelenyi I, Kostello E. the Market Transition Debate: Toward a Synthesis? [J]. American Journal Sociology, 1996, 101 (4): 1082 – 1096.

[186] Thomas A DiPrete, Gregory M Eirich. Cumulative Advantage as A Mechanism for Inequality: A Review of Theoretical and Empirical Developments [J]. Annual Review of Sociology, 2006, 32 (1): 271 – 297.

[187] Tong Z Y, Hays R A. The Transformation of the Urban Housing Systems in China [J]. Urban Afaires Review, 1996, 31 (5): 625 – 628.

[188] Victor Nee. The Emergence of A Market Society: Changing Mechanisms of Stratification in China [J]. American Journal of Sociology, 1996, 101 (4): 908 – 949.

[189] Victor Nee. A Theory of Market Transition: From Redistribution to Market in State Socialism [J]. American Sociology Review, 1989, 54 (5): 663 – 681.

[190] Wang Y P, Murie A. Commercial housing development in Urban China [J]. Urban Studies, 1999, 36 (9): 1475 – 1494.

［191］ Wang Y P. Urban poverty, housing and social change in China ［J］. Routledge, 2004: 100 – 119.

［192］ Weber Max. Economic and Society: An Outline of Interpretive ［M］. California: University of California Press, 1978.

［193］ Wengraf Tom. Qualitative Research Interviewing Biographic Narrative and Semi-structured Methods ［M］. London: SAGE Publications, 2001.

［194］ William L Parish, Michelson E. Poltics and Market: Dual Transformation ［J］. American Journal Sociology, 1996 (4): 1042 – 1059.

附录　广州城市居民住房状况调查提纲

广州城市居民住房状况调查提纲

编号：

保密：根据中华人民共和国国家《统计法》第三章的第十四条规定，该资料属于私人家庭的调查资料，非经本人同意不得泄露。

先生/女士：

您好!

我是中山大学社会学专业的博士研究生，正在进行博士论文资料的收集，调查的方向是有关广州市居民的住房状况。调查的目的是为了进行学术研究，感谢您无私的配合与帮助，对于您的回答，我们将按照《统计法》的规定，严格保密，并且只用于学术研究，请您放心!

访问时间：　　　　　　　　　　　　　　　　访问地点：

被访者姓名：

住户地址：广州市_____区_____街道_____居委会_____住宅小区_____栋_____室（整栋楼共_____层）

一、个案基本情况❶

1. 您是哪一年出生的? _____年

2. 您获得广州户口的时间?

　　A. 自出生就是　　　　　　　　　　B. _____年获得

---

❶　基本情况部分参考了吴开泽的博士论文《生命历程与住房资源获得研究：基于2010年广州千户问卷调查》一文中的问卷设计. 详见：吴开泽. 生命历程与住房资源获得研究：基于2010年广州千户问卷调查［D］. 广州：中山大学，2014：185–195.

3. 您目前婚姻状况属于下面哪一类？

    A. 未婚　　　　　　　　　　　B. 已婚（结婚时间＿＿＿＿＿）

    C. 离婚（离婚时间＿＿＿＿）　　D. 离婚后再婚

    E. 丧偶未再婚　　　　　　　　F. 丧偶再婚（再婚时间＿＿＿＿＿）

4. 您目前的最高教育程度：＿＿＿＿＿

    A. 小学及以下　　　　　　　　B. 初中或高中（职高、中专、技校）

    C. 大专或本科　　　　　　　　D. 研究生及以上

5. 您目前的政治面貌：＿＿＿＿＿

    A. 非中共党员　　　　　　　　B. 中共党员（请问您入党的时间＿＿＿＿＿）

6. 您毕业和初职的时间分别是哪一年？＿＿＿＿＿年、＿＿＿＿＿年

7. 您目前（或退休前）的工作单位性质：＿＿＿＿＿

    A. 国家机关　　　B. 事业单位　　　C. 国有企业　　　D. 集体企业

    E. 外资或港台企业　F. 私营企业　　　G. 个体经营　　　H. 公益性非营利单位

    I. 自己创业　　　J. 其他＿＿＿＿＿（请注明）

8. 您目前（或退休前）从事的职业：＿＿＿＿＿

    A. 高级管理人员　B. 中级管理人员　C. 低级管理人员　D. 专业及科研人员

    E. （非高校）教师　F. 科员/办事员　G. 技术工人　　　H. 一般体力劳动者

    I. 商务服务人员　J. 个体工商户　　K. 无业　　　　　L. 社会志愿服务

    其他＿＿＿＿＿（请注明）

9. 您现在（或退休前）工作单位的主管部门的行政级别：＿＿＿＿＿

    A. 中央各部委　　B. 广东省属　　　C. 广州市直属　　D. 广州市辖各区

    E. 街道委员会　　F. 其他省市　　　G. 没有行政隶属　H. 不清楚

10. 如果现在（或退休前）您是国家公务员，您的国家行政级别：＿＿＿＿＿

    A. 无级别　　　　B. 副科及以下　　C. 科级　　　　　D. 副处级

    E. 处级　　　　　F. 副厅级　　　　G. 厅级及以上　　H. 不适用

11. 如果现在（或退休前）您是企事业工作人员，您属于：＿＿＿＿＿

    A. 无职称　　　　B. 初级及以下　　C. 中级　　　　　D. 高级

    E. 不适用

12. 如果现在（或退休前）您是专业技术人员，您的技术职称：＿＿＿＿＿

    A. 操作人员　　　B. 管理人员　　　C. 决策人员　　　D. 不适用

13. 您家居住的总人数和子女数分别是多少？＿＿＿＿＿人、＿＿＿＿＿人

14. 您现在居住住房的来源渠道（括号内答案请直接打钩）：

    A. 市场商品房   B. 自建房   C. 祖传私房

    D. 租房（私人、政府、单位）

15. 您享受过哪些住房福利？（可多选）＿＿＿＿＿＿＿

    A. 房改房   B. 单位集资房   C. 单位福利房   D. 经济适用房

    E. 廉租房   F. 公租房   G. 住房公积金   H. 住房补贴

    I. 解困房   J. 安居房   K. 落实侨房政策专用房

    L. 限价房   M. 没有享受过   N. 其他＿＿＿＿＿＿（请注明）

二、个体住房变迁史（购、租、建）问题

1. 请您按时间顺序描述一下您的居住经历，包括您的首次租房、购房、建房、售房的经历。

2. 请您说一说配偶和子女的基本状况。

3. 请问您住房（购、租、建）的资金来源和不同比例，父代家庭支持了多少，如何支持，为什么？

4. 请您描述一下您现居住住房的特征。

5. 请问您购房（分房、建房）后的经济压力怎么样？

6. 请问您购买住房（建房、申请福利房）的时机选择受什么影响，您的住房市场知识和住房政策知识如何获得？

7. 请问您未来的住房计划，以及对未来住房价格发展趋势的判断？

8. 请问您是否有两套以上的住房，能否说一下购买的情况和过程？

    备注：本调查提纲包含了两部分：第一部分是调查问卷，用于获得案主个人和住房的基本情况；第二部分是半结构式访谈的问题提纲，8 个问题是访谈的主体思路，一方面，用以避免半结构式访谈中偏离笔者的调查主题，在有限的时间内获得与本研究主题密切相关的一手资料。另一方面，在实际调查时也要注意不受访谈问题的限制，灵活地根据访谈情境、访谈者兴趣等尽可能多地收集与笔者调查主题相关的背景资料。

后　记

　　自博士论文交稿毕业以来，一直忙于入职工作不敢松懈，对论文的反思与审查已搁置半年之久。感谢出版社的厚爱和工作单位的支持，如今将其付梓成书，真是诚惶诚恐！

　　此论文乃导师祖云教授的心血指导之果，从博士论文思路、理论框架的启发，到标题、关键词的字斟句酌，无一不凝结着老师的智慧与恩情。中山大学社会学与人类学院的老师们更是在论文开题、预答辩、答辩和平日的教学中给予了我诸多宝贵意见，在此一并致以诚挚的谢意。具体到材料的收集，更得感谢那些无私奉献、事无巨细向我讲述涉及个人隐私住房故事的调查对象们。犹记得，一位已过耄耋之年的老奶奶步履蹒跚地到餐厅接受我的访谈，奶奶为免记忆模糊甚至还带来了房产证以及相关住房买卖的手续；一个叔叔为了帮我节省费用，找个理由十分礼貌地拒绝在早茶厅点餐；一个师妹为了避免我和其母亲访谈尴尬，特意在旁边陪了一个多小时却又细心地怕干扰我的访谈而未说只字；一个朋友在忙碌工作时，抽空在中午接受了我的访谈，而且为了节约时间不顾午饭未吃，有问必答地讲了一个多小时自己的住房故事；还有许多同学，为了帮助我拓展更多不同职业类型的个案，帮我介绍了许多调查对象并在访谈时陪同，访谈后帮助补充、核实资料；也有不少访谈对象，在访谈结束后收到我的访谈小礼物后又一再推辞，觉得只是帮了我一个小小的忙不足挂齿，更有主动者帮我联系介绍我需要的调查对象，还有我去调查却被盛情挽留在调查对象家蹭饭的趣事。这样的故事要说的太多太多，没有这些朴实的情谊、热心的帮助，我无法想象一个非广州本地的研究者，如何在这个陌生的大都市完成我的实地调查，收集到有关个人住房隐私的论文资料。

　　如果论文还有可取之处，都是老师们、调查对象们无私帮助的结果，在此一并致谢！众所周知，住房不平等问题向来是学术界讨论的热点，西方经验形成了宏观视角的雷克斯、墨尔的"住房阶级理论"，微观视角"个体生命历程理论"的住房不平等研究，结合中国社会转型的背景，制度转型视角的住房不平等研究正方兴未艾。以上研究侧重分析住房不平等问题形成的共时性原因及其结果，本研究则试图结合中国住房制度改革的背景，从历时性视角探讨住房不平等的代际流动问题，分析父代住房支持差异在累积机制的基础上如何导致先赋性的住房不平等。然而，由于个人时间、精力和学术水平有限，稿成之时仍有诸多未尽如人意之处。比如，该研究以广州为个案，笔者关于改革开放以来，父代住房支持优势/劣势累积、先赋性因素导致的子代住房不平等由弱变强的结论既有其一线城市的普遍性，也有其特殊性。一方面，城市规模巨大，住房资源稀缺，房价快速上涨，住房财富效应凸显，使得一线城市有无父代住房支持，支持的优势、劣势累积对子代住房资源获得至关重要，呈现出先赋性住房不平等由弱变强的趋势。另一方面，在中、小城市，这一结论在何种程度和范围上有解释力度还有待更多不同类型城市个案研究的比较。此外，受限于调查者年龄的限制，住房市场制时期案主的住房资源累积历程才刚刚开始，先赋性因素对其后续住房资源累积的影响尚未清晰。未来对这部分案主的住房资源累积过程进行追踪研究，并结合大规模的量化研究，可以更进一步补充、修正本研究的研究结论。

最后，谨以此书献给我亲爱的家人们！无论我走向何处，你们都是我前行的动力与支持，只希望岁月静安、现世安稳，你们一切都好。也感谢肚子里果宝贝的配合，妈妈才能安心地完成论文修改，希望你永远健康、快乐！